日本古代の外交儀礼と渤海

浜田久美子　著

同成社　古代史選書　8

目　次

序章　外交儀礼研究の課題……3
一　問題提起　3
二　二つの研究史　6
三　周辺領域への視野　17
四　本書の研究の視点　21
第一章　外交儀礼の形成……33
第一節　律令国家の賓礼受容……33
一　『大唐開元礼』の賓礼　33
二　律令国家の賓礼　41
第二節　賓礼の受容と渤海国書……55
一　渤海の国書　55
二　表と啓の定義　57
三　啓から表へ　61

四　渤海の上表　68
五　表から啓へ　74
第二章　外交儀礼の確立と展開……93
第一節　『延喜式』にみえる外国使節迎接使……93
一　太政官式と治部式　93
二　治部式蕃客条の検討　95
三　太政官式蕃客条の検討　101
四　式文の成立と両式の関係　118
五　「承和の新体制」の成立とその意義　129
第二節　年期制の成立とその影響……132
一　年期の制定　132
二　年期制の確立　137
三　年期制の展開　143
第三章　漢詩文にみる渤海使……165
第一節　弘仁六年の渤海使……166

一　渤海使の足跡　166
二　漢詩文の検討　167
三　弘仁六年の存問使・領客使　181
第二節　弘仁十二年の渤海使……183
一　打毬の漢詩　183
二　領客使が詠んだ礼仏の漢詩　186
第四章　日渤外交の終焉と外交儀礼……195
第一節　寛平・延喜年間の日渤外交……196
一　寛平四年の渤海使　196
二　寛平六年の渤海使　199
三　延喜八年の渤海使　203
四　延喜十九年の渤海使　208
五　延長七年の渤海使（東丹国使）　215
第二節　渤海滅亡後の外交認識……219

終章　古代国家の外交儀礼……231
一　藤原仲麻呂による唐礼継受　231
二　桓武朝における儀礼の再編　233
三　承和の新体制の確立　238
四　文化交流としての儀礼へ―宇多朝を中心に　240

引用史料　247
付表　250
あとがき　259
索引　266

日本古代の外交儀礼と渤海

序章　外交儀礼研究の課題

一　問題提起

本書の目的は、古代日本における二百年間の渤海との外交を中心に、古代国家の外交儀礼や迎接体制が整備されていく過程をみていくことである。渤海との関係が中心となるのは、八・九世紀古代日本の国際環境が、唐、新羅、渤海で構成されているものの（図1）、八・九世紀に律令国家が迎えた外国使節としては、巻末付表1のように、渤海からの使者が三十回以上と圧倒的に多いためである。すなわち、唐との関係は、日本から遣唐使を派遣する一方通行の朝貢形態であり、唐使の来日はほとんどない。新羅とは、国交が八世紀末の日羅関係の悪化に伴い断絶する。一方、渤海との関係は、神亀四年（七二七）に最初の渤海からの遣使（本書では便宜的に「渤海使」の語を用いる）が来日して以後、九二六年に渤海国が契丹に滅ぼされるまで続くのである。

なお、本書は渤海の歴史そのものを明らかにするものではない。そうした「渤海史」については、別に多くの先行研究が多くあるので、[1]詳細はそちらに譲ることとしたい。

渤海が日本に遣使してきた背景は、唐が、開元十四年（七二六）、渤海に隣接する黒水靺鞨に黒水州を置いたため、[2]渤海の領土が、唐と黒水靺鞨に挟まれたことにある。日本と外交関係を結んだのは、唐や黒水靺鞨からの攻撃に備え

図1　8・9世紀の日本と東アジア

るためだけでなく、渤海の南の新羅をも牽制する意図があったとされている。(3)このような国際的契機により、日本と渤海の外交が開始され、その後も天平宝字二年（七五八）に来日した渤海使楊承慶らにより、唐の安史の乱の様子が伝えられたことなどから、八世紀の日渤関係の研究は政治的・軍事的な関係が中心とされた。これに対して、九世紀の日渤関係は、安史の乱後、唐が弱体化したこともあり、国際関係の緊張が弛緩した時期とされ、貿易重視、経済目的と扱われてきた。

　森克己氏は、天長二年（八二五）に来日した渤海使に対して、右大臣藤原緒嗣が「実はこれ商旅」として入京に反対する記事や、(4)貞観十四年（八七二）に入京した渤海使と内蔵寮や京の人びととの間で交易が行われていた記事などから[5]、渤海を相手に国家的貿易（平安京貿易）が行われており、天長元年に渤海の入朝年限が一紀一貢に制限されたのちも、渤海使が来朝を続けたことを、「ひたすら貿易の利潤を求めて止まない」ためとみている[6]。また、石井正敏氏は、八世紀末から日渤外交が経済重視にシフトしたことを、渤海使の帯官が天平宝字期に武官から文官に変化していることから論じ[7]、酒寄雅志氏も、経済重視に変化した時期を藤原仲麻呂政権が崩壊していく天平宝字末年とした[8]。

確かに、藤原緒嗣が「商旅」と称していることからも、渤海使来日時には積極的に交易活動が行われたものと思われる。しかし、経済的側面だけで論じられるべきでないことは、国史に日本の天皇と渤海王との間で交わされた国書や、日本の太政官と渤海の中台省の役所間で交わされた牒などの外交文書や、渤海使来朝時の迎接や儀礼に関する記事が多く残っていることからも明らかとなろう。また、平安前期の学者として著名な菅原道真は、渤海使来日時に接待役として宮中で漢詩文を詠み交わしている。渤海使との間で交わされた漢詩文は、道真の漢詩文集『菅家文草』のほか道真以前の、平安初期の勅撰漢詩文集『文華秀麗集』や『経国集』などにも散見される（本書第三章）。渤海国が自国について記した史料がほとんどないなかで[9]、このような外交文書や漢詩文は、平安時代の日本と渤海をめぐるさまざまな問題を知ることができる貴重な史料である。このほか、九世紀に整備された『内裏式』などの儀式書や、十世紀に編纂された『延喜式』には、渤海使の参加を想定した儀式や渤海使来朝時に関するさまざまな条文が載せられており（本書第二章）、渤海使の来日が古代国家の公式行事・公式儀礼として位置づけられていたことは明らかである。

このように豊富な史料があるのにも関わらず、九世紀の日渤外交は、「ほぼ経済的交通に限られ、従来のごとき政治外交上の影響を及ぼさない」[10]とされ、十分に論じられてこなかった。そのため、九世紀の渤海使来日の史料に見える外交儀礼についての研究も十分に行われていないのである。本書では、「迎接体制」の語を、渤海使が来日した際の来着から帰国までの国家の対応を表し、迎接にあたる人物の任命や、往復の逓送体制も含むものとして用いる。また、迎接のうち、特に儀礼にあたる部分の内容を「外交儀礼」と表現している。外交儀礼は、入京時の宮中での謁見や宴会儀礼などの国家的儀礼が中心となる。このような、「迎接体制」や「外交儀礼」の語が必ずしも歴史学において定着していないことが、この分野の研究が未熟であることを示している。そして、その背景には、古代史研究が対外関係史研究と礼制研究という、異なる研究の流れのなかで進められてきたこと、さらに東洋史研究からのアプローチが少なかったことなどが考えられる。次にそれら研究史についてみていきたい。

二　二つの研究史

(一)　古代対外関係史研究

日本古代史研究において、政治史、社会経済史分野に比べて対外関係史分野が遅れていたことは、戦前の渤海研究が、満州への侵略を背景に国策として進められたことと無関係ではない[11]。戦後は軍国主義、植民地支配への反省から、対外関係史研究は敬遠されてきた。この分野において注目すべき最初の論文である石母田正「天皇と『諸蕃』」が発表されたのは、一九六二年のことであった[12]。

石母田氏は、律令国家の成立が唐帝国を模した「東夷の小帝国」としての成立であることを述べ、国際関係が国家成立史の要因となっていることを示した。そして、新羅や渤海という蕃客への儀礼の整備が、諸蕃の朝貢の上に立つ「小帝国」であることを意味し、そのことで唐王朝の承認を得るのだとした。この論文において、鍵となったのが外交儀礼であることは注目に値する。石母田氏は、蕃客参加の儀礼を「国際的地位と権威を維持する不可欠の要素」としたのである。

石母田氏の研究には批判もあるが[13]、国家成立史からのアプローチは鈴木靖民氏に引き継がれた。鈴木氏は、一九六九年に発表した「奈良時代における対外意識―『続日本紀』朝鮮関係記事の検討―[14]」で、『続日本紀』にみえる外交文書や外交関係記事の分析から、奈良時代の日本が新羅と渤海を付庸国（従属国）として扱っていたことを明らかにする。そして、このような対外意識が、『日本書紀』編纂以前にも認められることを、『日本書紀』編纂の材料となった神宮皇后伝説などの検討を通じて考察している。また、一九七四年の「日本律令制の成立・展開と対外関係[15]」では、新羅・渤海を属国扱いする八世紀日本の外交政策に、新羅・渤海が表面的に同調して「朝貢」という臣従の礼をとった理由を、当時の東アジア情勢における自国の立場を保全し、他者を牽制する政策的判断のためとしている。氏が一九六九年の論文で検討した『続日本紀』の記事は、日本が新羅や渤海と交わした外交文書や、新羅使や渤海使の来日中に行われた儀礼、迎接が中心となっている。石母田氏同様、儀礼や迎接のあり方が日本の外交認識を示し、一方で儀礼の受け手である新羅や渤海が日本の外交認識に同調していないことから国際関係を考察しているのである。

鈴木氏は日本と新羅との関係についても多くの研究成果を残しており、また来日した渤海使節のなかに「首領」という肩書きがあることに注目し、首領の性格の考察から渤海の国制に踏み込む研究をしている[16]。これらの研究を踏まえ、日本と渤海との関係史を体系的に発展させたのは、石井正敏氏と酒寄雅志氏であろう。

森克己氏に教えを受けた石井氏の研究は、前述の渤海の来日目的が政治的から経済的なものに変質したことだけでなく、神亀四年（七二七）来朝の第一回渤海使がもたらした国書を緻密に分析し、渤海が大国高句麗を継承して自らも大国であることを示してきたこと、しかし日本側はかつて朝貢国とみなしていた高句麗の継承国として、渤海もまた朝貢国とみなしたという、渤海と日本の外交認識の差異を明らかにした[17]。また、来日した新羅や渤海の使節がもたらした外交文書を調査する権限を「国書開封権」と名づけ、宝亀二年（七七一）に渤海使壱万福が、国書に不備があり改竄した例を受けて、宝亀四年（七七三）までに来着国の国司に国書開封権が与えられたとしている。[18]この国書開封権については、その存在を否定する意見[19]のほか、国司が国書を開封するようになった時期をめぐる石井氏と中西正和氏らの議論が展開されている。[20]

石井氏の論考は日本との外交開始以前の渤海における唐との関係や、渤海が日唐間の中継貿易を担っていたという指摘など幅広い内容であるが、いずれも日本や中国の国史にみえる関連史料を丁寧に読み解いた結果の分析であり、初めての本格的な日渤関係の専論として位置づけることができる。

酒寄雅志氏は、石井氏と並んで一九七〇年代半ばから今日まで、日本と渤海との関係史をリードしてきた。氏の研究は、考古学の成果を盛り込み渤海の国制史に迫るものであり、また、オホーツクやベトナムも視野に入れた交流の諸相に着目したものである。さらに、日露戦争の「戦勝品」として皇居に置かれている「鴻臚井の碑」の存在を知らしめるという近代の渤海史研究の意味を問うものでもあり[21]、その視野の広さに特徴があるといえよう。たとえば、宮内庁書陵部に残る承和八年（八四一）来日の渤海使がもたらした中台省牒の写本の研究[22]や、渤海通事の研究[23]、雅楽「新靺鞨」の研究など[24]、これまであまり注目されてこなかった九世紀の日渤関係に着目したことの意味は大きい。これらは九世紀の日渤関係を考える重要な素材となっている。石井、酒寄両氏がそろって二〇〇一年に研究成果を著書[25]にまとめたことにより、戦後の日渤関係史の体系が確立されたといえるであろう。[26]

しかし、石母田氏や鈴木氏が国家成立史を考えるにあたり注目した外交儀礼への視点は、石井、酒寄両氏の研究で必ずしも重要視されることはなかった。このため、渤海使への迎接体制や外交儀礼については、十分な専論がないままに日渤関係史が体系化されてきたのである。これは、八世紀については国家成立史との絡みで政治的側面を中心に扱われ、九世紀については経済的側面から扱われてきたという、八世紀と九世紀で日渤関係の研究視角が異なったため、日渤関係の通史が分断されたことに起因するのではないだろうか。この分断を克服するためには、九世紀日渤関係についても経済的側面以外からの考察が必要となろう。

（二）　礼制研究

対外関係史研究とは異なる研究史の流れを汲んで古代の礼制研究は発達してきた。

礼制研究は、戦前から瀧川政次郎、喜田新六、岩橋小彌太、坂本太郎らの諸氏により行われてきた。日本の儀式を唐制と比較した坂本太郎氏は、唐礼には法的・規範的な「律令的性質」があり、一方で日本の儀式は具体的な儀式次第を定めた格式的なものであることを指摘した[27]。岩橋小彌太氏や瀧川政次郎氏は、中国の礼には吉・凶・賓・軍・嘉の五礼があり、現存する『大唐開元礼』（以下『開元礼』）のほか、それ以前の隋唐の礼書（隋代の『隋朝儀礼』『江都集礼』、唐代の『貞観礼』『顕慶礼（永徽礼）』いずれも散逸）を日本が受容し、儀式を整備してきたことを示した[28]。また、日本が中国の礼を受容した時期について、喜田新六氏は、継体七年（五一三）に百済から五経博士が送られてきたことで大陸文化が伝わり、そのなかに儒教の根幹思想たる礼の思想や儀礼についての知識が習得されていったとする[29]。一方、岩橋氏は、推古朝の頃から多くの大陸の文物を取り入れるようになるに伴い、礼儀もこの頃から行われ始めたとする[30]。氏は、『懐風藻』の序に「定二五礼一」、『藤氏家伝』の鎌足伝には「帝、令下二大臣一撰中述礼儀上」とみえるが、いずれも天智朝のことを記した内容であることから、日本の儀式整備の淵源を天智朝としている[31]。そして、天平七年（七三五）に入唐留学生下道真備（吉備真備）が「唐礼一百三十巻」を持ち帰ったことや[32]、九世紀後半成立の『日本国見在書目録』に、「江都集礼百二十六巻、唐礼百五十巻、唐永徽礼百三十巻、唐開元礼百五十巻、古今沿革十巻」

がみえることを紹介している。

五礼のうち、外交儀礼にあたるのが賓礼である。瀧川政次郎氏は、隋の仁寿年間（六〇一～六〇五）から煬帝の大業初年（六〇五～）にかけて編纂されたとされる『江都集礼』に注目し、推古十六年（六〇八）に隋使裴世清を迎えた儀礼が、『江都集礼』の賓礼に準拠したものであり、『江都集礼』が遣隋使により将来されたとしている。そして、大宝令撰定以前の日本の儀式は、『江都集礼』などの隋礼に拠ったものとする。(33)

これら一九六〇年代までの先行研究は、古代日本における儀式書編纂の過程を考えるにあたり、唐礼を参照したものであるが、日本の儀式を個別に取り上げ、それらと対応する唐礼の細部を比較することはしていない。

賓礼の専論として最初のものが、一九七六年の鍋田一氏の論文「古代の賓礼をめぐって」である。(34)瀧川氏の教えを汲んだ鍋田氏は、推古朝の外交記事を分析し、倭国が対等国からの使者とみた隋使と、朝貢国（蕃国）からの使者である新羅使や任那使に対する儀礼が異なることを指摘し、このような迎接方式が推古朝にすでに定められていたことを考察した。また、八・九世紀の外国使節来日記事を挙げて、日本側が『延喜太政官式』にみえる郊労使、慰労使などを派遣して迎接したことを指摘し、菅原道真と元慶六年（八八二）来日の渤海使裴頲との漢詩文による交流も含めて「賓待に関連する特別な行事」としている。氏の研究は、日本の賓礼の具体的内容に踏み込んだ点で意義があるが、その関心は、これまでの礼制研究同様、『開元礼』賓礼と『本朝法家文書目録』に残る「弘仁儀式」の編目の比較であり、儀式整備の一側面から賓礼をみたものであった。氏はその後、「六～八世紀の客館―儀式の周辺―」「六・七世紀の賓礼に関する覚書―『日本書紀』の記載について―」「皇極朝の儀礼と宮室―都城と儀礼（Ⅲ）―」「孝徳朝の儀礼と宮室―都城と儀礼（Ⅳ）―」(35)などを発表しているが、七世紀以前の儀礼整備が中心であり、律令国家成立期以降の賓礼研究の深まりは、一九八〇年代を待たねばならなかった。

なお、これらの礼制研究のあゆみについては、一九九〇年代までを網羅した西本昌弘「日本古代礼制研究の現状と課題[36]」が詳しい。

（三）　対外関係史研究と礼制研究との融合

以上、述べてきたような国家成立史の契機としての対外関係史研究と、儀式整備を考えるための礼制研究は、ともに外国使節への儀礼を検討素材にしていたが、異なる研究史の流れであった。

この二つの流れは、一九八〇年代半ば、歴史学研究における礼的秩序が注目されたことで、合流したとみることができる。その端緒となったのが、武田佐知子氏の衣服制の研究であろう。その成果は一九八四年に『古代国家の形成と衣服制』としてまとめられるが[37]、そのなかで、儀式の場で蕃客に授位がなされ、その位階に対応した日本の朝服が与えられることが、蕃客を「諸蕃」として日本独自の礼的秩序のなかに包摂し、国内的身分とする意味をもつという指摘がある[38]。武田氏の研究は、古代東アジア世界が冊封体制という国際的身分秩序、すなわち礼の秩序に規定されたものであることを、衣服の機能から説明したものであり、礼的秩序を石母田氏以来の国家形成史に結びつけた点で重要な意味がある。

この武田氏の説を援用して、来日した蕃客へ儀式の場で日本の位階を与え、さらに日本の衣服を授与することの意味を問うたのが、一九八五年の平野卓治「律令位階制と『諸蕃』」である[39]。平野氏は、饗宴の場で渤海使への授位がなされるが、来日していない渤海王への授位はないことに注目し、その理由を、来日しない渤海王には日本の天皇との共有空間がないためとしている。そして、使者が直接参加する饗宴という限定的な場でしか渤海への支配秩序を表せない点に、律令国家の「帝国」としての矮小性・限界性があることを指摘している。氏は、饗宴儀礼など来日した外国使節のための儀礼を「賓礼」と称しており、これにより、蕃客への帝国秩序を具現化する儀礼が賓礼として位置づけられることとなったのである。

同じ一九八五年に、田島公氏は「日本律令国家の『賓礼』」を発表している[40]。田島氏の研究は、律令国家の賓礼の内容をストレートに論じた初めての研究であり、その後の賓礼研究の礎となるものであろう。氏は、来日した新羅使や渤海使への迎接記事から、律令国家の賓礼を構成する要素として、郊労・慰労・労問、朝賀、国書や信物の献上、宴会、国書授与があることを指摘し、さらにこれらの儀礼を行使する外交権が天皇から太政官に移っていく過程を考察している。

この平野、田島両氏の研究により、賓礼の研究が古代国家の王権の支配秩序と深く関わっていることが明らかにされたのである。その後、一九八八年の森公章「古代日本における対唐観の研究[41]」は、日本の唐への賓礼と朝鮮諸国への賓礼の差異を通じて、事大主義と日本中心主義という異なる外交認識があることを指摘している。森氏はこの論文で、外交のシステム面、外交認識、使人の迎接（賓礼）、国書、外交機関・機構などについてはなお論究すべき点があることを指摘しており、その後の外交制度研究への課題を投じている。

(四)　東洋史研究

日本古代史研究と密接なのが、諸制度の元となる中国や朝鮮半島諸国の歴史である。東洋史研究においては、一九六二年に西嶋定生氏が「六—八世紀の東アジア[42]」で、中国王朝に朝貢して冊封を受ける「冊封体制」をふまえた国際関係史の論点を提示した。また、西嶋氏は、隋唐期の「東アジア世界」を考えるうえで、中国の国書の書式や入唐時の諸国の席次などが各国の関係を図る材料となることを示した。さらに、唐代における日本と大陸との関係は、東アジアにおける唐王朝の冊封体制の推移を背景として展開されるが、日本は唐王朝の冊封体制には編入されていないことを指摘した。

　西嶋氏の冊封体制論には、堀敏一氏や李成市氏らの批判があるものの[43]、その後の国際関係史に多大な影響を与えたことは周知のとおりである。西嶋氏が国際関係を図る素材とした国書については、金子修一氏や中村裕一氏により、唐代を中心とする国書の書式が研究されてきた[44]。また、濱田耕策氏により、席次の問題が取り上げられ[45]、東洋史における国際関係史研究は深まりをみせた。

　一方で、中国の礼制研究の中心は、皇帝を取り巻く祭祀に重点が置かれ、外交儀礼についての研究は進まなかった。唯一現存する『開元礼』一五〇巻のテキストが一九七二年に刊行されるも[46]、巻七九と巻八〇の賓礼部分の注釈は、一九九〇年からの石見清裕氏による一連の成果まで約二〇年間待たねばならなかった。石見氏は、『開元礼』賓礼に挙げられている六儀礼である①「蕃主来朝遣レ使迎労」、②「皇帝遣レ使戒二蕃主見日一」、③「蕃主奉見」、④「皇帝受二蕃使表及幣一」、⑤「皇帝宴二蕃国主一」、⑥「皇帝宴二蕃国使一」の注釈を行っている[47]。氏の研究は初めての賓礼のテキスト研究として大きな意味をもつものであるが、先に見たように、日本史ではすでに一九八五年に国家成立史と絡めた礼的秩序の導入としての賓礼が研究され始めていたことを考えると、中国史の研究の遅れは明確であろう。

　今日においても、東洋史研究者による賓礼への言及は決して十分でないが、金子由紀氏は二〇〇二年に「北宋の大朝会儀礼」のなかで、宋代の賓礼を取り上げている[48]。

(五)　グローバル化した対外関係史研究

　一九九〇年代になると、日本古代史と東洋史、さらには考古学も含むグローバルな対外関係史研究が目立ち始める。

一九九一年から角川書店が刊行を始めた『新版古代の日本』シリーズ全十冊では、一九九二年刊行の第二巻を「アジアからみた古代日本」(49)にあて、考古学、日本古代史、中国史、朝鮮史の研究者の論文が載せられている。旧版刊行から二〇年経ったこともあり、最新の考古学の成果を取り入れることを目的としているためか、考古学の論考が多いことが目を引く。

また、一九九二年から東京大学出版会が刊行を始めた『アジアのなかの日本史』全六冊(50)では、「外交と戦争」「地域と民族」「文化と技術」などのテーマを通史的に取り上げた論文が載せられている。グローバルな視点にもとづき編纂されたことは、このシリーズの「刊行にあたって」に詳しい。まず、冒頭には、ベルリンの壁崩壊にはじまるヨーロッパ社会主義圏の激動がソビエト連邦の消滅にまで至ったこと、日本とアジアとの相互理解が注目されるようになってきたことなどが書かれており、さらにそこでは、

どんな堅固にみえる国境も永遠のものでないことが実感される現在、必要なのは国家利害（ナショナル・インタレスト）をすべての上におく思考から自己を解きはなち、異なった民族や地域との自由で多面的な交流を構想することである。

とある。そして、「このような現代歴史学の問題関心をふまえて」、〈民族（エトノス）〉の視点、〈地域〉の視点、〈比較〉の視点の三つを基本的な視点とすることを挙げている。

戦後、大陸への侵略の反省から始まった外交史研究は、このような一九九〇年代の国際社会の激変に触れて、大きな展開をみせたといってもよいであろう。ただし、このことは、日本古代史という確固とした分野から対外関係史が独立した新分野を確立するような動きであったように思われる。なぜならば、一九九四年から九五年にかけて岩波書店より刊行された『岩波講座日本通史』古代三、四には対外関係の各論がない。また、一九九七年にまとめられた西

本昌弘「日本古代礼制研究の現状と課題[51]」が、九〇年代に発展してきた礼制研究のみの現状と課題を扱っており、礼制研究と融合したはずの対外関係史研究が、再び礼制研究と切り離されていくことがうかがえるためである。

そのようななかで、一九九八年が渤海建国一三〇〇年であることから、『東アジアの古代文化』や『しにか』『アジア遊学』といった専門誌でさまざまな特集が組まれた[52]。しかしながら、それぞれ、考古学、日本史（対外関係史）、東洋史からのアプローチが中心であり、『しにか』には国文学の論文もあるものの、礼制や外交制度に関する論文はなかった。

このように、外交儀礼や制度史の研究は進まなかったものの、対外関係史のなかでは、国境を論じた研究や、人的交流やモノの流れについての研究が深まり、九世紀以降の新羅商人や唐商人を通じた大宰府での交易、北方交易や南島との交流などについて多くの研究がなされた[53]。これらは「ボーダレス」な研究と言い表すことができるであろう。

（六）　賓礼研究の現在

ボーダレスな対外関係史研究は現在も続いているように思われる。一方で、本書で最初に取り上げる、「賓礼」とは何か、という問題に対する掘り下げた回答はいまだ得られていない。これを考えるためには、やはり対外関係史分野の研究者による礼制受容の研究が必要となると思われる。

対外関係史研究者による礼制研究がまったく行われていないわけではない。河内春人氏は一九九七年の論文「日本古代における礼的秩序の成立[54]」のなかで、日本における「中華」と中国の「中華」との差異について問題を提起し、中国における中華思想と日本古代の中華思想を比較している。それによれば、日本古代においては、自らを中華と位置づけながら、対唐関係では唐から夷狄として位置づけられる矛盾があるものの、自らを中華とする認識は、律令国家形成期の夷狄化が進行するなかで形成されてきたと説いている。この問題提起と課題解決の方法は、賓礼にも置き換えられる議論であろう。すなわち、日本の賓礼と中国の賓礼がどう異なるのかを考えるために、まずは中国の賓礼がどのようなものであるかを明確にし、そのうえで日本古代の賓礼の性格や中国との比較、差異が生じた背景を考える必要があるのである。河内氏は、二〇〇四の「『天下』論[55]」において、律令国家の成立とともに構築された華夷秩序が、新羅が蕃国としての位置づけに動揺したことで頓挫したことを指摘しているが、華夷秩序の頓挫が中国的な賓礼の頓挫であるといえるであろうことは、本書第一章でも指摘していくことである。河内氏のように、対外関係史のフィールドから、礼的秩序を見据えた研究が今後もなされるべきであろう。

また、国家成立史の再考も問われている。石母田正「国家成立史における国際的契機[56]」では、律令が法文化した大国はまもなく新羅の離脱によって解体する。新羅は長期にわたってその外交的課題を解決したのであった。渤海国は朝貢関係をつづけるが、これはもはや重大な問題ではなくなった。と締めくくられている。すなわち、律令国家が「蕃国」新羅を失った段階で国家成立史に幕引きがされているのであり、石母田氏の国家成立史に九世紀の日渤外交が含まれていないことは明らかである。

これに対して、近年、田中史生氏は、国際的契機論が国家成立史にとどまらないことを指摘し、「国際的契機も、その実態は『内』『外』の境界が明瞭な社会の上に現出するとは限らない」として、国家的枠組みにとらわれない外交の多元性に注目している[57]。田中氏が説く外交の多元性、重層性、流動性は、人的関係そのものや、その人的関係を介したモノの流れであるが、外交の多元性への着目は外交儀礼研究にも通じるのではないだろうか。すなわち、外交儀礼の展開過程に常に国際的契機への視点を踏まえることが重要なのではないだろうか。

そこで、本書では、「第四節　本書の研究の視点」にも述べるように、本書の基となる初出論文にできるだけ渤海側の事情や当時の国際関係を加えて再検討することにした。

なお、外交制度については、森公章氏や中野高行氏により研究が深められてきている[58]。森氏は自らが一九八〇年代に課題とした外交制度研究を進めている。中野氏は「外交制度史」を提唱し、その内容として「外交機関」「外交官吏」などのカテゴリーを挙げている。礼制面からだけでなく、制度面を支える研究が必要であることを明らかにしたといえよう。本書においても、第二章で『延喜式』にみえる外国使節来朝時の迎接体制を規定した式文の成立段階や年期制について考察しているが、これは制度研究の一環と位置づけられる。

三　周辺領域への視野

課題の二点目として、考古学と国文学の成果が十分に活用されていないことが挙げられる。なお、この点は、外交儀礼研究に限らず、古代史研究全般に通ずることかもしれないが、ここでは、渤海をめぐる考古学の成果と国文学の成果について触れたい。

（一）　考古学の成果の援用

渤海考古学については、戦前、日本が「国策」として調査した結果が基調にされているものの、戦後の中国やロシアでの調査結果を生かして、現在も研究が進められている。その成果は、一九九八年の渤海建国一三〇〇年時に、前述の『東アジアの古代文化』や『アジア遊学』などで報告されている[59]。戦前は上京竜泉府、中京顕徳府、東京竜原府などの『新唐書』にみえる渤海の「五京」や交通路の地理的考察がおもな研究テーマであったが、近年はこれらのほか、出土陶器からの交易圏の想定や仏教遺跡（寺院や仏像、壁画など）の唐との比較や唐文化の影響の考察が注目されている。また、一九四九年と一九八〇年に発見された渤海王大欽茂の息女貞恵公主と貞孝公主の墓碑の存在は、自国の史料がまったく残っていなかった渤海において大変貴重な成果であろう。それぞれの墓誌の解釈[60]がなされているが、考古学の成果を今後も文献史学が深めていかなければならない。

鈴木靖民氏や酒寄雅志氏は、正倉院にある薬料の蝋蜜や人参、平城京左京九条出土の黒色三耳壺など渤海産の土器や壺の存在から、これらが交易品である可能性を指摘しているが[61]、渤海からの文物の交流について、考古学の成果を今後もっと生かした研究がなされる必要があるだろう。たとえば、渤海で仏教寺院が多く発掘されていることから、日渤交流のなかで仏教がもっと大きなテーマになってもいいのではないかと思われる。本書では第三章で、渤海と仏教にも少しだけ触れたが、渤海との仏教的交流の諸相を明らかにし、それが日本に及ぼす影響を考えることは今後の課題となろう。

また、考古学の成果は、渤海考古学だけではない。日本国内にも渤海使が多く来着した日本海諸国における発掘成果には、注目すべきものが少なくない。

秋田城跡からは「客人」「客厨」と墨書された土器が見つかっており、トイレ遺構からは豚を常食としていた人の痕跡が検出されている。当時の日本人に豚を食べる習慣がないため、出羽国に数回来着した記録がある渤海使が滞在したことを示すものではないかと指摘されている[62]。また、石川県金沢市の戸水大西遺跡や戸水C遺跡からも、「宿家」や「津」と墨書された土器が出土しており、渤海使の宿所であったことが指摘されている[63]。さらに、同じ石川県の加茂遺跡から出土した木簡を、嘉祥元年（八四八）来日した渤海使王文矩の入京のために道の修理に動員された羽咋郷の人びとの通行証とみる小嶋芳孝氏や酒寄雅志氏の説もある[64]。これら来着地や滞在地での発掘成果から、国郡での迎接や儀礼の実態を明らかにしていくことも大きな課題であろう。

（二）　国文学の成果の援用

来日した渤海使や新羅使を招いた宴会の席で日本の貴族が詠んだ漢詩文は、『懐風藻』『文華秀麗集』『経国集』『菅家文草』『田氏家集』などに残されている。また、渤海使自身が詠んだ作品も『文華秀麗集』にみえる。漢詩文が本来レトリックな要素が多い文学作品であり、歴史研究のための史料として扱うには難しい性格であるものの、石母田正氏は、文学は対等の人間関係であり、「外国使節を「蕃客」として扱うような関係からは生まれ得ない」と指摘するように[65]、漢詩文は歌を詠んだ貴族や渤海使個人の心情を知ることができる貴重な史料なのである。

国文学においては、この渤海関連詩を含むテキストの研究が古くから行われてきた。小島憲之氏が一九六四年に『懐風藻』『文華秀麗集』『本朝文粋』の注釈を、川口久雄氏が一九六六年に『菅家文草』『菅家後集』の注釈をそれぞれ日本古典文学大系で刊行している[66]。また小島氏は、平安初期の勅撰三大漢詩文集である『凌雲集』『文華秀麗集』『経国集』について――『文華秀麗集』については、既刊の古典文学大系を補訂するかたちで――『国風暗黒時代の文学』のなかで校注を加えている[67]。さらに、雑誌『アジア遊学』で「渤海関連詩を読む」が十四回にわたり連載され[68]、勅撰三大詩集に収録されている渤海使や律令官人の詠んだ漢詩文十一首の注釈が載せられている。小島氏の注釈から四十年近くを経て、その先行研究が再考されることとなったのである。

テキスト研究だけでなく、一九六〇年に小島氏は、九世紀平安初頭の外国使節と律令官人の文学交流が盛んだった時代を「漢風謳歌時代」、別名「国風暗黒時代」と称し、渤海使の詠んだ漢詩文の出典に初唐の駱賓王の詩が多いことから、日本だけでなく渤海でも駱賓王が愛読されていたと考察し、日本と渤海の文化圏が類似していたこと、渤海を介して日本は唐文化を輸入したことを指摘した[69]。また、遠藤光正氏も、渤海使の詠んだ漢詩の出典を分析し、李白や杜甫など初唐や盛唐詩人の影響が大きいことを指摘している[70]。

近年、国文学のなかで取り上げられる「渤海」は、『宇津保物語』や『源氏物語』にみえる「高麗」「高麗人」が渤海のことを指すとして論じられたものである。『宇津保物語』の最初の巻「俊蔭」で主人公清原俊蔭が七歳のときに父が「高麗人」に会い、俊蔭も父を真似て漢詩の贈答をすることが書かれている。また、「蔵開上」の巻にも、俊蔭の孫仲忠に朱雀帝が「高麗人」が来年来朝することを告げている一節がある。さらに、『源氏物語』「桐壺」の巻に、七歳になった光源氏が天皇の子である身分を隠し、鴻臚館に滞在中の「高麗人」に会い漢詩の贈答をして褒められる場面がある。このなかでは、高麗人の「かしこき相人」が源氏の人相をみる場面は有名であろう。田中隆昭氏は、『宇津保物語』で俊蔭が遣唐使に選ばれていることや遣唐使を拝命した菅原道真が渤海使来日の際に漢詩文を詠み交わしていることなどから、渤海使が、遣唐使とも密接に関わっていることを述べ、平安貴族は、渤海使を通じて唐文化に触れていたこと、渤海使との詩の贈答はこのような唐文化の導入にあたり、遣唐使を補完する意味があったことを指摘し、また、遣唐使の終焉とともに渤海使の役割も終わったと論じている[71]。

小島、川口両氏のテキスト研究や出典研究は、国文学の研究なくしてできないことであり、本書第三章に載せた論文も、このような先行研究を土台にしたものである。しかし、田中氏が指摘するような、平安期の文学作品を素材とした渤海使の文化的側面を歴史学ではどのように評価、継承したらいいのかは難しい。

石母田氏以来、歴史学からも、この渤海との漢詩文を素材とした研究が行われてきた。漢詩文交流が古代から近世を通じて外交の一部であったことを述べた村井章介氏や、古代の外交における漢詩文交流を概観する加藤順一氏の研究により[72]、対外関係史の素材に漢詩文があることが明白になったと思われる。また、『懐風藻』にみえる長屋王邸で新羅使との宴会の席での漢詩文のやりとりが行われたことを題材に、大臣が外交の重要な一端を担ったとする「大臣外交」の存在を指摘した佐藤信氏の研究[73]や、出雲に来着した弘仁六年（八一五）の渤海使の交通路について、『文華秀麗集』の漢詩を素材に検討した大日方克己氏の研究[74]、平安時代の貴族制を論じた桑原朝子氏の一連の研究[75]など、漢詩文は歴史史料としても有用であることは証明されていると思われる。しかし、漢詩文をもとに、そこから両国の関係を歴史的に掘り下げることとなると難しい。

そのようななか、国文学の側から谷口孝介氏は重要な指摘をしている[76]。氏は、弘仁期の渤海使との贈答詩以降、元慶七年（八八三）や延喜二十年（九二〇）の渤海使との贈答詩にも、渤海使を朝貢使扱いする、いわゆる「海外慕化」の表現がみえるが、その表現が延喜二十年までに変化し、「実態を伴わない言葉」「観念的なことばの布置による思考」になっていくことを指摘する。そして、そのことが「律令国家の大きな変質を物語るものである」とする。一方で、菅原道真の渤海使との贈答詩に海外慕化の表現が見られない理由を、「治部大輔たる自身が律令国家を体現するという自負」の詩作であるためとしている。この二つのことから、詩の作者に、律令国家に対する確信のなさが観念的な「海外慕化」の表現に塗り固められた詩を生む基盤となり、それが『源氏物語』などにみえる、朝貢してきた高麗人という理想主義的な律令国家観につながったと結論付けているのである。

谷口氏の論考には、漢詩文の表現の変質から律令国家の変質を導き出すという歴史学的な視点が含まれており、今後、漢詩文を歴史史料として用いる歴史研究者の側でも、より広い視点で研究に臨むことが必要であることを物語っている。

四　本書の研究の視点

本書では、以上のような課題をふまえながら日本古代の外交儀礼や迎接制度をみていくが、本書がどのような意図のもとに構成されているかを明らかにしておきたい。多くは既に発表した論文を基としているが、初出論文の内容にはすべて改訂を加えている。大幅な改訂を行ったものについては、以下に記すこととする。

第一章では、八世紀の律令国家が、唐の賓礼をどのように受容したかについて考察する。「第一節　律令国家の賓礼受容」（初出は佐藤信編『日本と渤海の古代史』山川出版社、二〇〇三年、原題「古代日本における賓礼の受容」）は、これまで賓礼の定義について検討がなされていないという研究史を省みて、『開元礼』賓礼の内容を再検討し、その性格を明らかにしている。そして、七、八世紀の日本の外交儀礼を唐の賓礼と比較し、唐の賓礼を日本がどのように受容したかを考察する。第一節は、本書全体のキーワードとなる唐の賓礼を扱った内容であるため、初出論文の内容を全体的に補足した。大きく改めたのは次の二点である。

まず、『開元礼』賓礼の六儀礼を、石見清裕氏の研究(77)にもとづき詳細に紹介した。石見氏は「皇帝遣レ使戒二蕃主見日一」儀（皇帝が蕃客に謁見日を伝達する儀式）で皇帝使が蕃主と客館で東西に向き合うことを、両者が主客関係であるためと指摘している。このことは、本節で、唐の賓礼が中華帝国の秩序を踏まえつつも、皇帝と蕃客との主客関係にもとづく儀礼であると定義する部分を補強するものとなっている。

次に、『隋書』倭国伝にみえる倭国の裴世清への儀礼を、『開元礼』嘉礼「皇帝遣レ使詣レ蕃宣レ労」儀であると考察した。同様の指摘は、すでに黒田裕一氏によりなされていたが(78)、黒田氏とは解釈が異なる点もあり、改めて本節で述べた。

「第二節　賓礼の受容と渤海国書」（初出は『国史学』一八五、二〇〇五年、原題「啓と表―渤海国書にみる八世紀日本の外交認識―」）では、日本の国史にみえる渤海国書の書式が、神亀四年（七二七）の第一回渤海使来日以後、当初は「啓」であったが、天平宝字二年（七五八）から「表」に変化し、再び延暦十四年（七九五）には「啓」に戻っていることに着目した。そして、なぜある時期にのみ「表」に変化したのか、そして再び「啓」に戻ったのかについて、それぞれの時期における日渤関係や賓礼の整備の影響を考察している。

第二章では、九世紀の日渤関係について、迎接体制や外交儀礼の整備を中心に、延喜式条文の成立と年期制という二つの視点から考察する。

「第一節『延喜式』にみえる外国使節迎接使」（初出は『延喜式研究』一八、二〇〇二年、原題「延喜式に見える外国使節迎接使―太政官式蕃客条と治部式蕃客条の検討―」）は『延喜太政官式』蕃客条と『延喜治部式』蕃客条に規定された各迎接使の個別検討を行う。太政官式の迎接使は、承和期以降の渤海使への迎接記事や宮中での儀礼に関する記事に初見するものが多く、条文成立と迎接体制や外交儀礼整備との関係を考察する。また、治部式と太政官式で名称が類似する迎接使について検討し、それぞれの条文の成立時期と成立背景を考える。

初出論文にあった迎接使の個別検討の部分を見直し、説明を補足したほか、大きく改訂したのが結論部分である。初出論文では、太政官式蕃客条の迎接使による新しい迎接のかたち、すなわち「承和の新体制」について、『開元礼』賓礼にもとづく外交儀礼を行うための専使であるとしたが、太政官式蕃客条の迎接使を検討し直してみると、必ずしも『開元礼』賓礼と一致していないことが判明した。そこで、本節ではすべてが『開元礼』賓礼にもとづくものではないこととした。すでに、大隅清陽氏は「礼と儒教思想」（『列島の古代史七　信仰と世界観』岩波書店、二〇〇六年）のなかで、著者の初出論文を取り上げ、「太政官式蕃客条に見える外国使への迎接体制が、九世紀中葉の承和から貞観年間にかけて、『開元礼』賓礼を継受する形で整備されたものである」と紹介して下さっているが、現時点での結論は、『開元礼』賓礼を継受する形で整備された迎接体制もある、と言える程度である。この問題については今後も考えていきたい。また、初出論文では言及できなかった「承和の新体制」成立の背景についても本節では考察を加えている。

「第二節　年期制の成立とその影響」（初出は『ヒストリア』二一〇、二〇〇八年、原題「九世紀の日本と渤海―年期制の成立とその影響―」）では天長元年（八二四）に一紀（十二年）一貢を定めたことが、嵯峨朝における頻繁な日渤外交を変化させることとなったことに注目し、年期を定めた太政官符と藤原緒嗣の上表文をもとに、年期制定の意図を考察する。また、年期制がその後の渤海使来日に及ぼした影響について、各事例を検討する。

第三章では、漢詩文と、それにもとづく国文学の成果を歴史研究の素材とすることを試みた。

「第一節　弘仁六年の渤海使」（初出は『法政史学』六六、二〇〇六年、原題「漢詩文にみる弘仁六年の渤海使」）は『文華秀麗集』などにみえる弘仁五年の渤海使王孝廉と日本の存問使や領客使が交わした漢詩を時系列で並べることで、迎接体制の細部を明らかにする。

「第二節　弘仁十二年の渤海使」（初出は（『法政大学大学院紀要』五七、二〇〇六年、原題「弘仁十二年の渤海使―『経国集』の漢詩を手がかりに―」）は『経国集』にみえる打毬の漢詩や渤海使礼仏の漢詩がいつのものかを考察する。

第四章では、九二六年の渤海滅亡による日渤外交の終焉を視野に入れた検討を行っている。

「第一節　寛平・延喜年間の日渤外交」「第二節　渤海滅亡後の外交認識」（初出は中野栄夫編『日本中世の政治と社会』吉川弘文館、二〇〇三年、原題「寛平・延喜年間の日渤外交」）のうち、第一節は六国史以降の国史や古記録などさまざまな史料に散見される渤海使来日記事を集めて、時系列に紹介し、十世紀の迎接体制や外交儀礼を概観し、この時期の特質を明らかにする。個別の来日記事については、改めて検討を加え、詳細な解説をおこなった。とくに、年月の記載が無い『本朝文粋』巻一二の「贈渤海国中台省牒」が寛平四年の来日記事であることに疑いをもたなかった近年の先行研究に注意を喚起した。また寛平六年の来日記事についても、『公卿補任』にみえる関連史料を加えるとともに、『日本紀略』と『扶桑略記』の記事の整合性については、来着から安置までの期間と考えた。また、初出論文では触れなかった渤海側の動きを全般的に追加した。第二節では渤海国滅亡後の平安貴族社会において、渤海国や日渤外交のあり方がどのように理解されていたかを考察する。貴族の渤海認識についての先行研究を追加した。

註

（1）渤海史についてまとまった研究としては、鳥山喜一『渤海史上の諸問題』（風間書房、一九六八年）、新妻利久『渤海国史及び日本との国交史の研究』（学術書出版会、一九六九年）、三上次男『高句麗と渤海』（吉川弘文館、一九九〇年）、朱国忱・魏国忠著、佐伯有清・濱田耕策訳『渤海史』（東方書店、一九九六年）、石井正敏『日本渤海関係史の研究』（吉川弘文館、二〇〇一年）、酒寄雅志『古代の日本と渤海』（校倉書房、二〇〇一年）、濱田耕策『渤海国興亡史』（吉川弘文館、二〇〇〇年）などがある。また、渤海史の研究状況については、酒寄雅志「渤海史研究の成果と課題」（前掲著書、初出は一九九六年）が、戦前の研究や中国・韓国・北朝鮮・ロシアの研究についても紹介している。

（2）『新唐書』巻二一九北狄渤海伝。

（3）渤海が日本に使者を派遣してきた理由については、鳥山喜一「渤海王国と日本との交渉」（前掲註（1）著書）、鈴木靖民「日本律令制の成立・展開と対外関係」（『古代対外関係史の研究』吉川弘文館、一九八五年、初出は一九七四年）、酒寄雅志「八世紀における日本の外交と東アジアの情勢」（前掲註（1）著書、初出は一九七七年）、石井正敏「対日外交開始前後の渤海情勢」（前掲註（1）著書、初出は一九八四年）、濱田耕策『渤海国興亡史』（前掲註（1）著書）など多くの先行研究がある。

（4）『類聚国史』巻一九四、天長三年三月戊辰朔条。

（5）『日本三代実録』貞観十四年五月二十日条、二十一日条。

（6）森克己「外国使節と外国商人の差別」「平安京貿易の展開」（『新編森克己著作集一　新訂日宋貿易の研究』勉誠出版、二〇〇八年、初出は一九四八年）。

（7）石井正敏「初期日本・渤海交渉における一問題―新羅征討計画と渤海―」（前掲註（1）著書、初出は一九七四年）。

（8）酒寄雅志「八世紀における日本の外交と東アジアの情勢―渤海との関係を中心として―」（前掲註（1）著書、初出は一九七七年）。

(9) 渤海に関する史料は、唐との関係を記した中国史料と日本との関係を記した日本の史料に残るのみであり、ほかには第三代渤海王大欽茂の息女貞恵公主と貞孝公主の墓誌が知られるほか、まとまったものは見つかっていない。
(10) 鈴木靖民「日本律令制の成立・展開と対外関係」(前掲註(3)著書、初出は一九七四年)。
(11) 酒寄雅志a「渤海史研究と近代日本」、b「『唐碑亭』、すなわち『鴻臚井の碑』をめぐって」(前掲註(1)著書、初出はともに一九九九年)。
(12) 石母田正「天皇と『諸蕃』」(『石母田正著作集四』岩波書店、一九八九年、初出は一九六二年)。
(13) 代表的なものとして、鬼頭清明「推古朝をめぐる国際的環境」(『日本古代国家の形成と東アジア』校倉書房、一九七六年、初出は一九七二年)では、国家成立史における国際的契機は、その国の個々の国際的・国内的歴史条件によるものであり、普遍的にいえることではないとする。
(14) 鈴木靖民「奈良時代における対外意識―『続日本紀』朝鮮関係記事の検討―」(前掲註(3)著書、初出は一九六九年)。
(15) 鈴木靖民「日本律令制の成立・展開と対外関係」(前掲註(3)著書、初出は一九七四年)。
(16) 鈴木靖民「渤海の首領に関する基礎的研究」(前掲註(3)著書、初出は一九七九年)。なお、渤海の首領については、鈴木論文のほかに、大隅晃弘「渤海の首領制―渤海国家と東アジア世界―」(『新潟史学』一七、一九八四年)、石井正敏「渤海の地方社会」(前掲註(1)著書、初出は一九九八年)、森田悌「渤海首領考」(『延喜式研究』一五、一九九八年)などの研究がある。
(17) 石井正敏a「日本・渤海交渉と渤海高句麗継承国意識」、b「神亀四年、渤海の日本通交開始とその事情」(前掲註(1)著書、初出はともに一九七五年)。
(18) 石井正敏a「大宰府の外交機能と外交文書」、b「大宰府・縁海国司と外交文書」(前掲註(1)著書、初出はaが一九七〇年、bが一九九一年)。
(19) 平野邦雄「大宰府と東アジア―大宰府外交の権限と実務―」(『歴史地理』四五四、一九九三年)、倉住靖彦「大宰府論―その対外的機能を中心に―」(荒野泰典・石井正敏・村井章介編『アジアのなかの日本史』Ⅱ外交と戦争、東京大学出版会、一九九二年)。

(20)　石井正敏「大宰府の外交機能と外交文書」(前掲註(18)a論文)を批判した中西正和a「新羅使・渤海使の来朝と大宰府—大宰府の外交的機能について—」(『古代史の研究』八、一九九〇年)を、さらに石井が反論したのが石井正敏「大宰府・縁海国司と外交文書」(前掲註(18)b論文)。また、中野高行「日本古代における外国使節処遇の決定主体」(『日本古代の外交制度史』岩田書院、二〇〇八年、初出は一九九七年)と中西正和b「大宰府と存問」(横田健一編『日本書紀研究』二一、塙書房、一九九七年)に石井が反論したものが、石井正敏a「宝亀十年十月勅をめぐって」(前掲註(1)著書、初出は一九九八年)。さらなる中西正和c「渤海使の来朝と天長五年正月二日官符」(『ヒストリア』一五九、一九九八年)の批判に石井が答えたものが、石井正敏b「天長五年正月官符をめぐって」(前掲註(1)著書、初出は一九九八年)。

(21)　酒寄雅志「『唐碑亭』、すなわち『鴻臚井の碑』をめぐって」(前掲註(1)b論文)。

(22)　酒寄雅志「渤海国中台省牒の基礎的研究」(前掲註(1)著書、初出は一九八五年)。

(23)　酒寄雅志「渤海通事の研究」(前掲註(1)著書、初出は一九八八年)。

(24)　酒寄雅志「雅楽『新靺鞨』にみる古代日本と東北アジア」(前掲註(1)著書、初出は一九九七年)。

(25)　石井正敏前掲註(1)著書、酒寄雅志前掲註(1)著書。

(26)　石井と酒寄の著書刊行を契機に、両者の研究成果と戦後渤海史研究の足跡がまとめられた。おもなものとして、河内春人「渤海史研究の論点」(『唐代史研究』五、二〇〇二年)、古畑徹「戦後日本における渤海史の歴史枠組みに関する史学史的考察」(『東北大学東洋史論集』九、二〇〇三年)、拙稿「渤海史研究の歩み」(『歴史評論』六三四、二〇〇三年)などがある。

(27)　坂本太郎「儀式と唐礼」(『日本古代史の基礎的研究下』東京大学出版会、一九六四年、初出は一九四一年)。

(28)　岩橋小彌太「儀式考」(『上代史籍の研究』第二集、吉川弘文館、一九五八年)、瀧川政次郎「江都集礼と日本の儀式」(岩井博士古稀記念事業会編纂委員会編『典籍論集』岩井博士古希記念事業会、一九六三年)。

(29)　喜田新六「王朝の儀式の源流とその意義」(『令制下における君臣上下の秩序について』皇學館大學出版部、一九七二年、初出は一九五五年)。

(30) 岩橋小彌太「儀式考」(前掲註(28)論文)。
(31) 岩橋のこの説は、鍋田一「古代の賓礼をめぐって」(柴田実先生古稀記念会編『日本文化史論叢』柴田実先生古稀記念会、一九七六年)にも受け継がれている。なお、近年では大隅清陽「唐の礼制と日本」(池田温編『古代を考える　唐と日本』吉川弘文館、一九九二年)が、天智朝の五礼は体系的には意識されておらず、中国律令に規定された礼を選択的・限定的に継受していたとし、体系的な受容は八世紀としている。
(32) 『続日本紀』天平七年四月辛亥(二十六日)条。
(33) 瀧川政次郎「江都集礼と日本の儀式」(前掲註(28)論文)。なお、西本昌弘「日本古代礼制研究の現状と課題」(『日本古代儀礼成立史の研究』塙書房、一九九七年)では、『旧唐書』礼儀志に「大業中、煬帝命学士撰江都集礼」とあることから、大業四年にあたる推古十六年に『江都集礼』が完成していたかは疑問とし、完成していたとしても、煬帝が簡単に倭国使に下賜したとは思えないとして、瀧川説に疑問を呈している。
(34) 鍋田一「古代の賓礼をめぐって」(前掲註(31)論文)。
(35) 鍋田一a「六～八世紀の客館―儀式の周辺―」(牧健二博士米寿記念『日本法制史論集』思文閣出版、一九八〇年)、b「六・七世紀の賓礼に関する覚書―『日本書紀』の記載について―」(瀧川政次郎博士米寿記念論集『律令制の諸問題』汲古書院、一九八四年)、c「皇極朝の儀礼と宮室―都城と儀礼(Ⅲ)―」(『明治大学社会科学研究所紀要』三〇―一、一九九二年)、d「孝徳朝の儀礼と宮室―都城と儀礼(Ⅳ)―」(『明治大学社会科学研究所紀要』三二―二、一九九四年)。
(36) 西本昌弘「日本古代礼制研究の現状と課題」(前掲註(33)論文)。
(37) 武田佐知子『古代国家の形成と衣服制』(吉川弘文館、一九八四年)。
(38) 武田佐知子「東アジア世界における国家の形成と身分標識」(前掲註(37)著書)。
(39) 平野卓治「律令位階制と『諸蕃』」(林陸朗先生還暦記念会編『日本古代の政治と制度』続群書類従完成会、一九八五年)。
(40) 田島公「日本の律令国家の『賓礼』―外交儀礼よりみた天皇と太政官―」(『史林』六八―三、一九八五年)。
(41) 森公章「古代日本における対唐観の研究―『対等外交』と国書問題を中心に―」(『古代日本の対外認識と通交』吉川弘文館、

一九九八年、初出は一九八八年）。

(42) 西嶋定生「東アジア世界と冊封体制―六―八世紀の東アジア―」（『西嶋定生東アジア史論集　第三巻東アジア世界と冊封体制』岩波書店、二〇〇二年、初出は一九六二年）。

(43) 堀敏一「東アジアの歴史像をどう構成するか―前近代の場合」（『律令制と東アジア世界―私の中国史学（二）』汲古書院、一九九四年、初出は一九六三年）では、唐代の羈縻体制の盛行を挙げ、中国と周辺諸民族の現実の力関係に応じて多様な関係から成り立っており、冊封体制は異民族支配のひとつの政治的表現であると指摘する。李成市『東アジア文化圏の形成』（山川出版社、二〇〇〇年）では、冊封を媒介とする政治関係が高句麗・百済・新羅・倭・渤海の「東辺諸国」にすぎず、ベトナムとの関係などは個別に論証されていないことを指摘している。

(44) 金子修一「唐代の国際文書形式」（『隋唐の国際秩序と東アジア』名著刊行会、二〇〇一年、初出は一九七四年）、中村裕一a『唐代制勅研究』（汲古書院、一九九一年）、b『隋唐王言の研究』（汲古書院、二〇〇三年）。

(45) 濱田耕策「唐朝における渤海と新羅の争長事件」（『新羅国史の研究―東アジア史の視点から―』吉川弘文館、二〇〇二年、初出は一九七八年）。

(46)『大唐開元礼　附大唐郊祀録』（汲古書院、一九七二年）。

(47) 石見清裕a「鴻臚寺と迎賓館」、b「外国使節の皇帝謁見儀式復元」、c「外国使節の皇帝謁見儀式復元」（ともに『唐の北方問題と国際秩序』汲古書院、一九九八年、初出はaが一九九〇年、bが一九九一年、cが一九九五年）、d「唐の国書授与儀礼について」（『東洋史研究』五七―二、一九九八年）。aが賓礼②「皇帝遣使戒蕃主見日」の、bが賓礼③「蕃主奉見」と賓礼④「皇帝受蕃使表及幣」の、cが賓礼⑤「皇帝宴蕃国主」と賓礼⑥「皇帝宴蕃国使」の、dが賓礼①「蕃主来朝遣使迎労」の注釈。

(48) 金子由紀「北宋の大朝会儀礼」（『上智史学』四七、二〇〇二年）。

(49) 田村晃一・鈴木靖民編『新版古代の日本二　アジアからみた古代日本』（角川書店、一九九二年）。

(50) 荒野泰典・石井正敏・村井章介編『アジアのなかの日本史』Ⅰ～Ⅵ（東京大学出版会、一九九二年―九三年）。

(51) 西本昌弘「日本古代礼制研究の現状と課題」(前掲註(33)論文)。
(52) 『東アジアの古代文化』九六、一九九八年。『しにか』一〇二、一九九八年。『アジア遊学』六、一九九九年。
(53) おもなものに、村井章介・佐藤信・吉田伸之編『境界の日本史』(山川出版社、一九九七年)、田中史生『日本古代国家の民族支配と渡来人』(校倉書房、一九九七年)、山里純一『古代日本と南島の交流』(吉川弘文館、一九九九年)、『アジア遊学』二六(特集―九世紀の東アジアと交流、二〇〇一年)、蓑島栄紀『古代国家と北方社会』(吉川弘文館、二〇〇一年)、山内晋次『奈良平安期の日本とアジア』(吉川弘文館、二〇〇三年)などがある。
(54) 河内春人「日本古代における礼的秩序の成立―華夷秩序の構造と方位認識―」(『明治大学人文科学研究所紀要』四三、一九九七年)。
(55) 河内春人「『天下』論」(『歴史学研究』七九四、二〇〇四年)。
(56) 石母田正「国家成立史における国際的契機」(『石母田正著作集三』岩波書店、一九八九年、初出は一九七一年)。
(57) 田中史生「揺らぐ『一国史』と対外関係史研究」(『歴史評論』六二六、二〇〇二年)。
(58) 森公章『遣唐使と古代日本の対外政策』(吉川弘文館、二〇〇八年)、中野高行『日本古代の外交制度史』(前掲註(20)著書)。
(59) 前掲註(52)のほか、『アジア遊学』一〇七(特集―北東アジアの中世考古学、勉誠出版、二〇〇八年)などにも最新の成果が報告されている。
(60) 王承礼著・古畑徹訳「唐代渤海『貞恵公主墓志』と『貞孝公主墓志』の比較研究」(『朝鮮学報』一〇三、一九八二年)。
(61) 鈴木靖民「渤海の国家構造」(前掲註(52)『しにか』一〇二に収録)、酒寄雅志a「渤海史研究の成果と課題」(前掲註(1)論文)、b「古代日本海の交流」(小林昌二監修、熊田亮介・坂井秀弥編『日本海域歴史大系二古代編Ⅱ』清文堂出版、二〇〇六年)。
(62) 『秋田城跡　平成七年度秋田城跡調査概報』(秋田県、一九九六年)、酒寄雅志a「渤海史研究の成果と課題」(前掲註(1)論文)、b「古代日本海の交流」(前掲註(61)b論文)。
(63) 小嶋芳孝「日本海を越えてきた渤海使節」(大林太良編『日本の古代三　海をこえての交流』(中央公論社、一九八六年)、

酒寄雅志a「渤海史研究の成果と課題」（前掲註（1）論文）、b「古代日本海の交流」（前掲註（61）b論文）。

（64）小嶋芳孝「渤海使の往来」（『文字と古代日本二　文字による交流』吉川弘文館、二〇〇五年）、酒寄雅志「古代日本海の交流」（前掲註（61）b論文）。

（65）石母田正「詩と蕃客」（『石母田正著作集十』岩波書店、一九八九年、初出は一九六四年）。

（66）小島憲之校注『懐風藻・文華秀麗集・本朝文粋』（日本古典文学大系、岩波書店、一九六四年）、川口久雄校注『菅家文草・菅家後集』（日本古典文学大系、岩波書店、一九六六年）。

（67）小島憲之『国風暗黒時代の文学』中（中）～補篇（塙書房、一九七九年―二〇〇二年）。「凌雲集詩注」が中（中）、「経国集詩注」が中（下）Ⅰ・Ⅱ～（下）Ⅲ、「文華秀麗集詩注」が補篇にそれぞれ収録されている。

（68）『アジア遊学』掲載の「渤海関連詩を読む」第一回～第十四回の内容は次のとおり。波戸岡旭「楊泰師『夜聴擣衣』」（五四号）、同「楊泰師『奉和紀朝臣公詠雪詩』」（五五号）、福田俊昭「大伴氏上の『渤海入朝詩』」（五六号）、後藤昭雄「王孝廉『奉勅陪内宴詩』」（五七号）、菊地真「渤海国から渡来した皮衣―『ふるきの皮衣』について―」（五八号、以上二〇〇三年）、同「古典文学の中の渤海国交易品―『ふるきの皮衣』続編―」（五九号、二〇〇四年）、河野貴美子「釈仁貞『七日禁中陪宴詩』」（六〇号）、岡部明日香「桑腹赤『和渤海入覲副使公賜対龍顔之作一首』」（六一号）、井実充史「滋野貞主『春日奉使入渤海客館』」（六四号）、山谷紀子「滋野貞主『春夜宿鴻臚簡渤海入朝王大使』」（六六号）、中村成里「巨勢識人『春日餞野柱史奉使存問渤海客』」（六九号、以上二〇〇四年）、加畠吉春「王孝廉『春日対雨。探得情字。一首』」（七一号）、岡部明日香「王孝廉『在辺亭賦得山花戯寄両箇領客使并滋三一首』」（七二号）、蔣義喬「王孝廉『和坂領客対月思郷見贈之作』」（七三号、以上二〇〇五年）。

（69）小島憲之「奈良・平安初頭文学と渤海文学との交流」（『比較文学』三、一九六〇年）。

（70）遠藤光正「渤海国使王孝廉と『文華秀麗集』」（『東洋研究』一一六、一九九五年）。

（71）田中隆昭a「『うつほ物語』『源氏物語』における遣唐使と渤海使」（『アジア遊学』二七、二〇〇一年）、b「渤海使と遣唐使―平安朝文学とのかかわりから―」（王勇・久保木秀夫編『奈良・平安期の日中文化交流―ブックロードの視点から―』（農山漁村文化協会、二〇〇一年)。
(72) 村井章介『東アジア往還—漢詩と外交—』(朝日新聞社、一九九五年)、加藤順一「文士と外交」(三田古代史研究会編『政治と宗教の古代史』慶應義塾大学出版会、二〇〇四年)。
(73) 佐藤信a「古代の『大臣外交』についての一考察」(前掲註(53)『境界の日本史』)、b「奈良時代の『大臣外交』と渤海」(佐藤編『日本と渤海の古代史』山川出版社、二〇〇三年)。
(74) 大日方克己「日本・渤海間の交通と山陰諸国」(『島根大学法文学部紀要　社会システム学科編』五、二〇〇〇年)。
(75) 桑原朝子『平安朝の漢詩と「法」』(東京大学出版会、二〇〇五年)。
(76) 谷口孝介「文学史のなかの渤海客使」(『菅原道真の詩と学問』塙書房、二〇〇六年、初出は一九九六年)。
(77) 前掲註(47)参照。
(78) 黒田裕一「推古朝における『大国』意識」(『国史学』一六五、一九九八年)。

第一章　外交儀礼の形成

日本が倭国と呼ばれた時代より中国との交通があったことから、日本の外交儀礼が中国や朝鮮半島諸国との外交関係のなかで整備されてきたことは推測に難くない。しかし、古代日本の国家形成において手本となった中国や朝鮮半島諸国における外交儀礼が十分に解明されていないことは序章でもみたとおりである。

本章では、中国の賓礼の性格を明らかにしたうえで、律令国家の賓礼受容の過程を考察していきたい。

第一節　律令国家の賓礼受容

一　『大唐開元礼』の賓礼

中国の礼とは、国家形成のイデオロギーだけでなく、国制を理論的に裏付け規定するものであり、すでに周代から吉・凶・賓・軍・嘉の五礼が『周礼』春官に規定されていた。「吉礼」は昊天・社稷・宗廟の祭祀、「凶礼」は喪礼をはじめ疫病・災害・戦乱の哀悼、「賓礼」は王と諸侯との交通・外交、「軍礼」は力役・軍事演習・戦争、「嘉礼」は飲食・冠婚・饗宴・賀慶に関する儀礼を規定したものである。このうち「賓礼」は、唐代までに、中華帝国からみて異民族である蕃国への通交儀礼に適用されるようになった。[1]

隋朝には『隋朝儀礼』や『江都集礼』などの礼書の存在が知られ、[2]そのなかには賓礼も規定されていたと思われるが、[3]現存しておらず内容を確認することはできない。唐代には太宗の『貞観礼』、高宗の『顕慶礼（永徽礼）』、そして玄宗の『大唐開元礼』（以下『開元礼』）があったことが知られるが、[4]現存するのは開元二十年（七三二）成立の『開元礼』一五〇巻であり、今日知り得る唐代の賓礼の内容はこれに拠ることとなる。

新羅や渤海の外交儀礼については、史料も残っておらず不明な点が多い。ただし、唐礼は両国にも伝わっており、新羅では神文王六年（六八六）に「吉凶要礼」と『文館詞林』の写しを得たことが、[5]渤海も唐の開元二十六年（七三八）に遣唐使が唐礼などを請求し、許されていることが[6]それぞれ史料にみえる。したがって、これらの国々で唐礼は共通の認識であったと考えてよいであろう。

『開元礼』巻七九・八〇賓礼に規定された儀礼は、「蕃主来朝遣レ使迎労」「皇帝遣レ使戒二蕃主見日一」「蕃主奉見」「皇帝受二蕃使表及幣一」「皇帝宴二蕃国主一」「皇帝宴二蕃国使一」の六儀礼で構成されている。その性格は、これからみるように、来朝した蕃客を唐皇帝がねぎらいもてなす儀礼であるといえよう。一方で、北宋末に成立した『政和五礼新儀』巻一三六～一五六に規定された賓礼は、外交儀礼だけでなく、臣下が介在して君臣関係を確認するための朝会儀礼を含むものである。[7]この宋代の賓礼についての研究が進むにつれ、中国の「賓礼」の概念について、朝会儀礼も含むとする説[8]も出されるようになった。

一方、このような東洋史側の事情とは無関係に、日本の外交儀礼についても「賓礼」という語がしばしば用いられてきた。

日本古代の「賓礼」について、鍋田一氏は「国交にもとづき到来する外国の使客に対する儀礼、迎接に関する方式」

とし、[9] 田島公氏は「中国を中心とした前近代の東アジアの公的な対外交渉における外交儀礼」とした。[10] 森公章氏は、到着地での安置に始まり、使節への存問や入京、帰国時の逓送も含んだものを「古代日本における賓礼の流れ」としている。[11] しかし、これら先行研究は「賓礼」が中国の賓礼と同じであるのか、日本固有の概念があるのか、「外交儀礼」とどのように違うのかなどについて十分に説明されないまま、「賓礼」という語が古代中国に存在したことから、田島氏のように中国由来の外交儀礼を「賓礼」とする見方が漠然とされているように思われる。近年、廣瀬憲雄氏はこの「賓礼」概念のあいまいさを指摘し、外交儀礼の語を用いているが、[12] ここからも外交儀礼＝賓礼であるのか、賓礼が何であるのかを正面から論じた研究がないことがうかがえる。そこで、まず唐の賓礼の性格を考えてみたい。

開元二十年（七三二）成立の『開元礼』には、五礼一五〇巻が現存しており、このうち巻七九・八〇の賓礼は次の六儀礼で構成される（巻七九(1)〜(3)、巻八〇(4)〜(6)）。

(1)蕃主来朝遣レ使迎労
(2)皇帝遣レ使戒二蕃主見日一
(3)蕃主奉見奉辞礼同
(4)皇帝受二蕃使表及幣一其労及戒見日亦如上儀
(5)皇帝宴二蕃国主一
(6)皇帝宴二蕃国使一

(1)は、皇帝が蕃客の滞在する客館に使者を派遣して慰労する儀礼である。蕃主は滞在する客館で皇帝の使者を迎え、東西に向き合う。皇帝使から皇帝の制（詔）と幣（贈答品。割書より「綵五匹を一束」）を受け取る際には、蕃主が皇帝使に北面する。蕃主でなく蕃使の場合には、幣の授与はない。その後いったん蕃主に見送られ退館した皇帝使は再

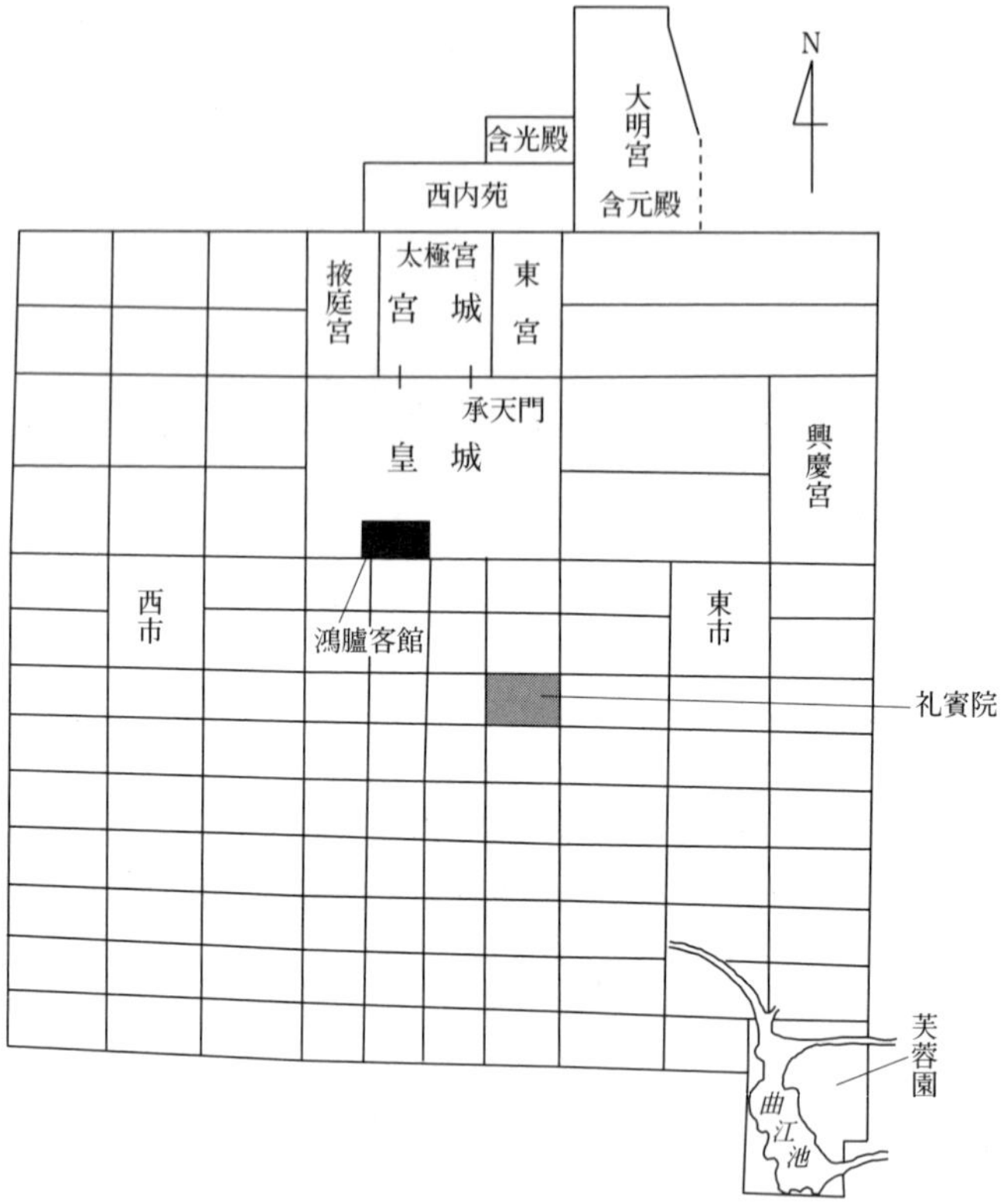

図２　唐の長安城

び入館して、蕃主から土物（土産）を受け取る。蕃主は再び館外まで皇帝使を見送り、その後外交担当の官吏鴻臚寺に引率され「朝堂」に向かい、北面して通事舎人より労いの勅を受け、帰館する。儀礼の最後に「朝堂」での宣勅があることから、石見清裕氏は、儀礼の場である「候館」を宮城内の鴻臚客館（図２）とみるが、[13]のちに都長安に入るひとつ前の駅（長楽駅）でも行われる可能性を指摘している。[14]

(2)は、皇帝が蕃客に謁見日を伝達する儀式である。蕃主は「館」に皇帝使を迎え、東西に向き合い、皇帝使が蕃主に謁見日の制を伝える。ここでも儀式の場である「館」がどこであるのかは明らかではないが、石見氏は鴻臚客館であるとし、[15]本書もそれに従いたい。

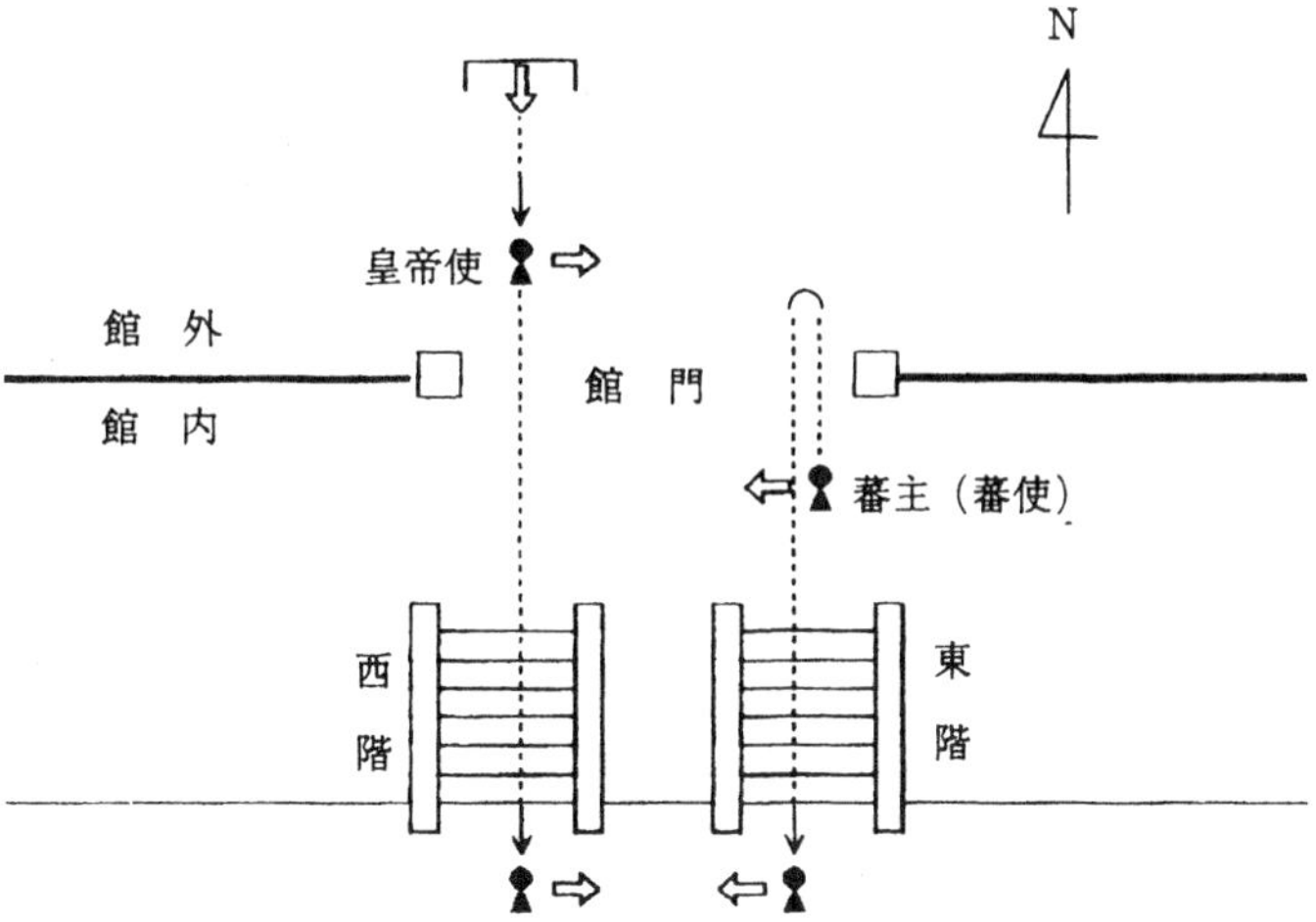

図３「皇帝遣使戒蕃主見日」儀式概念図
（石見清裕『唐の北方問題と国際秩序』364頁より）

なお、石見氏はこの儀礼が蕃主と皇帝使が主客関係にあるため、客館における主人（蕃主）が東より西面し、客人（皇帝使）が西より東面するという位置関係（図３）を形成していることを指摘している[16]。

⑶は、蕃主が大極殿において皇帝に謁見する儀式である。蕃主は大極殿の殿上で皇帝に東面して侍中より皇帝の制を受ける。一方、⑷は、蕃使が皇帝に国書と貢物を献上する儀礼である。⑶と⑷の儀礼が別立てになっていることから、『開元礼』賓礼においては、蕃主と蕃使の謁見儀が異なる内容であることがわかる。⑶で蕃主は殿上に昇るが、⑷では、蕃使が殿庭において皇帝に東面し、蕃主からの国書を中書侍郎が奏上し、また幣の進上が行われる。その後、通事舎人を介して皇帝が蕃国主や使節についての質問をし、蕃使は通事舎人を通じて返答する。石見氏は⑶と⑷の儀礼の違いについて、⑶の場合は、皇帝に謁見した後、宴会において貢物を献上するが、⑷の場合は、謁見の際に、蕃主から託された国書と貢物を献上することになっており、宴会での貢物献上は行われないことを指摘する[17]。また、儀礼の場について、⑶が宮城内の

正殿である「大極殿」と明記されているが、(4)については記載がないことについて、実際に唐代外国使の朝見会場が、延英殿や麟徳殿などさまざまな宮殿で行われることから、大極殿だけでなく宮城内に想定されているとし、(4)が日本の遣唐使も含めた蕃使の朝見儀式であるとしている。[18]

(5)は蕃主への賜宴の儀礼である。蕃主はこの場で貢物（贄・幣）を献上する。続いて乾杯があり、会食が始まる。そこでは皇帝からの賜酒があり、楽舞が行われる。最後に皇帝より贈答品が送られる。(6)は蕃使への賜宴であるが、貢物は(4)の謁見儀においてすでに献上されている。このため(5)にみえる貢物献上は行われないものの、乾杯や会食、賜酒、楽舞、贈答品授与などは同じ流れである（楽舞の差異については、石見氏の研究[19]を参照のこと）。これら宴会儀礼についても場所は記されていないが、石見氏は宮城内とし、また(5)蕃国主、(6)蕃国使ともに昇殿して殿上で東面する形で飲食すること、通常の遣唐使節は宴会儀礼で初めて昇殿が許されることを指摘する。[20] 実際に日本の遣唐使もこのような賓礼を受けていたことは、表1のとおりである。

さて、(1)~(6)まで賓礼全体の構成をみると、蕃主、蕃使とも宮城への入城時に皇帝の使者が蕃客を迎える郊労儀(1)(2)、皇帝への謁見儀(3)(4)、謁見後の宴会儀(5)(6)という三種類の儀式に大別される。それぞれにおいて皇帝が蕃主、蕃客の来朝をねぎらう言葉（制）を出していることからも、賓礼とは、皇帝が主宰する、国書および貢物を持参して来朝した蕃客に対する謁見、慰労の儀礼であるということができるだろう。

ところで、賓礼の対象となる蕃国については、『唐会要』巻一〇〇雑録に、

聖暦三年（七〇〇）三月六日勅、東至㆓高麗国㆒、南至㆓真臘国㆒、西至㆓波斯、吐蕃、堅昆都督府㆒、北至㆓契丹、突厥、靺鞨㆒、並為㆓入蕃㆒、以外為㆓絶域㆒。其使応㆓給料㆒各依㆑式。

とあり、七世紀末の唐帝国の領域（入蕃）とそれ以外の地域（絶域）とに区別されている。蕃は中華である唐の礼秩

表1　遣唐使への賓礼

郊労	（大宝の遣唐使）長楽駅で五品舎人が勅を宣べて労問する。	『続日本紀』宝亀十年四月辛卯
	（宝亀の遣唐使）長安に到着すると、内使が馬を率いて迎え、外宅に安置される。	『続日本紀』宝亀九年十一月乙卯
	（延暦の遣唐使）長楽駅に到着して宿泊。後日、内使が飛龍の家の細馬二十三匹を率いて迎え、酒脯で宣慰される。馬に乗り京城に入り、外宅に安置される。	『日本後紀』延暦二十四年六月乙巳
	（承和の遣唐使）大使らは上都に到着し、東京礼賓院に安置される。	『入唐求法巡礼行記』開成四年正月二十一日
方物献上	（延暦の遣唐使）国信・別貢等を監使に渡して、天子に献上する。監使より皇帝のねぎらいの勅を賜る。	『日本後紀』延暦二十四年六月乙巳
謁見	（白雉五年の遣唐使）天子に謁見する際、東宮監門が日本国の地理と国の初の神名を問うので答える。	『日本書紀』白雉五年二月
	（斉明五年の遣唐使）天子が、日本国の天皇は平らかであるか、などを問うので答える。	『日本書紀』斉明五年七月戊寅
	（宝亀の遣唐使）天子に対顔して奏上する。	『続日本紀』宝亀九年十一月乙卯
	（延暦の遣唐使）宣化殿において礼見するが、天子は不在。同日、麟徳殿で対見する。請うところを許される。	『日本後紀』延暦二十四年六月乙巳
宴会	（大宝の遣唐使）麟徳殿で宴会。粟田真人に司膳卿が授けられる。	『旧唐書』巻一九九上日本伝
	（延暦の遣唐使）内裏で宴会。官賞をそれぞれ賜る。使院で宴を設け、終日酣飲する。	『日本後紀』延暦二十四年六月乙巳

森公章「遣唐使が見た唐の賓礼」、「大宝度の遣唐使とその意義」（ともに『遣唐使と古代日本の対外政策』吉川弘文館、二〇〇八年をもとに作成）。

表2 『大唐開元礼』所載蕃客出席儀式一覧表

	吉　　礼	巻
1	皇帝冬至祀圜丘	4
2	皇帝正月上辛祈穀於圜丘	6
3	皇帝孟夏雩祀於圜丘	8
4	皇帝季秋大享於明堂	10
5	皇帝立春祀青帝於東郊	12
6	皇帝立夏祀赤帝於南郊	14
7	皇帝季夏土王日祀黄帝於南郊	16
8	皇帝立秋祀白帝於西郊	18
9	皇帝立冬祀黒帝於北郊	20
10	皇帝臘日蜡百神於南郊	22
11	皇帝春分朝日於東郊	24
12	皇帝秋分夕月於西郊	26
13	皇帝夏至祭方丘（后土礼同）	29
14	皇帝孟冬祭神州於北郊	31
15	皇帝仲春仲秋上戊祭大社	33
16	皇帝時享於太廟	37
17	皇帝祫享於太廟	39
18	皇帝禘享於太廟	41
19	皇帝孟春吉亥享先農耕籍	46
20	皇帝巡狩（燔柴告至）	62
21	〃　（肆覲東后）	62
22	皇帝封祀於泰山	63
23	〃　（鑾駕上山）	63
24	皇帝禅於社首山	64

	軍　　礼	巻
1	皇 帝 講 武	85

	賓　　礼	巻
1	蕃国主来朝以束帛迎労	79
2	皇帝遣使戒蕃主見日	79
3	蕃主奉見（奉辞礼同）	79
4	皇帝受蕃国使表及幣	79
5	皇帝宴蕃国主	80
6	皇帝宴蕃国使	80

	嘉　　礼	巻
1	皇帝加元服、上（臨軒行事）	91
2	納后、上（臨軒命使）	93
3	皇帝元正冬至受群臣朝賀	97
4	〃　（会）	97
5	皇帝養老於太学	104
6	臨軒冊命皇后（臨軒命使）	105
7	臨軒冊命皇太子（臨軒冊命）	106
8	内冊皇太子（臨軒命使）	107
9	皇太子加元服（臨軒命賓贊）	110
10	皇太子納妃（臨軒命使）	111

凶　　礼
な　し

（石見清裕『唐の北方問題と国際秩序』汲古書院、390 頁より）

序に属する一方で、唐の直接的な支配を受けるものではないとされ[21]、来朝した蕃客は、賓礼だけでなく吉礼や嘉礼に規定された儀式にも出席する（表2）。多くは冬至などの皇帝祭祀である吉礼や朝賀など嘉礼に区分される儀礼で[22]、これら賓礼以外の蕃客臨席の儀式は、唐の群臣がおもな参加者であり、蕃客は唐を中華とする国際秩序に包摂されていることを明確化するために参加するという意味がある[23]。

これに対して賓礼は、対象が蕃客に限定された儀礼であり、貢物献上にみえる支配秩序の確認を前提としながらも、中国皇帝が蕃客の来朝をねぎらうことに意義があると考えられる。先にみたように(1)(2)の郊労儀礼については蕃主・蕃使が客館において主であり、皇帝使が客であると位置づけられることもあるように、皇帝と蕃客の君臣関係よりも主客関係を直接的に表現しているのである。このことから、『開元礼』の規定する賓礼とは、中華帝国の秩序を踏まえつつも、皇帝と蕃客の主客関係にもとづく外交儀礼であると定義できるのである。

なお、北宋末の政和三年（一一一三）に頒行された『政和五礼新儀』では、朝会儀礼も賓礼に含んでいるが、金子由紀氏が指摘するように、賓の範囲に蕃主や蕃使だけでなく、宋国内の地方官も含む官僚を位置づけるという編纂方針の違いにもとづくものである[24]。古代日本が受容した賓礼を考えるにあたっては、『政和五礼新儀』成立以前の『開元礼』賓礼の概念をもとに考える必要があろう。

二　律令国家の賓礼

（一）前史―推古朝の外交儀礼

次に、『開元礼』賓礼を日本がどのように受容し、日本の外交儀礼を整備したのかを考えたい。まず、『開元礼』以前、隋代の儀礼をもとに行われたといわれる推古十六年（六〇八）の隋使裴世清の来日記事をみていきたい。

四月に筑紫に到着した一行は、六月に難波津で飾船三〇艘に迎えられ、八月には海石榴市《つばいち》衢で郊労を受けている(25)。これに続く拝朝、国書進上について『日本書紀』には次のようにある(26)。

壬子、召二唐客於朝庭一、令レ奏二使旨一。時阿倍鳥臣、物部依網連抱二人為二客之導者一也。於レ是、大唐之国信物置二於庭中一。時使主裴世清、親持レ書、両度再拝、言二上使旨一而立。其書曰、「皇帝問二倭皇一。（中略）。」時阿倍臣出進、以受二其書一而進行。大伴囓連、迎出承レ書、置二於大門前机上一而奏レ之。事畢而退焉。是時、皇子諸王諸臣、悉以二金髻華一着レ頭。亦衣服皆用二錦紫繍織及五色綾羅一。一云、服色皆用二冠色一。丙辰、饗二唐客等於朝一。

難波津や海石榴市での郊労儀、引用した壬子条にみえる謁見儀、丙辰条にみえる宴会儀は『開元礼』賓礼と同様の構成であることから、この裴世清への迎接は賓礼であり、推古朝に隋の賓礼が受容されたという指摘がある(27)。しかし、先に述べたように、賓礼とは、中華思想にもとづく皇帝主宰の蕃国への謁見・慰労儀礼であり、もし倭国が隋に対して賓礼を用いたのであれば、倭国において中華思想が確立しており、そのうえで隋を蕃国と位置づけたことになる。しかし、中華思想にもとづいて日本が自らを「中華」と位置づけることは律令国家の成立を待たねばならないのであり(28)、隋使への迎接を賓礼ということはできないと思われる。

では、このときの儀礼をどのように理解するべきなのか。そこで、隋側の視点でこの時の倭国の迎接を記す『隋書』倭国伝をみてみたい(29)。

倭王、遣下二小徳阿輩台一、従二数百人一、①設二儀仗一鳴二鼓角一来迎上。後十日、②又遣下二大礼哥多毗一従二二百余騎一郊労上。③既至二彼都一、其王与レ清相見、大悦曰、「④我聞、海西有二大隋礼義之国一、故遣朝貢。我夷人、僻二在海隅一不レ聞二礼義一。是以、稽二留境内一、不二即相見一。今故清レ道飾レ館、以待二大使一。冀聞二大国惟新之化一」、清答曰、「皇帝、徳並二二儀一、沢流二四海一。⑤以二王慕レ化故一、遣二行人一来、此宣諭」。即而引レ清就レ館。其後清、遣レ人謂二其王一曰、

「⑥朝命既達、謂即戒レ塗」。於レ是、⑦設二宴享一。以遣レ清、復令下二使者一随レ清来貢中方物上。此後遂絶。

①②の郊労儀、③の謁見儀（『日本書紀』では推古の出御は記されていない）、⑦の宴会儀という構成は、『開元礼』賓礼と同じである。しかし、謁見儀の内容をみると、④以下で倭王が、礼儀の国である「大隋」の徳化を慕って朝貢したことを述べ、自らは「夷人」と称している。この倭王に対して⑤で裴世清は、隋皇帝の「宣諭」を述べ、⑥で隋皇帝の「朝命」が倭王に届いたことを確認している。隋からすれば、倭国の賓礼を受けたというより、積極的に倭国を隋の国際秩序に組み込もうとする儀礼を倭国で実践したと考えることができる。(30)

隋側のこのような儀礼として、『開元礼』巻一二九嘉礼「皇帝遣レ使詣レ蕃宣レ労」儀がある。内容は次のとおりである。

・前日、唐皇帝の使者の席次を儀式会場の門外に設置。
・式当日、唐皇帝の使者を蕃主が迎える。
・唐皇帝の国書を蕃主に授ける。また、唐皇帝の詔を宣す。
・唐皇帝の使者は退場し、蕃主は門外に送る。

この儀礼については、儀式の場所が明記されておらず、外国で行われるものか唐国内で行われるものかは明らかでない。石見清裕氏は、唐本国のおそらく鴻臚客館で行う儀礼であるとし、もし外国で行われる場合は、唐国内で行われる原則に準拠したものとしている。(31) 前掲の裴世清への外交儀礼をみると、国書の授与は『隋書』にはみえないが、先にみた『日本書紀』の記述から隋皇帝からの「皇帝問倭皇」で始まる国書があったことが知られる。この「皇帝問」という冒頭の書式は、皇帝が臣下に出すものである。(32)『隋書』にはe部分に皇帝の「宣諭」がみえ、これが嘉礼「皇帝遣レ使詣レ蕃宣レ労」儀にみえる皇帝の詔に相当すると思われる。したがって、隋側は「皇帝遣レ使詣レ蕃宣レ労」儀を実践したのではないだろうか。(33)

倭国はこのような隋の儀礼をどのように捉えたのであろうか。倭国が隋を対等国と扱おうとしていたことは、『隋書』倭国伝にみえる「日出処天子致二書日没処天子一、無レ恙」の国書[34]からも知られる。堀敏一氏は、日本が倭の五王時代の従属外交を改め、対等な国交を臨んで国書を送ったが、中国側がそれを認めず、日本を中国に朝貢してくる下位の国として扱ったことを指摘している[35]。そうであれば、隋使への儀礼についても、対等国として迎接するため、中国風の郊労、謁見、宴会という構成の儀礼で迎えたことは想定される。このような儀礼の構造はすでに倭国に入ってきていたと考えられる。しかし、倭国が隋を自らの蕃国として扱ったとはいえず、この隋使への外交儀礼を賓礼とみなすことはできないであろう。

次に、新羅使に対して倭国が行った外交儀礼として、推古十八年（六一〇）の新羅使と任那使への儀礼をみてみたい[36]。

秋七月、新羅使人沙喙部奈末竹世士、与二任那使人喙部大舎首智買一到二于筑紫一。九月、遣レ使召二新羅任那使人一。冬十月己丑朔丙申、新羅任那使人臻二於京一。⑧是日、命二額田部連比羅夫一為下迎二新羅客一荘馬之長上。以二膳臣大伴一為下迎二任那客一荘馬之長上。即安二置阿斗河辺館一。丁酉、⑨客等拝二朝庭一。於レ是、命二秦造河勝、土部連菟一為二新羅導者一。以二間人連塩蓋、阿閉臣大籠一為二任那導者一。共引以自二南門一入、立二于庭中一。時大伴咋連、蘇我豊浦蝦夷臣、坂本糠手臣、阿倍鳥子臣、共自レ位起レ之、進伏二于庭一。於レ是、両国客等各再拝、以奏二使旨一。乃四大夫、起進啓二於大臣一。時大臣自レ位起、立二庁前一而聴焉。既而賜二禄諸客一各有レ差。乙巳、⑩饗二使人等於朝一。以二河内漢直贄一為二新羅共食者一。錦織首久僧為二任那共食者一。辛亥、客等礼畢、以帰焉。

推古朝においては、「任那滅亡」以降、任那の調を新羅に代納させるなど新羅も服属国とみなそうとしている[37]。『開元礼』賓礼と新羅・任那使への外交儀礼を比較してみると、⑧の郊労儀、⑨の謁見儀、⑩の宴会儀のように、『開元礼』

賓礼と同様の構成が確認できるものの、⑨以下の内容に国書の提出は見えない[38]。このような国書を伴わない拝朝は蝦夷や隼人に対して行われる服属確認儀礼と同様のものであり[39]、新羅、任那使への迎接は賓礼とはいえないであろう[40]。以上のことから、推古朝では、隋使や新羅使などに郊労、謁見、宴会という一連の外交儀礼が行われていたが、それらを賓礼とみることはできないのである。

（二）律令国家の外交儀礼

乙巳の変や白村江の敗戦、天武・持統朝を経て、日本の律令国家は唐や新羅の影響を受けて形成されていった。公式令詔書条古記には、「隣国者大唐、蕃国者新羅也」とあるように、八世紀初頭の日本においては新羅が蕃国とされた[41]。新羅に対する律令国家の外交儀礼の内容を整理し、『開元礼』賓礼の構成要素である郊労、謁見（蕃主の場合は謁見、蕃使の場合は国書と貢物献上）、宴会と、そうでないものを区別したのが表3である。

郊労については、慶雲二年（七〇五）と和銅七年（七一四）に、新羅使を迎えるため騎兵を徴発している記事がみえるが[42]、和銅七年に「入朝の儀衛に擬せむがためなり」とするように、新羅使の護衛としての騎兵である。前掲の『隋書』倭国伝に「大礼哥多毗」が二百余騎を従えて「郊労」したことがみえ、また前掲の『日本書紀』推古十八年に新羅客と任那客を「荘馬の長」が迎えたことがみえる。『隋書』に「郊労」とあるため、このような騎兵による出迎えを郊労と称してもよいと思われるが、『開元礼』にみえる客館での蕃主（蕃使）と皇帝使との郊労儀とは異なる。騎兵による郊労の性格や成立の分析は今後の課題である。

謁見儀は、『開元礼』では前述のとおり、蕃主の謁見儀と蕃使が国書と貢物を献上する儀の二種類があった。天平勝宝四年（七五二）には新羅王子が来日しているため、表3では「謁見」とし、他の新羅使来日の際と区別した。国書

表3 入京した新羅使への儀礼

来着年	『大唐開元礼』賓礼の構成要素								
文武元					元日朝賀	貢調			
文武四					元日朝賀			賜禄	
大宝三			(国書)	宴会					
慶雲二	郊労			宴会	元日朝賀	貢調	授位	賜禄	国書授与
和銅二			貢物献上	宴会				賜禄	
和銅七	郊労			宴会				賜禄	
養老三				宴会		貢調		賜禄	
養老七				宴会					
神亀三				宴会		貢調		賜禄	
天平四			貢物献上	宴会				賜禄	
天平六									
天平勝宝四		謁見		宴会		貢調	授位	賜禄	
宝亀十			貢物献上	宴会	元日朝賀		授位	賜禄	国書授与

来着年ごとの新羅使の詳細は付表2新羅使一覧を参照

は、大宝三年（七〇三）に新羅使金福護がもたらした新羅孝昭王の喪を告げる表の存在が知られるが、このほかに国書がもたらされた記録はみえない。また、儀礼としての国書進上は見られないため、表には含めず、貢物献上がわかるものはその旨記した。

貢物献上については、貢調との関係が問題となる。貢調は、令制以前から倭王権が服属儀礼として新羅だけでなく蝦夷や隼人に対しても強要してきた行為である(42)。しかし、宝亀十年（七七九）には「方物」として献上されたものを、新羅使の奏言のなかで「御調《みつき》」と表現されている例があるため、和銅二年（七〇九）や天平四年（七三二）の新羅使からの貢物が、「方物」「財物」と史料に書かれていても、日本側は「調」と捉えられている可能性がある。石上英一氏は「調」は「方物」に当たる語であるとしているように(43)、『開元礼』賓礼の貢物献上の貢物が調であっても、儀礼上の差は明確にはならない。そうではあるが、新羅からの贈進物が「調」でなければならず、「土毛」や「信物」という表現が許容されなかったことは、すでに保科富士夫氏や重松敏彦氏が指摘するとおりである(44)。後述する渤海使からの貢物と新羅使による貢調が概念的に異なることは重要である。

入京した新羅使に対する宴会や賜禄はほとんどの割合で行われている。一方で、和銅三年（七一〇）の平城遷都以前、藤原京では十月や十一月に来着した新羅使は三回とも翌年の元日朝賀に参加しているが、平城京に入ると朝賀への参加がみえなくなる。わずかに、「賀正貢調」で来朝した宝亀十年の新羅使が朝賀に参加しているのみである。渤海使が多く朝賀に参加していることとは対照的であろう。新羅使が元日朝賀に参加しなくなったことについては、新羅が意図的に朝賀参加を避けるために、日本への来朝時期を年明けにずらしたとする指摘がある(45)。これは日本が新羅を蕃国とすることへの反発とみられるが、この点で元日朝賀の外交儀礼における意義は大きいことがわかる。

慶雲二年（七〇五）と宝亀十一年（七八〇）に「天皇敬問新羅王」で始まる日本からの慰労詔書が出されているため、国書授与が行われていたことがわかる(46)。慰労詔書は、中国にある「王言の制」七種(47)のうち、慰労制書に類似するもので、慰労制書は皇帝が臣下に出す君臣関係で用いられる書式とされる(48)。日本では、『延喜内記式』慰労詔書式に「大蕃国」には「天皇敬問」、小蕃国には「天皇問」という冒頭の書式を用いることが規定されている。新羅への慰労詔書は、上記三例以外に記録がなく、新羅とは国書の交換が定式化しなかったことがわかる。

以上のことをまとめると、入京した新羅使への儀礼には、『開元礼』にみえる郊労儀が確認できないこと、新羅使からの国書の進上がないことから、中国的な賓礼が徹底されなかったことがわかる。

八世紀に新たに日本と交流をもつようになったのが渤海である。表4に整理したように、渤海使への外交儀礼には、第一回の神亀四年（七二七）の来日から、郊労儀がみえないものの、謁見儀と宴会儀は行われている場合が多い。郊労儀がみえないことは、渤海使の来日が恒例化しておらず、また渤海使の来着地が神亀四年、天平十一年（七三九）

表4　入京した渤海使への儀礼

来着年ごとの渤海使の詳細は付表1渤海使一覧を参照

来着年	『大唐開元礼』賓礼の構成要素												
神亀四		国書進上	貢物献上	宴会		元日朝賀	授位	賜禄			射礼		国書授与
天平十一		国書進上	貢物献上	宴会		元日朝賀	授位		白馬節会	踏歌	射礼		
天平勝宝四		(国書)	貢物献上	宴会			授位	賜禄					国書授与
天平宝字二		(国書)	貢物献上	宴会		元日朝賀	授位	賜禄		踏歌	射礼		国書授与
天平宝字三			貢物献上			元日朝賀	授位	賜禄	白馬節会		射礼		
天平宝字六			貢物献上			元日朝賀	授位	賜禄	白馬節会	踏歌			
宝亀二		(国書)	貢物献上	宴会		元日朝賀	授位	賜禄					国書授与
宝亀七			貢物献上		慰労・労問		授位	賜禄				騎射	国書授与
宝亀九			貢物献上			元日朝賀	授位	賜禄	白馬節会	踏歌	射礼		国書授与
延暦十四		(国書)	貢物献上										(国書)
延暦十七		(国書)	(貢物)			元日朝賀			白馬節会	踏歌	射礼		(国書)
大同四		(国書)	(貢物)	宴会									(国書)
弘仁元		(国書)	(貢物)	宴会		元日朝賀		賜禄	白馬節会		射的		(国書)
弘仁五		(国書)	(貢物)	宴会		元日朝賀	授位	賜禄	白馬節会	踏歌	射礼		(国書)
弘仁十		(国書)	(貢物)			元日朝賀	授位	賜禄	白馬節会	踏歌			(国書)
弘仁十二		(国書)	(貢物)	宴会		元日朝賀			白馬節会	踏歌			(国書)
天長二		(国書)					授位						(国書)
承和八	郊労	国書進上	貢物献上	宴会	慰労・労問		授位	賜禄					国書授与
嘉祥元		国書進上	貢物献上	宴会	慰労・労問		授位	賜禄				騎射	国書授与
貞観十三	郊労	(国書)	(貢物)	宴会	慰労・労問		授位	賜禄					国書授与
元慶六	郊労	国書進上	貢物献上	宴会	慰労・労問		授位	賜禄				騎射	国書授与
寛平六				宴会			授位						
延喜八		国書進上	貢物献上	宴会									国書授与
延喜十九		国書進上	貢物献上	宴会			授位						

＊献上・賜与された記事はみえないが、国書や貢物の存在がわかる場合は（　）で示した。

とも出羽国であり、新羅使のように大宰府ではないため、入京路が十分に整備されず、郊労の場所や儀式も確立していなかったためではないだろうか。郊労儀の成立については、九世紀になってから史料にみえるため、第二章でみる『延喜太政官式』の郊労使の成立とあわせて今後の課題としたい。宴会は、渤海使のために設けたものはなくても、使者が参加した白馬節会の宴がみえる。これも第二章で『延喜太政官式』の供食使の成立とともに考察したい。

神亀四年来朝の第一回渤海使に対しては、天皇出御のもと「中宮」において国書進上、貢物（方物）献上、授位、賜禄、宴会が行われている。郊労を除いて渤海使を主賓とする一連の儀礼は賓礼的要素を備えている。(49)ただし、この中宮での謁見や宴会が、すべて同じ日に行われており、二回目以降の渤海使入京時の儀礼が謁見と宴会が別々の日に行われていることとは異なる。このため、第一回渤海使への儀礼は、まだ十分に確立されていない段階の賓礼と考えるべきであろう。また、日本がはじめて渤海王に宛てた国書は、「天皇敬問渤海郡王」で始まる慰労詔書である。(50)これは、それ以前の慶雲二年や三年の新羅王への勅書と同じ書式であり、新羅同様、渤海も蕃国と位置づけようとする日本の姿勢を読み取ることができる。

以上のことから、渤海使に対しては外交開始当初から、『開元礼』賓礼にもとづく儀礼が行われようとしていたとみられる。

(三)　賓礼の導入

天平六年（七三四）に来朝し、翌年入京した新羅使は、自国を「王城国」と称したため放還されている。(51)「王城国」には、朝貢国の立場を求める日本への新羅の反発が込められているとみられ、(52)このような態度を示す新羅との関係は悪化し、以後の新羅使の入京例は、巻末付表2に示したように、新羅王子の来朝や唐使の随伴という特異な場合に限定され、ほとんどの場合、大宰府より放還されている。また、天平九年（七三七）に帰国した遣新羅使は、新羅が常礼を失い、使の旨を受けなかったことを報告している。この報告を受けて朝廷では新羅を征伐しようという意見が表れるようになる。[53]

このような時期に、唐礼が将来される。天平七年（七三五）には、遣唐使吉備真備により「唐礼百卅巻」がもたらされるが、[54]この唐礼は、巻数から高宗の顕慶三年（六五八）に編纂された『顕慶礼（永徽礼）』百三十巻とみられる。[55]この唐礼将来後、初めて入京したのが、天平勝宝四年（七五二）の新羅王子金泰廉である。金泰廉らの一行は「七百余人」[56]にのぼる大人数であり、また、正倉院文書中にみえる「買新羅物解」の日付が、新羅使節の在京中であることから、交易の使節団とみなす見解が多い。[57]だが、帰国時に日本からは、

詔、自レ今以後、国王親来、宜二以レ辞奏一。如遣二余人一入朝、必須レ令レ齎二表文一。

という、国王が来朝した場合は、「辞」（言葉）を奏上し、王の使者が来朝した場合は、「表文」（国書）を持参するよう求める詔が出されている。[58]これは、『開元礼』賓礼の蕃主と蕃使への儀礼と共通する内容であり、国書を必要としないこれまでの新羅との外交形式が改められている。この詔から新羅使に対しても唐礼にもとづく賓礼が導入されたことがわかる。

なお、『開元礼』が将来された時期は明らかでない。『日本三代実録』貞観十三年（八七一）十月丁未（五日）条の橘広相奏議に「唐開元礼」の引用があり、この頃までには受容されていたようであるが、いつ将来されたかをめぐって諸説がある。吉備真備が天平勝宝四年の二度目の渡唐で持ち帰ったとみる彌永貞三氏の説[59]に対して、「書禁」の問題から最先端の『開元礼』を天平勝宝の遣唐使が持ち出せたか疑問であるとし、宝亀の遣唐使の可能性を指摘する河内春人氏の説[60]や、唐代には「書禁」自体がなく、『開元礼』も天平七年に『顕慶礼』とともに将来された可能性を指摘す

る坂上康俊氏の説などがある。[61]『開元礼』の将来時期は、新たな史料の発見なくしては決定できないであろう。しかし、いずれの説も天平勝宝四年の上記の詔以降に将来されたとみるため、律令国家は当初は『顕慶礼』にもとづく賓礼を導入したとみられる。

ところで、神亀四年の第一回渤海使への儀礼が中国の賓礼にもとづいているとすれば、このときの賓礼がどのように受容されたかが問題となる。本格的に礼大系として賓礼が導入されたのは、天平七年の『顕慶礼』受容によると思われるので、それ以前の隋礼かもしくは太宗の『貞観礼』にもとづく賓礼と考えるべきであろう。

賓礼導入を主導した人物は、天平勝宝元年（七四九）には紫微中台の長官（紫微令）になるなど、政治の実権を握っていた藤原仲麻呂であろう。仲麻呂は、天平宝字期になるとさらに権力をもち、官名や官号を唐風化したことなどはよく知られる。中野高行氏は、日本の慰労詔書の結語が「指宣往意」から天平宝字期に「遣書」を含む形式に変化したことを挙げ、その理由として仲麻呂の唐風趣味における文化受容が背景にあったものとしている。[62]

新羅に対して「賓客」の態度を求めはじめるのも仲麻呂政権においてである。天平宝字元年（七五七）に実施された対策（文章得業生の登用試験問題）は、「問、三韓朝宗、為レ日久矣。占レ風輪レ貢、歳時靡レ絶。頃蕞爾新羅、漸闕二蕃礼一。蔑二先祖之要誓一、従二後主之迷図一……」で始まっており、「蕞爾たる（小さい）新羅が、漸く蕃礼を闕」くと記されている。[63]石母田正氏が、「対策」は「支配層の公認のイデオロギーの標準的・平均的表現」であるというように、[64]仲麻呂政権は、新羅が日本の蕃国としての礼をとらなくなったことを問題にしており、そのことが、のちに新羅への蔑視、敵視、さらには新羅征討につながっていくことになる。

仲麻呂は天平宝字二年（七五八）に八省の唐風名への改称を行っているが、[65]そのなかで、治部省については、「僧尼賓客、誠応レ尚レ礼、故改為二礼部省一。」として礼部省に改名している。[66]治部省の説明については、職員令の玄蕃頭の職掌に「僧尼蕃客」とある「蕃客」部分を敢えて「賓客」と言い換えており、礼儀に適った蕃国を「賓客」として待遇する姿勢がみえる。

では、仲麻呂政権が積極的に用いた「賓」という語は、どのような概念であったのだろうか。天平宝字四年（七六〇）には、

新羅国遣二級飡金貞巻一朝貢。使三陸奥按察使従四位下藤原恵美朝臣朝獦等問二其来朝之由一。貞巻言曰、「不レ脩二職貢一久積二年月一。是以、本国王令下レ齎二御調一貢進上。又無下知二聖朝風俗言語一者上。仍進二学語二人一」。問曰、「凡是執二玉帛一行二朝聘一、本以下副二忠信一通中礼儀上也。新羅既無二言信一、又闕二礼儀一。弃レ本行レ末、我国所レ賎。又王子泰廉入朝之日、申云、『毎レ事遵二古迹一、将二供奉一。』、其後遣二小野田守一時、彼国闕レ礼。故田守不レ行二使事一而還帰。王子尚猶無レ信、況復軽使。豈足レ為レ拠」。貞巻曰、「田守来日、貞巻出為二外官一。亦復賎人不レ知二細旨一」。於レ是、告二貞巻一曰、a「使人軽微不レ足二賓待一。宜三従レ此却廻、報二汝本国一。b以二専対之人、忠信之礼、仍旧之調、明験之言、四者備具一、乃宜二来朝一。」

とあり[67]、前回の遣新羅使小野田守に対する新羅の礼を欠いた振る舞いを詰問したうえで、aのように、今回の新羅使は「軽微」で「賓」として待遇するには不足であるとし、以後来朝する新羅使に対して、bの「専対之人、忠信之礼、仍旧之調、明験之言」という四つの条件を提示している。鈴木靖民氏は、この四つの条件を「官位・礼節・貢調・上表」を指しているとする[68]。これらを満たしていれば「賓」ということになるのであるが、重要なのは、これらの条件に「仍旧之調」で表される貢調が含まれていることである。新羅使に対しては、貢調を伴う令制以前からの服属のあり方を徹底させ、日本の朝貢国とすることで、中国的な賓礼を導入したいという強い意思がみられるのである。

(四)　賓礼の実践と挫折

「賓礼」の語が初めて史料に表れるのは、仲麻呂失脚後の宝亀元年（七七〇）であり、仲麻呂没後も引き続き賓礼の導入が図られたことがわかる(69)。

(神護景雲三年十一月)丙子、新羅使汲飡金初正等一百八十七人及導送者卅九人、到二著対馬嶋一。(中略、十二月)癸丑、遣二員外右中弁従四位下大伴宿禰伯麿、摂津大進外従五位下津連真麻呂等於大宰一、問二新羅使入朝之由一。(中略、宝亀元年三月)丁卯、初問二新羅使来由一之日、金初正等言、「在唐大使藤原河清、学生朝衡等、属二宿衛王子金隠居帰郷一、附レ書送二於郷親一。是以、国王差二初正等一、令レ送二河清等書一。又因二使次一、c便貢二土毛一」。又問、「新羅貢レ調、其来久矣。改称二土毛一、其義安在」。対言、「便以二附貢一故不レ称レ調」。至レ是、遣二左大史外従五位下堅部使主人主一、宣二告初正等一曰、「前使貞巻帰国之日、所レ仰之政、曾无二申報一。今亦徒持二私事一参来。所以、d此度不レ預二賓礼一。自レ今以後、宜レ如二前仰一。令二可レ申レ事人入朝一者、待レ之如レ常。宜下以二此状一告二汝国王一知上。(下略)」

来着した新羅使金初正らに対して、前掲天平宝字四年の史料傍線部bにある「四者備具」が守られておらず、cのように調を「土毛」と称しているため、朝貢国としての態度が十分でないとして、dのように賓礼で待遇しないことが示されている。

渤海に対して「賓礼」の語が用いられた初例は、次に挙げる宝亀三年（七七二）の日本からの国書である(70)。

(前略)今省二来書一、e頓改二父道一、日下不レ注二官品姓名一、書尾虚陳二天孫僭号一。遠度二王意一、豈有レ是乎。近慮二事勢一、疑似二錯誤一。故仰二有司一、f停二其賓礼一。但使人万福等、深悔二前咎一、代レ王申謝、朕矜二遠来一、聴二其悛改一。王悉二此意一、永念二良図一。又高氏之世、兵乱無レ休、為レ仮二朝威一、彼称二兄弟一。方今、大氏曾無レ事、故妄称二舅甥一、於レ礼失矣。後歳之使、不レ可二更然一。若能改レ往自新、実乃継二好無窮一耳。春景漸和。想王佳也。今因二廻使一、指此示レ懐、并贈物如レ別。

宝亀二年に来日した渤海使壱万福らが、入京後に提出した渤海の国書に傍線部eのような、国書の日付の下に官品姓名がないことや、「天孫」という称号を使うなどの無礼があったことから、(71)fのように「賓礼を停む」としている。渤海使は、国書を改竄して無礼を悔いて入京を許されるが、日本は国書の日下に官品姓名を書くことなど、(72)渤海にも日本の朝貢国としての姿勢を要求し、それがかなったときにはじめて賓礼で待遇しようというのである。

宝亀十年（七七九）にも、

勅、渤海及鉄利三百五十九人、慕レ化入朝、在二出羽国一。宜二依レ例供給レ之。但来使軽微、不レ足レ為レ賓。今欲二遣レ使給レ饗自レ彼放還。其駕来船、若有二損壊一、亦宜二修造一。帰レ蕃之日、勿レ令二留滞一。

とあり、(73)渤海人と鉄利人は「軽微」なため「賓」とするには不足であるとみている。したがって、渤海使が賓礼で遇されるには、一定の身分で、かつ朝貢国としての態度を備え、(74)その審査を来着時に行うのである。賓としての態度が問われているこれらの事例を裏返して考えれば、渤海が来日する際に必ずしも日本の朝貢国としての態度を取っていたわけではないことがわかるのである。

一方で、同じ宝亀十年に来朝した新羅使金蘭蓀らには、賓礼が行われている。注目すべきは、金蘭蓀が国書を持参せず、「口奏を陳べ」たにもかかわらず、賓礼に預かっていることである。宝亀十一年の日本からの慰労詔書に、

王自二遠祖一、恒守二海服一、上レ表貢レ調、其来尚矣。日者虧二違蕃礼一、積レ歳不レ朝。雖レ有二軽使一、而無二表奏一。由レ是泰廉還日、已具二約束一、貞巻来時、更加二諭告一。其後類使、曾不二承行一。今蘭蓀、猶陳二口奏一。理須二依レ例、従レ境放還一。但送二三狩等一来、事既不レ軽。故修二賓礼一、以答二来意一。王宜レ察レ之。後使必須レ令下齎二表函一、以レ礼進退上。

今勅筑紫府及対馬等戍、不レ将レ表使、莫レ令レ入レ境。宜レ知レ之。

とあり[75]、蘭蓀らは日本の再三の要求にも関わらず、表を持参しなかったものの、耽羅嶋に漂着した遣唐判官海上三狩を送ってきたため、賓礼で待遇されたのである。蘭蓀に対しては、貢物献上や同時期に来日していた唐使と同席した拝朝や宴会などが行われている（前掲表3）。どの部分の儀礼をこの史料で「賓礼」と称しているのかは定かではないものの、国書進上を欠く儀礼も賓礼と称したことは、もはや新羅に対して朝貢国の態度は求めず、海上三狩の送迎という個別の事例でも、律令国家の賓礼が行われるようになったことを表している。

結局、日本の朝貢国としてふるまうことに反発した新羅からは、使者が延暦年間以降来朝せず、宝亀十年の新羅使金蘭蓀らが最後の公的使節となり、以後は途絶えてしまう[76]。君臣関係をふまえながらも主客関係にもとづく性格をもつ中国の賓礼を受容した律令国家であったが、それを実践する過程において、まず相手国との君臣関係を確立することにつまずき、挫折したといえるであろう。渤海に対する賓礼については、次節で渤海国書を検討素材にみていきたい。

第二節　賓礼の受容と渤海国書

一　渤海の国書

賓礼を構成する要素として、蕃国からの国書進上があることは前節でみたとおりである。新羅に対しては上表を要求してきたが、新羅使が表をほとんど持参しなかったのに対し、渤海との外交においては、神亀四年（七二七）当初から、日本の天皇の慰労詔書と渤海王の啓とが交換されてきた。このような国家間の意思を伝える国書のほかに、日本の太政官と渤海の中台省との役所レベルで交わされた牒がある。八世紀には日本の天皇と渤海王による国書の交換がほとんどで、役所間の牒が慣例的にみられるようになるのは九世紀に入ってからである。[77]

日渤外交に関する多くの先行研究において、これら外交文書の検討は不可欠とされている。とりわけ、国書の個別検討から日渤交渉を体系的に研究した石井正敏氏の成果は大きい。[78]また日本から渤海に宛てた国書の形式については、冒頭句に注目した金子修一氏[79]や、末尾も含めて定型句を中国の国書と比較した中野高行氏[80]らの研究により、日本における国書の書式が隋唐のものを参考にしていることが明らかにされている。しかし、渤海の国書の書式については、僅かに山田英雄氏が、日渤間、日羅間の国書が中国の「書儀」の影響を受けたものであることを指摘しているにすぎない。[81]

ところで、渤海から日本に出された国書については、史料上の表記について次の二つの共通点がある。

⑴渤海国書の内容が史料に引用される際には、「武芸啓」「欽茂啓」など「王名＋啓」で始まる。

⑵渤海国書が「表」と記されている場合には、表の内容（本文）は引用されない。

堀敏一氏は、⑵の「表」と記されている渤海国書について、「渤海側で（啓から表に）形式を改めたわけではなく、日本側が啓のことを上表文とみなして、そのように呼んだのであろう」として、渤海からの国書はすべて啓という書式であったとする。[82]そして、渤海が啓を用いた理由として、啓が個人間の起居を問う書信文であるから、国書の一般的な目的には合致しており、また、上行文書であるから、相手国にたいする鄭重な態度をしめすことにもなる、としている。

そこで、史料にみえる啓と表を年代順にならべてみたところ、表5のようになった。これによれば、日本の史料にみえる渤海国書の表記は啓と表で書き表され、同時期には混在せず、啓であった時期、表であった時期、再び啓の時期というように区分できる。神亀四年から天平勝宝四年（七五二）までに来朝した渤海使を含む時期をⅠ期、天平宝字二年（七五八）から宝亀十年（七七九）までに来朝した渤海使を含む時期をⅡ期、延暦十四年（七九五）以降をⅢ期とすると、渤海国書の名称も啓→表→啓と変化していることが明らかになった。仮に、堀氏が指摘するように、渤海啓を日本側が表とみなしたとしても、なぜⅡ期において国書の本文を史料に記さず「表」とのみ記されていたのか、また、Ⅲ期で再び啓に戻っている理由は何であるのか疑問が残る。このため、本節では、Ⅱ期とその前後の時期を比較しながら、日本の史料にみえる渤海国書の表記の変遷について考察していきたい。

二　表と啓の定義

渤海国書の書式について研究が少ないのは、渤海国が自ら記した史料が今日ほとんど残っておらず、渤海国内の文書様式が解明されていないためである。また渤海国書は日本の史料に残されているものが知られるのみで、唐やそれ以外の周辺諸国に出した国書も残っていないため、それらとの比較検討ができない。しかし、唐や日本の書式には表や啓が規定されており、唐の冊封国であった渤海の国書も、唐の文書様式の影響を受けたことが想定できる。以下、唐と日本における表と啓をみていきたい。

唐代の表と啓については、『大唐六典』巻一尚書都省左右司郎中員外郎職掌の条に、

凡下之所二以達一レ上、其制亦有レ六、曰、表・状・牋・啓・辞・牒

表上二於天子一、其近臣亦為レ状、牋・啓於二皇太子一、然於二其長一亦為レ之。非二公文一所施、九品以上公文皆曰牒、

庶人曰辞也。

と記されている。(83) これによれば、上申文書の書式として「表・状・牋・啓・辞・牒」の六種があり、このうち「表」

表5　日本・渤海間の外交文書

	来着年	渤海の国書		日本の国書		備　考
Ⅰ期	神亀4	啓		慰労詔書		
	天平11	啓		勅書		天平勝宝4年来日の渤海使への慰労詔書に、天平11年の渤海使来日後に勅書を賜ったことがみえる
	天平勝宝4	啓		慰労詔書		啓の内容は不明
Ⅱ期	天平宝字2	表		慰労詔書		表の内容は不明
	天平宝字3		中台省牒			
	天平宝字6					
	宝亀2	表		慰労詔書		表の内容は不明
	宝亀4	表				入京せず、表の内容は不明
	宝亀7			慰労詔書		
	宝亀9			璽書		璽書の内容は不明
	宝亀10	表				入京せず、表の内容は不明
Ⅲ期	延暦14	啓		慰労詔書		
	延暦15	啓		慰労詔書		
	延暦17.5			慰労詔書		
	延暦17.12	啓		慰労詔書		
	延暦18	啓		慰労詔書		
	弘仁元	啓		慰労詔書		
	弘仁5	啓		慰労詔書		
	弘仁10	啓		慰労詔書		
	弘仁12	啓		慰労詔書		
	弘仁14			勅書		入京せず、勅書の内容は不明
	天長2	啓		慰労詔書		啓の内容は不明
	天長5	啓	中台省牒			入京せず、啓・中台省牒の内容は不明
	承和8	啓	中台省牒	慰労詔書	太政官牒	
	嘉祥元	啓	中台省牒	慰労詔書	太政官牒	
	天安3	啓	中台省牒	慰労詔書	太政官牒	入京せず
	貞観3	啓	中台省牒		太政官牒	入京せず、啓・中台省牒・太政官牒の内容は不明
	貞観13	啓	中台省牒	慰労詔書	太政官牒	
	貞観19	啓	中台省牒			入京せず
	元慶6	啓		勅書	太政官牒	啓・勅書・太政官牒の内容は不明
	寛平4		中台省牒	勅書	太政官牒	入京せず、勅書の内容は不明
	寛平6					
	延喜8	啓		勅書	太政官牒	啓・勅書・太政官牒の内容は不明
	延喜19	啓	中台省牒		太政官牒	啓・中台省牒・太政官牒の内容は不明
	延長7					東丹国使

＊西暦、出典などは巻末付表1渤海使一覧参照のこと。
＊入京した場合のみを記したが、放還されても外交文書の存在がわかる場合は、備考に「入京せず」と記した。
＊外交文書は史料から存在がわかる場合のみ記した。それ以外は空欄とした。
＊日本の国書のうち、本文の内容が記されており、慰労詔書の書式である場合は「慰労詔書」とした。内容は記されず「勅書」または「璽書」とあるものは、史料の表記どおりに記した。

は天子に、「啓」は皇太子に奉る文書である。最も敬うべき天子に出される表と、それより地位の下がる皇太子に出される啓というように、上申文書の宛先が限定されており、両者は明確に区別されていたのである。なお、堀敏一氏はこのような啓は原則として君主と君主のあいだの国際文書に用いるべきものではない、としている。

　では、表や啓はどのような場で用いられたのであろうか。先行研究によれば、唐王朝に朝貢する周辺諸国は、唐に朝貢する際「表」を奉り、これに応えて唐側は皇帝の意思を伝達する「慰労詔書」や「論事勅書」を与えた。しかし、この「表」や「慰労詔書」「論事勅書」などの書式は外交文書として規定されたものではなく、唐皇帝と内臣との間で交わされる国内文書として規定されたものであったという(84)。すなわち、唐代には外交文書が独自に規定されることはなく、唐皇帝が蕃国をも臣下と認識していたため、周辺諸国に対しても国内文書の書式を用いたのである(85)。

　次に日本の表と啓についてみていきたい。日本は唐を手本に律令を整備したことにより、日本の律令にも外交文書に関する独自の規定はない。表や啓については、『公式令』奏事式の集解穴記に、「表奏・上表・上啓等之式、宜レ放二書儀之体一耳」とあるように、穴記が成立したとみられる九世紀前半でも具体的な書式が定められず、中国の書儀にならうことになっていた。

　表については、わずかに『儀制令』天子条に、

　天子　祭祀所レ称、天皇　詔書所レ称、皇帝　華夷所レ称、陛下　上表所レ称、…

とあり、上表する時には天皇に対して「陛下」という称号を用いることが規定されている。

　一方、啓については、『公式令』に「啓式」として、春宮坊や中宮職が発議した案件について、皇太子・三后の承認を得る際に用いられる文書が規定されている。また、『儀制令』皇后条には、

　皇后・皇太子以下、率土之内、於二天皇・太上天皇一上表、同称二臣妾名一。対揚称レ名　皇后・皇太子、於二太皇太后・

皇太后一、率土之内、於二三后・皇太子一上啓、称二殿下一。自称皆臣妾 対揚称レ名。

とあり、皇后・皇太子以下庶民にいたるまで、天皇と太上天皇に「上表」するときには、臣・妾＋名を称すこと、そして皇后・皇太子が太皇太后・皇太后に、あるいは庶民が三后・皇太子に対して「上啓」するときには、相手を殿下と称し、自らを臣・妾とすることが規定されている。このように日本の表と啓は上申する対象が特定されており、唐の表啓の様式にならったとみられる。[86]

実際に、天平八年（七三六）に葛城王（のちの橘諸兄）らが橘宿禰への改賜姓を聖武天皇に要請した上表文をみてみたい。[87]

従三位葛城王、従四位上佐為王等上レ表曰、臣葛城等言、去天平五年、故知太政官事一品舎人親王、大将軍一品新田部親王宣レ勅曰、聞道、諸王等、願下賜二臣連姓一、供中奉朝廷上。是故、召二王等一、令レ問二其状一者。臣葛城等、本懐二此情一、無レ由二上達一。幸遇二恩勅一、昧レ死以聞。（中略）伏惟、皇帝陛下、光二宅天下一、充二塞八埏一、化被二海路之所レ通、徳蓋二陸道之所レ極。（中略）是以、臣葛城等、願、賜二橘宿禰之姓一、戴二先帝之厚命一、流二橘氏之殊名一、万歳無レ窮、千葉相伝。

この上表文の書式に注目すると、傍線部のように「臣葛城」という「臣名」が称されており、さらに天皇への呼びかけに「陛下」という称号が使われている。これらは、『儀制令』の規定に適ったものといえよう。

このほかに、日本では啓が個人の書状として使われた実例が正倉院文書などに多くみえる。これらは書き出しが「何某啓」、書き止めが「以啓」や「謹啓」となっている。[88] 同様に九世紀前半の唐朝で成立した『大唐新定吉凶書儀』にも、官人が上官に出す「寮属起居啓」がみえ、また唐の高祖が突厥に「名＋啓」で始まる文書を出した事例があることから、[89] 唐でも敬意を表す相手に出す書式として、啓が用いられたと考えられる。このように、唐や日本の啓とは、皇太子や三后への上申文書という限定的な書式だけでなく、丁寧な書式としても有用であったようだ。

それでは、渤海はどのような意図で日本に対して啓の書式を用いたのであろうか。渤海が日本以外の国に宛てた文書が残っていないため推測の域を出ないが、おそらく唐の書式にならって上申文書としての啓を用いたのではなかろうか。なぜなら渤海から日本への遣使理由は、渤海の対唐関係悪化と新羅牽制のためと考えられており[90]、渤海は唐との関係が悪化することをもっとも恐れていたとみられる。また、後述する第一回渤海国書には、「武芸忝くも列国に当たり、濫りに諸蕃を惣ぶ」とあるように[91]、渤海は唐に冊封された列国であるという意識をもっていた。さらに、「渤海」という国名は唐から得た郡王号であり[92]、それを日本に対して名乗っていることからも、渤海は唐の内臣であることを日本に強調しているといえよう。したがって、初めて日本に遣使してきた渤海が国際関係上最も重要視していたのは唐であり、唐皇帝に出す国書には「表」を用い、日本への国書には「啓」を用いることで、日本への敬意以上に唐に対して敬意を払い、唐との関係を重視したと考えられる[93]。

三　啓から表へ

（一）　啓の持参

渤海国書の表記が啓から表に変化する過程について考察していきたい。

初めて渤海使が来日した神亀四年（七二七）と、二回目の来日の天平十一年（七三九）にもたらされた国書は、それぞれ冒頭が「武芸啓」「欽茂啓」となっており、第二代王大武芸、第三代王大欽茂の名＋啓の語で始まる国書であった。また三回目の来日にあたる天平勝宝四年（七五二）には、渤海国書の内容が史料にみえないが、翌年の日本からの返書に「来啓を省るに」という一節があるため、このときの渤海国書も啓であったことがわかる。このように第一回から第三回の渤海使が持参した国書は啓であった。これを日本はどのように理解したのであろうか。

神亀四年の第一回渤海国書は次のとおりである[94]。

武芸啓、山河異レ域、国土不レ同。延聴二風猷一、但増二傾仰一。伏惟、大王天朝受レ命、日本開レ基、奕葉重レ光、本枝百世。①武芸忝当二列国一、濫惣二諸蕃一。復二高麗之旧居一、有二扶餘之遺俗一。但以二天崖路阻、海漢悠悠一、音耗未レ通、吉凶絶レ問。親レ仁結レ援[95]、庶叶二前経一、通レ使聘レ隣、始二乎今日一。謹遣二寧遠将軍郎将高仁義、游将軍果毅都尉徳周、別将舎航等廿四人一、齎レ状、并附二貂皮三百張一奉レ送。土宜雖レ賤、用表二献芹之誠一。皮幣非レ珍。還慚二掩口之誚一。生理有レ限、披胆未レ期。時嗣二音徽一、永敦二隣好一。

この国書の内容については、石井正敏氏の詳細な検討により、渤海は日本に朝貢する意図がなく、対等の関係で書かれた国書であることが明らかにされている[96]。国書には、渤海が日本を長く慕っていたこと、聖武天皇の御代が栄えていることなどの挨拶を踏まえながら、武芸が唐に冊封されたことを記し、高句麗を継承する国として初めて日本に使者を派遣した旨が述べられている。国書中の①からは、渤海が唐に冊封され、他の多くの冊封国に並ぶ地位についたという内容が読み取れる。石井氏は渤海の日本に対する対等な態度を指摘するが、唐に冊封されていない日本に比べて優位な立場で渤海は国書を送ってきたのではないだろうか。

この第一回渤海国書は、平城京に遷都して本格的な律令国家形成に着手していた日本が、初めて外国から受け取った国書であった。これまで日本が受け取った国書には、推古朝に来日した隋使裴世清のもたらした「皇帝問倭皇」で始まる国書や[97]、『善隣国宝記』にみえる天智朝や天武朝の「大唐帝敬問日本国天皇」で始まる国書があるが[98]、いずれも中国から受け取ったものであった。この「皇帝問」や「大唐帝敬問」という冒頭句は、のちに日本でも慰労詔書として『延喜中務省式』に規定される「天皇敬問」のもとになる書式であり、それは中国にある「王言の制」七種のうちの慰労制書に類似するものとみられている[99]。この第一回渤海国書に対して、日本からは次のような返書（慰労詔書）が出されている[100]。

天皇敬問㆓渤海郡王㆒。②省㆑啓具知、恢㆓復旧壌㆒、聿修㆓曩好㆒。朕以嘉㆑之。宜㆘佩㆑義懐㆑仁、監㆓撫有境㆒、滄波雖㆑隔、不㆖㆑断㆓往来㆒。便因㆓首領高斉徳等還次㆒、付㆓書并信物綵帛一十疋、綾一十疋、絁廿疋、糸一百絇、綿二百屯㆒。仍差㆓送使㆒発遣帰㆑郷。漸熱、想平安好。

この返書の②に「啓を省るに」とあるように、日本は渤海国書を啓という書式として認識していた。返書の内容は、渤海が高句麗の土地を回復して、日本との高句麗時代の通交を復活させたことへの喜びと、今後も日本への往来を続けるように、という内容であった。この「往来」に関しては、第一回渤海使入京時に、

渤海郡者旧高麗国也。淡海朝廷七年冬十月、唐将李勣伐㆓滅高麗㆒。其後朝貢久絶矣。至㆑是、渤海郡王遣㆓寧遠将軍高仁義等廿四人㆒朝聘。而着㆓蝦夷境㆒、仁義以下十六人並被㆓殺害㆒、首領斉徳等八人僅免㆑死而来。

という渤海の沿革が報告されており[101]、そこにみえる「朝貢」や「朝聘」の語から、渤海がかつて日本に朝貢していた高句麗の継承国であり、今回日本に朝聘してきたという認識がうかがわれる。このため、返書中の「往来」という表現には、渤海が今後も朝貢してくることを願う意味が込められているとみられる。

日本の返書には、渤海が唐に冊封されたことについては言及されていない。それこそが渤海国書の中心的内容であったことを考えれば、日本には渤海国書の意図が十分に伝わっていなかったことになる[102]。また、渤海の国書が啓であることについても特に問題にしていない。もし渤海が日本に朝貢してきたのなら、唐代の書式に従えば、国書は表でなくてはならない。このことから、このときの日本には、渤海からの国書が表でなくてはならない決まりはなかったと考えるべきであろう。

なお日本の返書は、渤海王を「渤海郡王」と記している。「渤海郡」という記述は、『続日本紀』の地の文や、天平十二年の第二回渤海使来日記事にもみえる。[103]渤海が唐から国王号を得たのは、代宗の宝応元年（七六二）であるため、[104]天平天平十一年までの「渤海郡」の記述は実態に即していたといえる。むしろ注目すべきは、渤海王が唐から渤海国王に冊封されるよりも早い天平勝宝五年（七五三）や天平宝字三年（七五九）の国書に、日本が「渤海国王」や「高麗国王」という独自の称号を用いていることであろう。[105]これについては、次項で述べることとしたい。

天平十一年（七三九）には、二回目の渤海使己珎蒙らが、天平五年（七三三）に入唐した遣唐使の平群広成を伴って来日した。持参された国書の冒頭は「欽茂啓」で始まり、内容は前王武芸に代わる欽茂の即位と、漂流した遣唐使広成が渤海使とともに帰国に至った経緯を述べたものである。[106]この啓に対する日本の国書は史料にみえず、返書があったかどうかは明らかでない。翌天平十二年に遣渤海使が任命されていることから、おそらくこの遣使が日本からの国書を渤海にもたらしたのであろう。[107]この第二回渤海使のもたらした国書に対する日本の返書の内容については、次の天平勝宝年間の第三回渤海使来日記事とあわせて検討したい。

（二）　表の要求

三回目の渤海使慕施蒙らの来日は、天平勝宝四年（七五二）のことである。慕施蒙らが持参した国書の内容は史料にみえないが、次に挙げる翌天平勝宝五年に日本が慕施蒙らに出した返書より、その内容が推測できる。[108]

天皇敬問㆓渤海国王㆒。朕以㆓寡徳㆒、虔奉㆓宝図㆒、亭㆓毒黎民㆒、照㆓臨八極㆒。王僻㆓居海外㆒、遠使入朝。丹心至明、深可㆓嘉尚㆒。③但省㆓来啓㆒、無㆑称㆓臣名㆒。仍尋㆓高麗旧記㆒、国平之日、上表文云、「族惟兄弟、義則君臣。或乞㆓援兵㆒、或賀㆓践祚㆒。修㆓朝聘之恒式㆒、効㆓忠款之懇誠㆒。」故先朝善㆓其貞節㆒、待以㆓殊恩㆒。栄命之隆、日新無㆑絶、想所㆑知レ之。何仮二一二言一也。由レ是、④先廻之後、既賜二勅書一。何其今歳之朝、重無二上表一。以レ礼進退、彼此共同。王熟思之。季夏甚熱。比無レ恙也。使人今還、指二宣往意一、并賜レ物如レ別。

この返書には、初めの部分で天皇が聖武から孝謙に代替わりしたことと、遠路来日してきた渤海への謝礼が述べられている。また③に「来啓を省るに」とあり、慕施蒙らが啓を持参していたことがわかる。しかしこの啓の書式をめぐって、日本はこれまでとは異なり、渤海に厳しい態度を取るのである。④の部分は、渤海使が上表文を持参しないことを責める内容であるが、渤海に上表文の提出を促す勅書を日本が送ったことはこれ以前の史料にみえない。石井正敏氏は、天平十一年来日の己珎蒙らが帰国する際に遣渤海使大伴犬養らが任命され、その明確な目的が想定できないことから、④にみえる上表文を要請する勅書が送られたのは、天平十二年に派遣された遣渤海使大伴犬養らによると推測している[109]。確かに、これより前に日本が渤海に上表文を要求したとすれば、前掲の神亀五年に出された日本からの返書においても、そのことに関連する何らかの文言があってしかるべきと思われる。しかし前掲の神亀五年の返書は、渤海国書が啓であることについて特に問題としておらず、渤海の態度についても指摘はされていない。そのため石井説のように、天平十二年の遣渤海使が持参した勅書により、初めて上表文が要求されたとみることには整合性が認められよう。

それでは、天平十二年に日本が渤海に表文や朝貢国としての態度を要求するようになった理由は何であろうか。

ひとつには、天平七年（七三五）に遣唐使吉備真備の帰国により、唐礼一三〇巻がもたらされたことが挙げられよう[110]。前節でもみたように、この唐礼一三〇巻は、巻数が一致するため、唐の顕慶三年（六五八）成立の『顕慶礼（永徽礼）』であると考えられている。『顕慶礼』は現存しないが、開元二十年（七三二）成立の『大唐開元礼』（以下『開元礼』）「賓礼」には「皇帝受二蕃使表及幣一」という、皇帝への国書献上儀礼が規定されている。儀式の内容を要約すると次のとおりである。

皇帝受二蕃使表及幣一

（1）前日、準備。
（2）当日、蕃使が承天門まで入場。
（3）皇帝出御。
（4）蕃使入門。蕃使は中書侍郎に国書を進上する。国書を受けた中書は階上に昇って奏上する。この時、有司は蕃使からの幣・馬を受ける。
（5）通事舎人、蕃使に蕃国主を問う。蕃使は答え、舎人はそれを回奏する。
（6）通事舎人、宣勅で蕃国主の臣下を問い、蕃使を労う。蕃使は答え、舎人はそれを回奏する。
（7）蕃使退館。
（8）皇帝退場。

この儀式については、すでに石見清裕氏による詳細な研究[11]があるので、儀式すべてをみることはしないが、蕃客による国書の進上がみえるのは（4）の部分である。この部分の原文をみてみよう。

中書侍郎一人、令史二人持レ案、預俟二於西階下一、東面北上。舎人引二使者及庭実一、入就二懸南位一。使者初入レ門、太和之楽作、立定楽止。大蕃大使為二作楽一、次蕃大使及大蕃中使以下、皆不レ設二楽懸及黄麾仗一。中書侍郎帥二持レ案者一、進詣二使者前一、東面。侍郎受レ書、置二於案一、回詣二西階一。侍郎取レ書升奏、持レ案者退。初侍郎奏レ書。有司各帥二其属一、受二幣・馬於庭一。典儀曰、再拝。賛者承伝。使者以下皆再拝。

これによれば、蕃使が携えた国書を中書省の役人が皇帝に奏上し、同時に蕃使の貢物も献上される。その後、（5）（6）

のように通事舎人が蕃使に対して蕃国主について質問し、皇帝からねぎらいの言葉がかけられる。『日本書紀』斉明五年（六五九）七月三日条所引の「伊吉連博徳書」には、唐の高宗に謁見した博徳らが日本の天皇について皇帝から質問を受けているように（前節表1）、『開元礼』以前にこのような謁見儀が行われていた。このことから、『顕慶礼』にも「皇帝受二蕃使表及幣一」儀が存在したと考えられよう。

『顕慶礼』の賓礼を受容した日本は、新羅と同様に、渤海も日本に朝貢してくる蕃国と位置づけて、賓礼で待遇しようとした。しかし、新羅については、朝貢国とする日本側と、それに対立する新羅との認識の相違から、新羅に対して上表文を持参させることができなかった。一方、『顕慶礼』受容後、最初に来日した渤海使は、第二回の使者である天平十一年の己珎蒙らであった。前述のとおり、この時の渤海国書は啓であった。もし「皇帝受二蕃使表及幣一」儀を行うとしたら、渤海国書は啓でなく表でなければならない。そこで天平十二年の遣渤海使が、上表文を渤海に要求する勅書を持参したのである。

すでに新羅との関係が悪化していた日本は、新たな朝貢国として渤海を位置づけようとしていたと思われる。天平十一年まで「渤海郡」として史料にみえた渤海の国名が、天平勝宝四年来日の渤海使に与えた国書以降、先述のように「渤海国王」「高麗国王」として表記されていることは、渤海を独自に一国家とみなすことで、蕃国を支配していることを表したものと考えられる。

その後も唐礼は、唐風政策をとった藤原仲麻呂によって儀式のなかに取り入れられていった。天平勝宝四年には、新羅から王子金泰廉が来日しているが、金泰廉帰国時には、「今より以後、国王親ら来りて辞をもって奏すべし。如し余人を遣して入朝せしめば、必ず表文をもたらしむべし」という詔[112]が出されている。これは『開元礼』賓礼に、蕃客の謁見儀として蕃主みずから朝貢する際の「蕃主奉見」儀と、蕃国主の使者が朝貢する際の儀礼である「受二蕃使表及幣一」儀が規定されていることを意識したものとみられる。「蕃主奉見」の儀とは、王自ら来朝しているので国書を持参する必要はなく、王の意思は口頭で皇帝に伝えられた。天平勝宝四年の事例も、王族の新羅王子を蕃主と同等とみなし、口頭で奏上するよう指示がされている。一方で蕃主から派遣された蕃使の場合は賓礼の「受二蕃使表及幣一」儀に対応し、表文の持参が要求された。このように王と使者とを区別した朝貢方法を新羅に求めた理由を、日本が『開元礼』にもとづいて賓礼を整備しようとしていたためとみることができるのである。

賓礼にもとづく対応は、天平勝宝五年に渤海使慕施蒙らに与えられた日本の返書にもうかがわれる。前掲返書傍線部④には「礼をもって進退するは、彼此共に同じ」といった礼を重んじる内容が書かれており、仲麻呂政権下で蕃客に対する賓礼の整備が行われたとみられるのである。

以上のように、日本では賓礼の受容により、蕃客への外交儀礼が新たに整備され始めた。そして、そのために中国皇帝と蕃国との宗主国—朝貢国という関係を、日本と渤海との関係にあてはめようとした。上表文と臣下としての態度の要求は、これにより爾後一層強められていることになるのである。

四　渤海の上表

（一）　天平宝字年間の表

日本が天平十二年と天平勝宝五年の二度にわたって上表文の要求をした結果、天平宝字二年（七五八）来日の第四回渤海使楊承慶らは、翌年正月に方物を献上して次のように奏上した[113]。

高麗国王大欽茂言、承聞、在二於日本一照二臨八方一聖明皇帝、登二遐天宮一、攀号感慕、不レ能二黙止一。是以、差二輔国将軍楊承慶、帰徳将軍楊泰師等一、⑤令下齎二表文并常貢物一入朝上。

⑤にみえる表文の内容は不明であり、堀敏一氏のように日本側が表と記しているものの実際は啓のままであると考えることも可能であろう。しかし、貢物と上表の持参は、前述の『開元礼』賓礼の「皇帝受二蕃使表及幣一」儀を行うための前提条件であり、日本が上表を強く要求した結果、渤海は表を持参したと考えたい。この時、ようやく唐の賓礼にならった外交儀礼が実施されることとなったのである。なお、すでに渤海には、七三八年六月に『開元礼』等の筆写が認められており[114]、賓礼の「皇帝受二蕃使表及幣一」儀については承知していたと思われる。

渤海が表を持参してきた理由として、この時の楊承慶らとともに帰国した遣渤海使小野田守らにより、唐で起こった安史の乱の情報が報告されていることが注目される。楊承慶らへの日本の慰労詔書には、聖武の弔喪への返礼とともに、遣唐使として入唐中の藤原清河を心配する内容が記されており、安史の乱の情報による不安の増大が読みとれる[115]。小野田守の報告には、「唐王の渤海国王に賜う勅書一巻、また状に副えて進《たてまつ》る」という一節があり、唐が渤海に出した勅書が日本に回付されていることがみえる[116]。酒寄雅志氏は、この唐の勅書は安史の乱鎮圧の援助を渤海に求めたものと考え、それを日本にも回付しているのは、渤海が日本と同盟的な関係を保っていたことを示すと指摘している[117]。この指摘を念頭におくと、天平宝字二年に渤海が日本の要請どおり表を持参してきたのは、安史の乱で混乱している唐を援助するために、日本との関係を良好に保とうとしたためであり、日本の臣下としての地位を認めたのではないと考えられる。

翌天平宝字三年には、日本が派遣した入唐中の藤原清河を帰国させる「迎藤原河清使」とともに、渤海使高南申らが来日している。このとき「迎藤原河清使」の一部を先に帰国させたことを記す渤海中台省からの牒が持参されている[118]。一方、渤海王からの国書はなく、日本からの慰労詔書も史料にはみえない。この後、日本では藤原仲麻呂政権により新羅征討が準備されていく。天平宝字六年（七六二）に遣渤海使とともに来日した王新福らは、安史の乱の状況を口頭で淳仁朝に報告しているものの、渤海王の国書を持参した記事はなく、日本からの慰労詔書も記されていない[119]。この時期の渤海使は、いずれも安史の乱という唐の混乱期、およびその後の日本による新羅征討が計画された時期に往還した渤海使であり、日本にとっては渤海使から唐周辺の情報を収集することが主目的であったとみられ、国王間の国書の交換は不要とされていたか、もしくは形式的なものだったので記録されなかったと考えられる。

この天平宝字六年は、渤海の大きな転換期と捉えられる。この年（七六二、唐の宝応元年）に、第三代渤海王大欽茂は初めて唐から国王号を与えられる。石井正敏氏は、渤海から派遣される使者が武官から文官に変化するのもこの天平宝字六年であり、これによって渤海の対日外交の目的が政治的なものから経済的なものに変質したと指摘している[120]。

（二）宝亀年間の表

安史の乱とそれに危機を感じた藤原仲麻呂による新羅征討計画も、天平宝字年間に決着をみる。仲麻呂自身が失脚し、新羅征討計画も挫折したからである。その後、宝亀二年（七七一）には渤海使壱万福らが来日したが、当初は入京が許されなかった。そのときの様子は次のように記されている[121]。

先レ是、責二問渤海王表無レ礼於壱万福一。是日、告二壱万福等一曰、万福等、実是渤海王使者。所レ上之表、豈違レ例無レ礼乎。由レ茲、不レ収二其表一。

渤海使壱万福らの持参した表が無礼な内容であったため、受理されなかったのである。そこで壱万福は表を書き直し謝罪したので、賓客として入京が許された[122]。最初に提出された表が無礼であったことは、次に挙げる日本の返書にも記されている[123]。

天皇敬問二高麗国王一。⑥朕、継レ体承レ基、臨二馭区宇一。思二覃徳沢一、寧二済蒼生一。然則、率土之浜、化有レ輯二於同軌一、普天之下、恩無レ隔二於殊隣一。⑦昔高麗全盛時、其王高氏、祖宗奕世、介二居瀛表一、親如二兄弟一、義若二君臣一。帆レ海梯レ山、朝貢相続。逮二乎季歳一、高氏淪亡。自レ尓以来、音問寂絶。爰洎二神亀四年一、王之先考左金吾衛大将軍渤海郡王、遣レ使来朝、始修二職貢一。先朝、嘉二其丹款一、寵待優隆。王襲二遺風一、纂二修前業一。献レ誠述レ職、不レ墜二家声一。⑧今省二来書一、頓改二父道一、日下不レ注二官品・姓名一、書尾虚陳二天孫僭号一。遠度二王意一、豈有レ是乎。近慮二事勢一、疑似二錯誤一。故仰二有司一、停二其賓礼一。但使人万福等、深悔二前咎一、代レ王申レ謝。朕矜二遠来一、聴二其悛改一。王悉二此意一、永念二良図一。又高氏之世、兵乱無レ休、為レ仮二朝威一、彼称二兄弟一、方今大氏曾無レ事、故妄称二舅甥一、於レ礼失矣。後歳之使、不レ可二更然一。若能改レ往自新、寔乃継二好無窮一耳。春景漸和。想王佳也。今因二廻使一、指此示レ懐、并贈レ物如レ別。

この慰労詔書の⑥には、即位した光仁天皇の徳が「率土の浜……」「普天の下……」にまで広がり、「恩は殊隣に隔つることなし」とあるように、渤海にも行き渡っていることが示されている。このような表現は従来の国書にはみられないものであり、渤海を臣下に含むという日本の中華思想が強調されたものと捉えられる。さらに⑦では、過去に高句麗が日本と君臣・朝貢の関係にあり、その継承国である渤海も神亀四年の来日以降、日本に朝貢し続けていることが記されている。高句麗時代の君臣関係を述べたこの部分は、前項で挙げた天平勝宝五年の日本の返書の③部分にみえる「高麗旧記」とほぼ同様の内容であり、律令国家の渤海認識の基礎となっている部分である。これが宝亀年間にも繰り返されて返書に持ち出されているということは、天平勝宝年間以降、日本は渤海に臣下としての態度を求め続けてきたが、渤海側が日本の意を満たす態度をとっていなかったと考えられる。

⑧では、壱万福がもたらした国書の日付の下（日下）に官品姓名がなく、さらに「天孫」という称号が用いられて

いるため、無礼であるとして渤海使への「賓礼を停」めている。時代が下るが、『本朝文粋』に九世紀の上表文が載せられている。これらには、いずれも日下に「右大臣従二位兼行左近衛大将藤原朝臣上表」というように官職と姓名が記されており、これが上表文の書式であったことがわかる。⑧はこのような上表の書式をとるように、渤海に求めたものであろう。

なお日下に官品姓名を記すことについて、石井正敏氏は「上表の形式と同じく王啓の末尾の年月日の下部に、例えば〈左金吾衛大将軍渤海国王大欽茂〉のごとく署名すべきことをもとめたものであり、これによって王啓に上表と同様の意義をもたせることをはかったものである」と述べており[124]、宝亀二年来朝の壱万福がもたらした国書を啓と理解しているようである。しかし前述したように、宝亀二年の渤海国書は表である。渤海側は持参した国書を表と称したものの、賓礼にもとづく表としての体裁が整っていなかったというべきであろう。

同様に、次にみるように宝亀四年に来日した渤海使烏須弗の持参した国書は表であったが受理されず、渤海使は来着地から放還されている[125]。

遣レ使、宣二告渤海使烏須弗一曰、⑨太政官処分、前使壱万福等所レ進表詞驕慢。故告二知其状一、罷去已畢。而今能登国司言、⑩渤海国使烏須弗等所レ進表函、違レ例無レ礼者。由レ是不レ召二朝廷一、返二却本郷一。⑪但表函違レ例者、非二使等之過一也。渉レ海遠来、事須二憐矜一、仍賜二禄并路粮一放還。⑫又渤海使、取二此道一来朝者、承前禁断。自レ今以後、宜下依二旧例一、従二筑紫道一来朝上。

⑨では、渤海使烏須弗らに、前回来日した壱万福らが持参した「表詞」が「驕慢」であったことが説明されている。壱万福の国書が「驕慢」とされる理由は、前掲の日本の返書⑧部分にあるように、日下に官品姓名を記さないことや「天孫」という称号を用いていたためであるが、「驕慢」という言葉には朝貢国としての態度を取らないことへの不満が込

められており、日本が渤海を臣下として扱おうとする強い意思が読み取れる。また⑩では、烏須弗らの「表函」も「例に違いて無礼」であることが記されている。このような国書の不備は、⑪にあるように、使者のせいではないとして、烏須弗らに禄や路粮が与えられ能登より放還されている。以上の対応から、臣下の意を示さない渤海国への日本の不満をみることができよう。さらに⑫では、「筑紫道」すなわち大宰府を第一の玄関として入京することが示されている。大宰府は、職員令に「蕃客」についての職掌が載せられているように、令制下での蕃客来朝の正式な窓口であり、渤海に対してもこのルートでの入京を指示しているのである。

この後、宝亀七年に来日した渤海使史都蒙らは、越前国加賀郡に安置されているが、このときにも大宰府に来着しなかったことを詰問されており、史都蒙らは「対馬嶋竹室津」を目指したが漂流してしまったと答えている[126]。入京した史都蒙らは貢物を献上し、光仁即位への祝いを奏上しているが、国書についての記述はみえず[127]、表が持参されたかは不明である。あるいは漂流した際に船も損傷してしまったため、国書も紛失してしまったのかもしれないが、日本からの慰労詔書には渤海に対する不満はみられない[128]。

さらに、宝亀九年に「遣高麗使」高麗殿嗣らの帰国とともに来日した渤海使張仙寿らも、方物献上に際して渤海国王の言を奏上しているものの[129]、国書があったことは史料にみえない。また日本からは返書があったが、この内容は記されていない[130]。宝亀七年と九年はいずれも渤海から国書が持参されなかったとすれば、賓礼に適っていない行動があり、渤海が日本の賓礼に応じなかったことを示している。しかし、ともに入京していることを考えれば、国書は持参されたと考えるべきであろう。

なお宝亀四年以後、渤海使が日本に来着した時点で、持参してきた国書が開封されるようになったことが石井正敏氏によって指摘されている[131]。宝亀十年（七七九）にも、勅二検校渤海人使一、押領高洋粥等、進表無礼。宜レ勿レ令レ進。又不レ就二筑紫一、巧レ言求二便宜一。加二勘当一、勿レ令二更然一。

とあり、検校渤海人使が派遣された出羽国において、もたらされた表が無礼であったことや、大宰府に来着しなかったことが責められ、入京させずに現地から放還されている(132)。

このように宝亀年間になると、日本はこれまで以上に強固に渤海を臣下と扱おうとするが、その背景には渤海が日本の要求に従わなかったことが挙げられる。持参された国書は、日本が満足する上表文の形式ではなく、また入京経路についても、日本は大宰府への来着を指示したが、渤海はそれを守っていない。

渤海は、天平宝字年間には、安史の乱鎮圧のための援助を唐から求められ、日本と同盟関係を保とうとして、日本の要請に従い表を持参したが、その後の宝亀年間には臣下としての対応を求める日本に対して、決して了承していないのである。その理由は、渤海が唐との関係を良好なものとし、唐より国王号を得たことで、以前よりも日本に対して優位に立ったという意識を持つようになったためと考えられる。

最初にみたように、表とは最も尊敬すべき皇帝や天皇に対する上申文書の書式として、唐や日本では規定されていた。本来、表という書式が無礼なはずはないのであるが、宝亀年間の渤海の表が無礼だとされるのは、国書には「表」と記されていても、内容は朝貢国としての上申文書ではなかったからである。日本の史料に表の内容が記されていないのもそのためであろう。

五　表から啓へ

(一)　勝宝以前数度の啓

延暦五年(七八六)に出羽国に来着した渤海使李元泰らは、四一人のうち一二人が蝦夷に殺害・略奪されたように(133)、当時の日本においては宝亀十年以来の蝦夷との戦いが続いており、あわせて長岡京の造営も途中であったため、李元泰らの入京を許す状況にはなく、翌年、越後国が船と乗組員を準備して帰国させている。(134)

次に渤海使が来日するのは、平安京に遷都した延暦十四年（七九五）であり、前回入京した宝亀九年（七七八）の張仙寿らの来日から十七年も経っていた。このときの渤海使呂定琳らは「夷地志理波村」に漂着して襲われるのであるが、そののち越後国に移され、翌年入京している。(135)呂定琳らが持参した国書は、次にみるように表ではなく啓であった。(136)

其王啓曰、哀緒已具二別啓一。伏惟天皇陛下、動止万福、寝膳勝レ常。嵩璘視息苟延、奄及二祥制一。官僚感レ義、奪レ志抑レ情。起続二洪基一、祇統二先烈一。朝維依レ旧、封域如レ初。顧自思惟、実荷二顧眷一。而滄溟括レ地、波浪漫レ天。奉膳無レ由、徒増二傾仰一。謹差二匡諫大夫工部郎中呂定琳等一、済レ海起居、兼修二旧好一。其少土物、具在二別状一。荒迷不次。

このときの渤海王は第六代大嵩璘である。国書の冒頭からは、第三代大欽茂の喪を知らせる「別啓」の存在が知られる。大欽茂ののち、第四代、第五代の王は即位期間も短く、日本に使者を派遣していなかった。この啓では嵩璘の即位について書かれており、今回の渤海使が欽茂の死と嵩璘の即位を伝えるために派遣され、それぞれ異なる啓によってそれらが伝えられたことがわかる。このように啓が二通持参されることは、これまでになかったことである。また傍線部には、天皇という語に対して、「陛下」という称号が用いられている。先述したように、日本の『儀制令』天子条には、上表時の天皇に対する称号を「陛下」とする規定があるが、ここでは啓にもかかわらず「陛下」という語が用いられており、このような表現がみえる渤海国書はこの一通のみである。表で用いられるべき表現が啓にもみえるということは、それ以前から渤海の文書が表であり、その名残と考えることができるのではないだろうか。

この渤海啓に対して、日本からは次のような返書が出されている(137)。

天皇敬問二渤海国王一。朕運承二下武一、業膺二守天一。徳沢攸レ覃、既有レ治二於同軌一。風声所レ暢、庶無レ隔二於殊方一。王新纘二先基一、肇臨二旧服一。慕二徽猷於上国一、輸二礼信於闕庭一。眷二言欵誠一、載深慶慰。而有司執奏、「勝宝以前、数度之啓、頗存二体制一、詞義可レ観。今検二定琳所レ上之啓一、首尾不レ慥。既違二旧義一」者。朕以、脩聘之道、礼敬為レ先。苟乖二於斯一、何須二来往一。但定琳等、漂着二辺夷一、悉被二劫掠一、僅存二性命一。言念二艱苦一、有レ憫二于懐一。仍加二優賞一、存撫発遣。又先王不慭、無レ終二遐壽一。聞レ之惻然。情不レ能レ止。今依二定琳等帰次一、特寄二絹廿疋、絁廿疋、糸一百絇、綿二百屯一、以充二遠信一。至宜レ領レ之。夏熱、王及首領百姓平安好。略此遣レ書。一二無レ委。

初めの部分にみえる、天皇の仁徳やその教え（「徳沢」や「風声」）が渤海にまで及んでいるという記述は、宝亀年間と同様、日本の天皇が渤海までも支配していることを表している。それに続く傍線部は次のように解釈できる。

天平勝宝以前の数度の渤海王啓は、大変体裁が整っており、使われている語句も立派なものであった。しかし、渤海使定琳が奉った啓は首尾が一貫しておらず、旧儀と違っている。

問題はなぜここに、返書が出された延暦十五年から四十年以上も前の「勝宝以前」という表現が用いられているのかということである。しかしその答えはすでに、前掲表5によってⅠ期は啓、Ⅱ期は表であることをみてきたことで明らかであろう。すなわち啓→表→啓という変遷を確認すれば、神亀四年、天平十一年、天平勝宝四年来日の渤海使が持参した国書が啓であり、その後、天平宝字～宝亀年間にいったん表となり、延暦十四年に啓に戻ったことがわかる。渤海国書が啓であるⅠ期の最後は天平勝宝年間に該当するため、返書中の「天平勝宝以前の数度の啓」という表現がなされたと思われる。要するに、傍線部で延暦十四年（Ⅲ期）の啓と天平勝宝以前（Ⅰ期）の啓が比較されているのは、延暦十四年以前に啓が使用されたのが天平勝宝期であったためなのである。

このように、表5をみただけでなく、延暦十五年の返書によっても、Ⅰ期の渤海国書が啓、Ⅱ期が表、Ⅲ期が啓であることが確認できる。なお傍線部に続く部分では、Ⅰ期の啓と比較して延暦十五年の啓が無礼であるとするが、延暦十四年の啓には日本に無礼な文言はみられない。これはおそらく、『類聚国史』に引用されているこの啓が王名＋啓で始まる冒頭句を欠いていることから、省略部分に何らかの不都合な内容があったものと考えられる。

この後、平安時代を通じて渤海使は多く入京し、渤海使の持参した国書も多く残されているが、その形式はいずれも啓であり、表がもたらされることはなかった。

（二）　桓武朝における日渤外交の変質

以上のように延暦年間においては、日本は渤海が表を持参しなくても、表を求めることはしなかった。では、なぜ渤海がⅡ期に表であった国書を啓に変更したのだろうか。その理由については、渤海国内の動きを注目する必要がある。

六十年近く王位にあった大欽茂が七九三年に没したのち、翌年の大嵩璘即位までは王権の若干の動揺がみられたものの、嵩璘即位後の渤海は安定的な外交が続いた。嵩璘も欽茂同様、盛んに遣唐使を派遣して親唐策をとっている[138]。過去に日本の要求に従い、表を持参したのは、あくまでも安史の乱の前後における日渤関係の強化のためであり、唐と良好な関係にあった渤海は、一貫して日本に対して優位な態度で臨んでいたと考えられる。渤海が啓を携行してきたことは、渤海の国力が安定していたことを示しているのである。そのことを示すのが、次の延暦十五年に渤海からもたらされた国書である[139]。

嵩璘啓。差㆓使奔波㆒、貴㆑申㆓情礼㆒。佇承㆓休眷㆒、瞻望徒労。天皇頓降㆓敦私㆒、貺㆓之使命㆒。佳問盈㆑耳、珍奇溢㆑目。

俯仰自欣、伏増二慰悦一。其定琳等、不レ料二辺虜一、被レ陥二賊場一、俯垂二恤存一、生還二本国一。奉二惟天造一、去留同頼。嵩璘猥以二寡徳一、幸属二時来一、⑬官承二先爵一、土統二旧封一。制命策書、冬中錫及、金印紫綬、遼外光輝。思下欲修二礼勝方一、結二交貴国一、歳時朝覲、桅帆相望上。而巨木楡材、土之難レ長。小船汎レ海、不レ没即危。亦或引海不レ諧、遭二罹夷害一。雖レ慕二盛化一、如二艱阻一何。⑭儻長尋二旧好一、幸許二来往一、則送レ使数不レ過レ廿、以レ茲為レ限、式作二永規一。其隔年多少、任二聴彼裁一。裁定之使、望於二来秋一。許以二往期一、則徳隣常在。⑮事与レ望異、則足レ表二不依一。[140]

⑬には、渤海が唐から冊封を受けている様子が具体的に記されており、長く王権を持続してきたことに対する渤海王嵩璘の自信をみてとることができる。また⑭では、日本に入京する人数や、来日の時期について日本側の考えを仰いでいるものの、⑮では渤海側の望みと日本の裁定が違えば、「不依を表すに足る」といっており、日本に対して優位な立場からの強い口調であることがみてとれる。

このような渤海側の強い自信に満ちた国書を、日本では次のように受け止めている。[141]

渤海国王所レ上書疏、体無二定例一、詞多二不遜一。今所レ上之啓、首尾不レ失レ礼、誠款見二乎詞一。

「このたび渤海から奉られた啓は失礼がなく、誠款があらわれている」というのである。このように日本が理解した理由について、石井正敏氏は、⑭にみえるように、渤海が日本に姿勢を低くして朝貢年限を請うてきたため、その態度が宗主国としての日本に満足のいくものであったからと考えている。[142] 石井説に従えば、このような日本の解釈は、渤海と唐の関係をまったく問題とせず、八世紀当初から一貫して渤海を朝貢国とみなしているために生じたものであり、渤海の意図を汲んだものではない。では、八世紀から変わらず渤海を朝貢国とみなしている日本が、この時点でなぜ表を求めなくなったのであろうか。それは、光仁朝から桓武朝への諸政策の転換のひとつとして、重視すべき問題であろう。

桓武朝の外交政策について石井正敏氏は、当初日本は渤海に対して強硬であったが、先述のように渤海が朝貢年限を請うなど従順であったため、柔軟な姿勢に転じたと指摘している[143]。確かに延暦十五年の渤海国書には、⑭に来朝年限を決めてほしい旨が記されているが、その文面は決して日本が理解するような「渤海が姿勢を低くした」ものではないことは、⑮の「不依を表すに足る」という文句からも明らかであろう。しかし、国書にみえる渤海の自信は正確に日本に伝わらなかった。

桓武朝においては、国内的には夷狄の公民化を進めることで、天皇権力の強化が図られている。このような天皇権力の誇示は対渤海外交にもみられる。延暦十五年の渤海啓について、群臣は次のように上表している[144]。

近者、送渤海客使御長広岳等廻来。伏見㆓彼国所㆑上啓㆒、辞義温恭、情礼可㆑観。悔㆓中間之迷図㆒、復㆓先祖之遺跡㆒。況復縁㆑山浮㆑海、不㆑顧㆓往還之路難㆒、克㆑己改㆑過、始請㆓朝貢之年限㆒。与㆓夫白環西貢、楛矢東来㆒、豈可㆓同㆑日而道㆒哉。臣等幸忝㆓周行㆒、得㆑逢㆓殊慶㆒。不㆑任㆓鳧藻之至㆒、謹詣㆑闕奉表以聞。

ここでは、渤海がこれまでの過ちを改めて遠路の路難を顧みず日本に朝貢の年限を求めてきたことを、白環や楛矢の献上を受けた中国の舜や武王といった歴代秀逸の皇帝以上に桓武の徳が優れているためとしている。延暦十五年は平安遷都の翌年であり、このような群臣の上表は、天皇権力を強化しようという国家的な意図により行われたとみられる。もしⅡ期のように、本来は表を持参しなくてはならないのに啓を持参したという渤海の非が述べられていたら、それは、桓武の徳が不十分であるという評価につながるであろう。これらのことから、渤海国書が啓であることを責めなかったのは、平安遷都に際して国内に向けて桓武の天皇権力を誇示するためであったと考えられるのである。

宗主国日本と朝貢国渤海という日本側の一方的な外交認識は、神亀四年の渤海使初来日から一貫していたが、この認識は九世紀においても維持され、日本側の論理だけで渤海を朝貢国と位置づけ続けたのである。渤海国書が啓であっても、日本の論理では表として受け止め、「天皇の徳を慕い朝貢してくる渤海」として渤海に対する日本国内の認識を定着させていったのである(145)。

渤海からの国書受納の儀礼について、『弘仁式部式』には「受㆓諸蕃使表及信物㆒」という条文があり、『延喜式部式』にも引き継がれている。蕃客のもたらした表と信物を受納するこの儀礼は、『開元礼』賓礼の「皇帝受㆓蕃使表及幣㆒」儀にもとづくと思われ、『弘仁式』編纂時以後、『延喜式』編纂段階においても『開元礼』賓礼が日本の外交儀礼の手本となっていたことがわかる。しかし、桓武朝以降、渤海使の進上した国書は一貫して啓であり、実際の儀礼では、その啓を受け取って「受㆓諸蕃使表及信物㆒」儀を行っていたのである。渤海啓を表として扱う方法での賓礼の実践は、自らの中華意識を相手に認めさせることができず、代わりに国内に向けて帝国としての地位を確認するための儀礼という桓武朝以後の日本の新たな外交姿勢を生むこととなったのである。

註

(1) 中国の礼制については、西嶋定生「序説—中国古代帝国形成史論」（『中国古代国家とアジア世界』東京大学出版会、一九八三年、初出は一九六〇年）、大隅清陽「唐の礼制と日本」（池田温編『古代を考える　唐と日本』吉川弘文館、一九九二年）、渡辺信一郎「中華帝国・律令法・礼的秩序」（川北稔・鈴木正幸編『シンポジウム歴史学と現在』柏書房、一九九五年）、金子由紀「北宋の大朝会儀礼」（『上智史学』四七、二〇〇二年）などを参照した。

(2) 『隋書』巻三二経籍志に「江都集礼一百二十六巻」、巻三三経籍志に「隋朝儀礼一百巻」がみえる。

(3) 瀧川政次郎「江都集礼と日本の儀式」（岩井博士古稀記念事業会編纂委員会編『典籍論集』岩井博士古稀記念事業会、一九六三年）。なお、瀧川氏は「江都集礼」は『隋書』経籍志に載っていないとしているが、これは見落としであり、前掲註（2）のように掲載されている。

（4）岩橋小彌太「儀式書」（『上代史籍の研究』第二集、吉川弘文館、一九五八年）では、『旧唐書』巻四六経籍志にある「大唐新礼一百巻」と『新唐書』巻五八芸文志の「大唐儀礼一百巻」を貞観礼とし、同『新唐書』芸文志の「永徽五礼一百三十巻」を永徽礼としている。

（5）『旧唐書』巻一九九上、新羅国伝、垂拱二年、『冊府元亀』巻九九九外臣部請求。なお、石井正敏「第二次渤海遣日本使に関する諸問題」（『日本渤海関係史の研究』吉川弘文館、二〇〇一年、初出は一九七九年）では、これらの史料にみえる「吉凶要礼」が単行の書名ではなく、「吉凶の要礼」を諸書より集めたものとし、濱田耕策「祀典と名山大川の祭祀」（『新羅国史の研究―東アジアの視点から―』吉川弘文館、二〇〇二年、初出は一九八四年）では、石井氏の論を妥当とし、「吉凶要礼」の内容は吉礼と凶礼に限られたのか、あるいは賓礼なども含む五礼も含むかは不明とする。

（6）『唐会要』巻三六蕃夷請経史、『冊府元亀』巻九九九外臣部請求に、

（開元）二十六年六月二十七日、渤海遣レ使求レ写二唐礼及三国志・晋書・三十六国春秋一。許レ之。

とある。石井正敏「第二次渤海遣日本使に関する諸問題」（前掲註（5）論文）では、唐が唐礼を渤海に下賜する背景には、礼にもとづく華夷秩序の遵守をうながす意図があったとしている。また、石井氏は、この時の唐礼が最新の『開元礼』とみてよいかは問題があるとする。

（7）金子由紀「北宋の大朝会儀礼」（前掲註（1）論文）。

（8）石見清裕「唐の外国使節儀礼と『井真成墓誌』」（専修大学・西北大学共同プロジェクト編『遣唐使の見た中国と日本』朝日新聞社、二〇〇五年）。

（9）鍋田一「古代の賓礼をめぐって」（柴田実先生古稀記念会編『日本文化史論叢』柴田実先生古稀記念会、一九七六年）。

（10）田島公「日本の律令国家の『賓礼』―外交儀礼よりみた天皇と太政官―」（『史林』六八―三、一九八五年）。

（11）森公章「古代難波における外交儀礼とその変遷」（『古代日本の対外認識と通交』吉川弘文館、一九九八年、初出は一九九五年）。

（12）廣瀬憲雄「倭国・日本の隋使・唐使に対する外交儀礼」（『ヒストリア』一九七、二〇〇五年）。

（13）石見清裕ａ「鴻臚寺と迎賓館」（『唐の北方問題と国際秩序』汲古書院、一九九八年、初出は一九九〇年）、ｂ「唐の国書授

与儀礼について」(『東洋史研究』五七—二、一九九八年)。
(14) 石見清裕『唐代の国際関係』(山川出版社、二〇〇九年)。
(15) 石見清裕「鴻臚寺と迎賓館」(前掲註(13)a論文)。
(16) 石見清裕「鴻臚寺と迎賓館」(前掲註(13)a論文)。
(17) 石見清裕「外国使節の宴会儀礼」(前掲註(13)著書、初出は一九九五年)。
(18) 石見清裕「外国使節の皇帝謁見儀式復元」(前掲註(13)著書、初出は一九九一年)。
(19) 石見清裕「外国使節の宴会儀礼」(前掲註(17)論文)。
(20) 石見清裕「外国使節の宴会儀礼」(前掲註(17)論文)。
(21) 仁井田陞『中国法制史研究—法と慣習・法と道徳』(東京大学出版会、一九六四年)、石見清裕「唐代の国家と『異民族』」(『歴史学研究』六九〇、一九九六年)、渡辺信一郎『天空の玉座—中国古代帝国の朝政と儀礼—』(柏書房、一九九六年)。
(22) 石見清裕「蕃望について」(前掲註(13)著書、初出は一九八八年)。
(23) 金子修一「中国皇帝と周辺諸国の秩序」(『隋唐の国際秩序と東アジア』名著刊行会、二〇〇一年、初出は一九九二年)では、『開元礼』嘉礼巻九七「皇帝元正冬至受二群臣朝賀一」儀で蕃客が君臣の礼における臣下の位置に規定されるという。
(24) 金子由紀「北宋の大朝会儀礼」(前掲註(1)論文)。
(25) 『日本書紀』推古十六年四月条、六月丙辰(十五日)条、八月癸卯(三日)条。
(26) 『日本書紀』推古十六年八月壬子(十二日)条、丙辰(十六日)条。
(27) 瀧川政次郎「江都集礼と日本の儀式」(前掲註(3)論文)、西本昌弘「日本古代礼制研究の現状と課題」(『日本古代儀礼成立史の研究』塙書房、一九九七年)、黒田裕一「推古朝における『大国』意識」(『国史学』一六五、一九九八年)、廣瀬憲雄「倭国・日本の隋使・唐使に対する外交儀礼」(前掲註(12)論文)など。このうち、黒田論文では、推古朝に隋から礼秩序を導入していたため賓礼が実践されていたとし、廣瀬論文では、隋使への賓礼が遣隋使の見聞や隋使から得た知見などをもとに再現したもので、背景にある思想の導入までは想定できないとしている。

(28) 石母田正「天皇と『諸蕃』」（『石母田正著作集四』岩波書店、一九八九年、初出は一九六二年）、河内春人「日本古代における礼的秩序の成立—華夷秩序の構造と方位認識—」（『明治大学人文科学研究所紀要』四三、一九九七年）。

(29) 『隋書』巻八一、東夷伝倭国、大業四年。

(30) 西嶋定生「東アジア世界と冊封体制—六—八世紀の東アジア—」（『西嶋定生東アジア史論集第三巻東アジア世界と冊封体制』岩波書店、二〇〇二年、初出は一九六二年）では、この史料にみえる隋王朝の倭国に対する意識を、隋の冊封体制の外にある「不臣の外域」であるとし、しかしこの不臣の外域が礼儀を慕い、王化を求めて遣使朝貢するかぎり、これを宣諭して徳化につとめることは中国王朝の体制的性格に由来する必然的行為となるとしている。

(31) 石見清裕「唐の国書授与儀礼について」（前掲註（13）b論文）。

(32) 中村裕一「慰労制書」（『隋唐王言の研究』汲古書院、二〇〇三年、初出は一九八六年）なお、「倭皇」の表記は「倭王」であった「王」字を『日本書紀』の編者が改めたことが『善隣国宝記』所引「経籍後伝記」にみえる。

(33) 黒田裕一「推古朝における『大国』意識」（前掲註（27）論文）でも、この隋使の儀礼が嘉礼「皇帝遣レ使詣レ蕃宣レ労」儀であることを指摘している。しかし、黒田氏は隋側の儀礼が嘉礼であるとしながらも、倭が行った迎接は賓礼であるとし、その理由を、倭国が賓礼を実践できたのは、隋の冊封体制には属さない「不臣の客」としての立場であり、自国の主体意志を自由に行使できる存在であったためとしている。なお、舒明朝に来日した唐使高表仁について、『旧唐書』巻一九九倭国伝には、「遣二新州刺史高表仁一、持レ節往撫レ之、表仁無二綏遠之才一、与二王子一争レ礼、不レ宣二朝命一而還。」と記されている。ここでも、高表仁に遠方を鎮める力（綏遠之才）がなかったために、日本の「王子」と礼を争い、「朝命を宣べず」に帰国したことがわかる。

(34) 『隋書』巻八一、東夷伝倭国、大業三年。

(35) 堀敏一「日本と隋・唐両王朝との間に交わされた国書」（『律令制と東アジア世界—私の中国史学（二）』汲古書院、一九九四年）。なお、堀氏以前にも平野邦雄「国際関係における〝帰化〟と〝外蕃〟」（『大化前代政治過程の研究』吉川弘文館、一九八五年、初出は一九八〇年）などで、倭国を朝貢国とみなす隋と、隋を隣対国とみなす倭国の意識がずれたまま外交が行われていたという指摘がなされている。

(36) 『日本書紀』推古十八年十月丙申（八日）条、丁酉（九日）条、乙巳（十七日）条、辛亥（二十三日）条。
(37) 井上光貞「推古朝外交政策の展開」（『井上光貞著作集』五、岩波書店、一九八六年、初出は一九七一年）。
(38) 栗原朋信「上代の日本へ対する三韓の外交形式」（『上代日本関係の研究』吉川弘文館、一九七八年、初出は一九六七年）では、新羅の日本への外交形式が国書を用いない口頭形式のものであることを指摘するが、西本昌弘「日本古代礼制研究の現状と課題」（前掲註（27）著書）はこの説を批判し、新羅は隋には表書を出しており、新羅の倭国への口頭外交を政治的意図によるものとする。また、推古十八年（当該史料）の新羅使への迎接を、文書を携行しない私使に対する迎接方式ではないかとする。
(39) 今泉隆雄「蝦夷の朝貢と饗給」（高橋富雄編『東北古代史の研究』吉川弘文館、一九八六年）。
(40) 廣瀬憲雄「倭国・日本の隋使・唐使に対する外交儀礼」（前掲註（12）論文）でも、調の進上が使旨伝達時でなく、それ以前に行われるなど『開元礼』賓礼とは異なる儀礼としている。
(41) ただし、平野邦雄「国際関係における〝帰化〟と〝外蕃〟」（前掲註（35）論文）が指摘するように、唐も蕃国に含むとする考え方もある。森公章「古代日本における対唐観の研究―『対等外交』と国書問題を中心に―」（前掲註（11）著書、初出は一九八八年）では、大宝令制定時には唐は絶域の国であり、日本の律令制定者の視野に入っていなかったとみている。
(42) 『続日本紀』慶雲二年十一月己丑（三日）条、和銅七年十一月己未（十一日）条。
(43) 石上英一「古代における日本の税制と新羅の税制」（朝鮮史研究会編、旗田巍監修『古代朝鮮と日本』龍渓書舎、一九七四年）。
(44) 保科富士夫「古代日本の対外関係における贈進物の名称―古代日本の対外意識に関連して―」（『白山史学』二五、一九八九年）、重松敏彦「平安初期における日本の国際秩序構想の変遷―新羅と渤海の位置づけの相違から―」（『九州史学』一一八・一一九、一九九七年）。
(45) 河内春人「新羅使迎接の歴史的展開」（『ヒストリア』一七〇、二〇〇〇年）。
(46) このほか『続日本紀』慶雲二年十一月癸卯（三日）条から遣新羅使が持参した新羅王あての勅書の存在が知られる。
(47) 『大唐六典』巻九中書省には、「凡王言之制有レ七、一曰冊書、二曰制書、三曰慰労制書、四曰発日勅、五曰勅旨、六曰論事勅書、七曰勅牒」とみえる。

(48) 中村裕一「慰労制書と『致書』文書」(『唐代制勅研究』汲古書院、一九九一年、初出は一九八六年)。

(49) 『続日本紀』神亀五年正月甲寅(十七日)条。「中宮」は平城京の内裏とみられる(新日本古典文学大系『続日本紀二』養老七年正月丙子(十日)条補注)。

(50) 『続日本紀』神亀五年四月壬午(十六日)条。

(51) 『続日本紀』天平七年二月癸丑(二十七日)条。

(52) 濱田耕策「聖徳王代の政治と外交—通文博士と倭典をめぐって—」(前掲註(5)著書、初出は一九七九年)では、新羅が宗主国唐へ遣使朝貢する外交を強化したため、対日外交の礼式を、朝貢国としての蕃礼から対等な亢礼へ転換したとする。

(53) 『続日本紀』天平九年二月己未(十五日)条、丙寅(二十二日)条。

(54) 『続日本紀』天平七年四月辛亥(二十六日)条。

(55) 坂本太郎「儀式と唐礼」(『日本古代史の基礎的研究下』東京大学出版会、一九六四年、初出は一九四一年)。

(56) 『続日本紀』天平勝宝四年閏三月己巳(二十二日)条。

(57) 石井正敏a「新羅・渤海との交渉はどのように進められたか」(森克己・田中健夫編『海外交渉史の視点』一、日本書籍、一九七五年)、b「天平勝宝四年の新羅王子金泰廉来日の事情をめぐって—渤海の対日外交目的の変化と関連して—」(前掲註(5)著書)、濱田耕策「中代・下代の内政と対日本外交—外交形式と交易をめぐって—」(前掲註(5)著書、初出は一九八三年)、東野治之「日唐間における渤海の中継貿易」(『遣唐使と正倉院』岩波書店、一九九二年、初出は一九八四年)、李成市『東アジアの王権と交易』(青木書店、一九九七年)。なお、このときの新羅使を日本からの要請とする李成市氏に対する石井氏の反論がb論文。また、田村圓澄a『大宰府探求』(吉川弘文館、一九九〇年)、b「新羅王子金泰廉の東大寺参拝」(『古代日本の国家と仏教—東大寺創建の研究』吉川弘文館、一九九九年)では、同年の東大寺大仏開眼供養が金泰廉らの来朝目的とする。さらに、上述の濱田耕策論文では、金泰廉が日本の求める外交形式に応えるための「仮王子」であるとしている。

(58) 『続日本紀』天平勝宝四年六月壬辰(十七日)条。

(59) 彌永貞三「古代の釈奠について」(『古代の政治と史料』髙科書店、一九八八年、初出は一九七二年)、また、古瀬奈津子「儀式における唐礼の継受—奈良末~平安初期の変化を中心に—」(『日本古代王権と儀式』吉川弘文館、一九九八年、初出は一九九二年)でも彌永氏の説を支持している。
(60) 河内春人「日本古代における昊天祭祀の再検討」(『古代文化』五二—一、二〇〇〇年)。
(61) 坂上康俊「書禁・禁書と法典の将来」(『九州史学』一二九、二〇〇一年)。
(62) 中野高行「慰労詔書の『結語』の変遷」(『日本古代の外交制度史』岩田書院、二〇〇八年、初出は一九八五年)。
(63) 『経国集』巻二十、策下対策。
(64) 石母田正「国家成立史における国際的契機」(『石母田正著作集三』岩波書店、一九八九年、初出は一九七一年)。
(65) 瀧川政次郎「紫微中台考」(『法制史論叢第四冊　律令諸制及び令外官の研究』角川書店、一九六七年、初出は一九五四年)では、仲麻呂が改称した八省の号は、政堂省に大内相がおり、その下に忠部・仁部・義部・智部・礼部・信部の六部がおかれた渤海の制にならったものしている。鈴木靖民「日本律令制の成立・展開と対外関係」(『古代対外関係史の研究』一九八五年、吉川弘文館)でも、仲麻呂の改革が唐制を模したとみるよりも、渤海の制度を通して採用する方式であったと瀧川説を補足している。
(66) 『続日本紀』天平宝字二年八月甲子(二十五日)条。
(67) 『続日本紀』天平宝字四年九月癸卯(十六日)条。
(68) 鈴木靖民「奈良時代における対外意識—『続日本紀』朝鮮関係記事の検討—」(前掲註(65)著書、初出は一九六九年)。
(69) 『続日本紀』神護景雲三年十一月丙子(十二日)条、十二月癸丑(十九日)条、宝亀元年三月丁卯(四日)条。
(70) 『続日本紀』宝亀三年二月己卯(二十八日)条。
(71) 本章第二節でみるように、日下に官職と姓名を記すことが、上表の書式である。
(72) 石井正敏「光仁・桓武朝の日本と渤海」(前掲註(5)著書、初出は一九九五年)によれば、「官品姓名」すなわち位署を加えることは、臣下の身分にあることを明示することである。

(73)『続日本紀』宝亀十年九月庚辰（十四日）条。
(74) たとえば、宝亀七年、宝亀九年の渤海使は入京が許されているが、大使が「司賓少令」の肩書きを有しており、渤海の司賓令は従四品で唐の鴻臚寺に相当することから、この官職が賓客として十分な身分であったのだろう。
(75)『続日本紀』宝亀十一年二月庚戌（十五日）条。
(76) 石上英一「古代国家と対外関係」（歴史学研究会・日本史研究会編『講座日本歴史二　古代二』東京大学出版会、一九八四年）、鈴木靖民「日本律令制の成立・展開と対外関係」（前掲註（65）論文）。
(77) 渤海の中台省が出した牒（中台省牒）の初見は、『続日本紀』天平宝字三年（七五九）十月辛亥（十八日）条であるが、単発のものであり、恒常的に渤海の中台省牒と日本の太政官牒が交換されるようになるのは、承和八年（八四一）来日の渤海使からである。
(78) 石井正敏『日本渤海関係史の研究』（前掲註（5）著書）。
(79) 金子修一「唐代の国際文書形式について」（前掲註（23）著書、初出は一九七四年）。
(80) 中野高行 a「慰労詔書に関する基礎的考察」（初出は一九八四年）、b「慰労詔書と『対蕃使詔』の関係について」（初出は一九八七年）、c「慰労詔書の『結語』の変遷」（前掲註（62）論文、いずれも前掲註（62）著書に収録）。
(81) 山田英雄「日・唐・羅・渤間の国書について」（『日本古代史攷』岩波書店、一九八七年、初出は一九七四年）。
(82) 堀敏一「渤海・日本間の国書をめぐって」（『東アジアのなかの古代日本』研文出版、一九九八年）。
(83) 同文が『旧唐書』巻四三職官志尚書都省条にみえる。『旧唐書』では末尾の一節「庶人言日辞也」に「言」字がある。
(84) 中村裕一『唐代制勅研究』（前掲註（48）著書）、石井正敏「古代東アジアの外交と文書―日本と新羅・渤海の例を中心に―」（前掲註（5）著書、初出は一九九二年）。
(85) 廣瀬憲雄「書儀と外交文書―古代東アジアの外交関係解明のために―」（『続日本紀研究』三六〇、二〇〇六年）では、唐の外交文書中の語句についても書儀を用いた検討が有効であることを指摘している。
(86) なお、表が臣下から天皇への上申文書であることは、後藤昭雄「文体解説」（新日本古典文学大系『本朝文粋』岩波書店、一九九二年）、森田悌「詔勅と奏請」（『日本古代の政治と地方』高科書店、一九八八年）、黒須利夫「八世紀の上表儀―聖武朝を中心として―」（『年報日本史叢』一九九三年）などにも詳しい。
(87) 『続日本紀』天平八年十一月丙戌（十一日）条。
(88) 相田二郎『日本の古文書』上（岩波書店、一九四九年）、丸山裕美子「書儀の受容について―正倉院文書にみる『書儀の世界』―」（『正倉院文書研究』四、一九九六年）。
(89) 石井正敏「古代東アジアの外交と文書―日本と新羅・渤海の例を中心に―」（前掲註（84）論文）、堀敏一「渤海・日本間の国書をめぐって」（前掲註（82）論文）。石井論文によれば『大唐新定吉凶書儀』は九世紀前半の鄭余慶著。スタイン「敦煌文献」六五三七。
(90) 酒寄雅志「八世紀における日本の外交と東アジアの情勢―渤海との関係を中心として―」（『渤海と古代の日本』校倉書房、二〇〇一年、初出は一九七七年）。
(91) 『続日本紀』神亀五年正月甲寅（十七日）条。
(92) 金子修一「唐朝より見た渤海の名分的位置」（前掲註（23）著書、初出は一九九八年）。
(93) 渤海が「啓」を採用したことについて、石井正敏「古代東アジアの外交と文書―日本と新羅・渤海の例を中心に―」前掲註（84）論文では、渤海が「日本の君主を唐から冊封を受けた諸侯つまり自分と同等の地位の者と認識」し、「この認識の上にたって、黒水靺鞨をはじめ唐や新羅に対抗するための日本の支援を必要とした現実を反映して、相手に敬意を表すべく啓式を採用したものと理解される」としている。しかし、この啓式について石井氏は「神亀四年、渤海の日本通交開始とその事情―第一回渤海国書の検討―」（前掲註（5）著書、初出は一九七五年）で上申文書と理解しているが、表との比較はなされていない。また、堀敏一「渤海・日本間の国書をめぐって」（前掲註（82）論文）では、渤海啓を個人間の起居を問う書信文とみている。なお、田村圓澄「新城・存問使・表文」（『古代東アジアの国家と仏教』吉川弘文館、二〇〇二年、初出は一九九一年）では、啓が同じ地位にある者が相互に取りかわす書簡であるとして、渤海が当初から日本と対等の関係であったことを指摘するが、啓が同じ地位にある者同士の書簡とする根拠は示されていない。

(94)『続日本紀』神亀五年正月甲寅（十七日）条。なお、新日本古典文学大系『続日本紀』の当該条脚注では「啓」を「中国王朝の冊封体制下にある国の王と王が交す、外交上の文書の様式」とするが、堀敏一「渤海・日本間の国書をめぐって」（前掲註（82）論文）では、啓は国際文書に用いるべきものではないとして、この脚注の解釈を否定している。

(95) 石井正敏「第一回渤海国書の解釈をめぐって」（前掲註（5）著書、初出は一九九九年）では、新日本古典文学大系本が、底本とする蓬左文庫本の原文にもとづき「結授」とし、「よしみを結ぶこと」と解釈している点について、『春秋左氏伝』巻八、文公元年条の例「要結外援」や『契丹国志』巻一、天賛六年（九二七）の例「陰与新羅諸国結援」から、「結援」という校訂を採用すべきであるとしている。そして、「古典にみえる列国間の基本的な外交」と解釈している。

(96) 石井正敏「神亀四年、渤海の日本通交開始とその事情―第一回渤海国書の検討―」（前掲註（93）論文）。

(97)『日本書紀』推古十六年八月壬子（十二日）条。

(98)『善隣国宝記』元永元年条。

(99) 前掲註（47）参照。

(100)『続日本紀』神亀五年四月壬午（十六日）条。

(101)『続日本紀』神亀四年十二月丙申（二十九日）条。

(102) 石母田正「国家成立史における国際的契機」（前掲註（64）論文）では、第一回渤海国書にみえる「結援」を、武力による援助要請であるとし、そのことが返書に触れられていないのは、事が重大であったためとするが、石井正敏「第一回渤海国書の解釈をめぐって」（前掲註（95）論文）では、註（95）で触れたように、石母田氏が「援助要請」と解している「結援」部分を、「古典に記されているような友好・盟友関係」「外交の基本方針」と一般的に解釈している。

(103)『続日本紀』神亀四年九月庚寅（二十一日）条、十二月丁亥（二十日）条、丙申（二十九日）条、天平十二年正月戊子朔条、正月甲午（七日）条、十月戊午（五日）条。

(104)『旧唐書』巻一九九下渤海伝。

(105) 金子修一「日本から渤海に与えた国書に関する覚書」（佐藤信編『日本と渤海の古代史』山川出版社、二〇〇三年）。なお、馬一虹「渤海と唐の関係」(『アジア遊学』六、一九九九年)では、渤海王大欽茂が、新羅王が自分の郡王号よりも高いことを不満として自称したとしている。
(106) 『続日本紀』天平十一年十二月戊辰(十日)条。
(107) 石井正敏「日本・渤海交渉と渤海高句麗継承国意識」(前掲註(5)著書、初出は一九七五年)。
(108) 『続日本紀』天平勝宝五年六月丁丑(八日)条。
(109) 石井正敏「日本・渤海交渉と渤海高句麗継承国意識」(前掲註(107)論文)。
(110) 『続日本紀』天平七年四月辛亥(二十六日)条。
(111) 石見清裕「外国使節の皇帝謁見儀式復元」(前掲註(18)論文)。
(112) 『続日本紀』天平勝宝四年六月壬辰(三日)条。
(113) 『続日本紀』天平宝字三年正月庚午(三日)条。
(114) 前掲註(6)参照。
(115) 『続日本紀』天平宝字三年二月戊辰朔条。
(116) 『続日本紀』天平宝字二年十二月戊申(十日)条。
(117) 酒寄雅志「八世紀における日本の外交と東アジアの情勢―渤海との関係を中心として―」(前掲註(90)論文)。
(118) 『続日本紀』天平宝字三年十月辛亥(十八日)条。なお、この中台省牒が日本に送られた最初の中台省牒である。
(119) 『続日本紀』天平宝字六年十月丙午朔条。
(120) 石井正敏「初期日本・渤海交渉における一問題―新羅征討計画と渤海―」(前掲註(5)著書、初出は一九七四年)。
(121) 『続日本紀』宝亀三年正月丁酉(十六日)条。
(122) 『続日本紀』宝亀三年正月丙午(二十五日)条、二月癸丑(二日)条。
(123) 『続日本紀』宝亀三年二月己卯(二十八日)条。
(124) 石井正敏「古代東アジアの外交と文書―日本と新羅・渤海の例を中心に―」(前掲註(84)論文)。

(125)『続日本紀』宝亀四年六月戊辰（二十四日）条。
(126)『続日本紀』宝亀八年正月癸酉（二十日）条。
(127)『続日本紀』宝亀八年二月壬寅（二十日）条。
(128)『続日本紀』宝亀八年五月癸酉（二十三日）条。
(129)『続日本紀』宝亀十年正月丙午（五日）条。
(130)『続日本紀』宝亀十年二月癸酉（二日）条。
(131)石井正敏「大宰府の外交機能と外交文書」（前掲註（5）著書、初出は一九七〇年）。
(132)『続日本紀』宝亀十年十一月乙亥（九日）条。
(133)『続日本紀』延暦五年九月甲辰（十八日）条。
(134)『続日本紀』延暦六年二月甲戌（十九日）条。この時の渤海使の入京記事がみえないことから、石井正敏「渤海遣日本使一覧表」（前掲註（5）著書）、上田雄『渤海使の研究』（明石書店、二〇〇二年）などでは、渤海使が入京していないとみている。
(135)『類聚国史』巻一九三　延暦十四年十一月丙申（三日）条。
(136)『類聚国史』巻一九三　延暦十五年四月戊子（二十七日）条。
(137)『類聚国史』巻一九三　延暦十五年五月丁未（十七日）条。
(138)濱田耕策『渤海国興亡史』（吉川弘文館、二〇〇〇年）。
(139)『日本後紀』延暦十五年十月己未（二日）条。
(140)「不依」の部分は、『類聚国史』では「不信」となっている。「不信」とすれば、渤海がより強い立場で書いていると読み取れる。
(141)『日本後紀』延暦十五年十月壬申（十五日）条。
(142)石井正敏「光仁・桓武朝の日本と渤海」（前掲註（72）論文）。
(143)石井正敏「光仁・桓武朝の日本と渤海」（前掲註（72）論文）。

(144) 『日本後紀』延暦十五年十月壬申(十五日)条。

(145) 西嶋定生「東アジア世界と冊封体制—六—八世紀の東アジア—」(前掲註(30)論文)でも、六四四年に唐で出された「討高麗詔」が、藩国の秩序維持が国内の秩序保持に直結するという考え方にもとづいていることを示し、この考え方が冊封体制のもつ国内的意義を表明するものとして重要であると指摘している。

第二章　外交儀礼の確立と展開

九世紀の日本と渤海の外交は、八世紀の政治的、軍事的性格から交易に目的が移り、経済利益を追求する性格となったことが指摘されてきたが、政治的、制度的な考察は先行研究において今後の課題とされてきた(1)。わずかに、九世紀の日渤関係について制度的に考察した森公章氏が、弘仁期に「賓礼のための施設・官人の配置や儀式の際の服飾だけでなく、外交の先例の整理やシステムの整備」への努力が払われたことを指摘している(2)。

前章で、八世紀律令国家は、中国的な賓礼で新羅や渤海を待遇することに挫折し、しかし、一方的に渤海を朝貢国と扱う賓礼の実践は、日本国内に向けて、新たに即位した桓武天皇の徳を高める意味をもつことを考察した。本章ではその後の外交儀礼の変遷をみていきたい。

第一節　『延喜式』にみえる外国使節迎接使

一　太政官式と治部式

九世紀初頭の嵯峨朝は法典や儀式整備の画期となった時期であり、『弘仁格式』の編纂や『内裏式』などの儀式書の編纂が行われた。格式・儀式書ともに、その後九世紀後半から十世紀にかけての貞観、延喜年間にも整備され、これらは古代国家の制度的基盤となるのである。周知のように、律令と格の施行細則である式については、弘仁、貞観、延喜の三代式があるが、現存するのは、『弘仁式』の断簡（式部式と主悦式）と『延喜式』五〇巻のみである。平安時代の制度整備における外交儀礼の変遷をみていくために、以下で『延喜式』の関連条文に注目したい。

『延喜式』には、外国使節への入朝に際して派遣される迎接使について、太政官式と治部式に次のような規定がある。

【太政官式蕃客条】

凡蕃客入朝、任二存問使、掌客使、領帰郷客使各二一人、随使各一人、通事一人一（入京之時令三存問使兼二領客使一、）又預差二定郊労使、慰労使、労問使、賜衣服使各一人、宣命使、供食使各二一人（豊楽院各一人、朝集堂各一人、）賜勅書使、賜太政官牒使各二一人一。（史一人随二官牒使一到二客館一。）

【治部式蕃客条】

凡蕃客入朝者、差二領客使二一人、（掌二在路雑事一、）随使一人、（掌二記録及公文事一、）掌客二一人、（掌二在京雑事一有二史生二一人一、）共食二一人一、（掌下饗日各対二使者一飲宴上、自餘使見二太政官式一。）

両式の条文そのものを対象とした研究はあまり行われておらず、各式の成立やその意義、また両式の関係については明らかにされていない(3)。太政官は律令国家の国政運営の統括機関であることから、太政官式にはすべての所司に関する規定があり、他の所司式と共通する内容の式文も多い。外国使節入朝時の迎接に関するこの両式についても、従来このような式一般にみられる太政官式と所司式との関係にしたがって、太政官とその管下で外交に関わる職掌をもつ治部省という関係で捉えられてきたように思われる。それぞれの割書をみても両式が有機的に関連していることは間違いない。

そこで、両式の関係を考えるため、各条文にみえる外国使節迎接使について、その成立や職掌を個別に検討していきたい。

二　治部式蕃客条の検討

最初に、治部式蕃客条に規定された迎接使について職掌と成立を検討し、式文の特徴を考察したい。本条にみえる迎接使には、領客使、随使、掌客、共食がある。

（一）　領客使

割書に「在路雑事」を担当することがみえるが、詳細は『延喜玄蕃式』に次のようにある。

【諸蕃使人条】
凡諸蕃使人、将二国信物一応二入京一者、待二領客使到一。其所レ須駄夫者、領客使委二路次国郡一、量二献物多少及客随身衣物一、准給二逓送一。仍令下国別国司一人部二領人夫一防中援過境上。其在レ路不レ得二与レ客交雑一、亦不レ得レ令二客与レ人言語一。所レ経国郡官人、若無レ事亦不レ須二与レ客相見一。停宿之処、勿レ聴二客浪出入一。自餘雑物不レ須二入京一者、便留二当処庫一、還日出与。其往還在路、所レ須駄夫等、不レ得レ令レ致二非理労苦一。

【蕃客往還条】
凡蕃客往還、若有二水陸二路一者、領客使与二国郡一相知、逐レ便預定二一路一。明注二所レ須船駄人夫等数、及客到時日一、逓牒二前所一。応レ須二供客一之物、令二預備擬一、不レ得三臨時改易及有二停擁一。如有二事故一、必須二停滞及改張一者、速告二前所一勿レ致二費損一。

これらによれば、領客使は蕃客の入京の際に、路次の国郡を指揮して外国使節の逓送を監督していたことがわかる。

傍線部の「其在レ路不レ得二与レ客交雑一……」は唐『主客式』とほぼ同文であり(4)、外国使節を一般人と交えることなく無事に入京させることに主眼がおかれていた。[5]【蕃客往還条】では、「往還」について規定されていることから、領客使が入京路と帰路の両方を担当したことがわかる。また、『関市令』蕃客条に、

凡蕃客初入レ関日、所レ有一物以上、関司共二当客官人一、具録申二所司一。入二一関一以後、更不レ須レ検。若無レ関処、初経国司亦准レ此。

とあり、傍線部について義解では「当客官人者領客使也、所司者治部省也」としていることから、義解が成立した天長十年（八三三）には、領客使が外国使節の所持品を記録して治部省に上申することになっていたことがわかる。

「領客」の語が史料に現れるのは『日本書紀』敏達元年（五七二）六月条で、来日した高句麗大使が、滞在先の山背相楽館で副使と争い殺害された事件の調査に「領客東漢坂上直子麻呂等」が派遣されている。その後、「領客」は史料に現れず、二〇〇年以上経った宝亀十年（七七九）になって「領唐客使」が、前年肥前に帰着した遣唐使に便乗して来日した唐客の入京儀礼について提言している次の記事がみえる。[6]

領唐客使等奏言、「唐使之行、左右建レ旗、亦有レ帯レ仗。行官立二旗前後一。臣等稽二之古例一、未レ見二斯儀一。禁不之旨、伏請二処分一」者。唯聴レ帯レ仗、勿レ令レ建レ旗。又奏曰、「往時、遣唐使粟田朝臣真人等発レ従二楚州一、到二長楽駅一、五品舎人宣レ勅労問、此時、未レ見二拝謝之礼一。又新羅朝貢使王子泰廉入京之日、官使宣命、賜以二迎馬一、客徒斂レ轡、馬上答謝。但渤海国使、皆悉下馬、再拝舞踏。今領二唐客一、准拠二何例一」者。進退之礼、行列之次、具載二別式一。令レ下二使所一、宜下拠二此式一、勿中以違失上。

前例のない唐客の入京に、領客使は、旗を立てるのか、仗を帯びるのか、新羅の例に准じるのか、渤海の例に准じるのかなど入京儀礼についての処分を請うている。

これらの史料から、領客使の任務が、入京儀礼を含む路次逓送の監督であり、宝亀十年までに、このような領客使

による路次逓送の体制が整備されていたと考えられる。

九世紀には、渤海使の来着地（または安置国）に派遣され、京郊外での郊労ののち、京内鴻臚館まで客を引率する領客使の事例がみえるため、[7] 領客使は来着した使節を京内の客館に送り届けるまでを任務としていたと考えられる。

なお、新羅には外交・貿易を扱う官庁として「領客府」がある。『三国史記』巻第三八職官志には、領客府はもと「倭典」といったが、真平王四十三年（六二一、推古二十九年）に「領客典」に改めたことがみえる。倭典は倭との外交交渉の専職とみられ、[8] また、律令国家形成期に新羅の制度が日本に影響を与えたことは知られているが、[9] 新羅の領客府や領客典と、本条の領客使との関係は不明である。

（二）　随使

実例は確認できないが、割書から「記録及び公文」を担当していることが知られるため、書記官として領客使に付随して外国使節の来着地に派遣され、使節と領客使との対応を記録し、それにもとづいて公文書を作成したものと考えられる。

（三）　掌客

割書に「在京雑事」を担当することがみえる。『日本書紀』欽明二十二年（五六一）是歳条にみえる新羅使入京時に、「掌客額田部連、葛城直等、使列二于百済之下一而引導」とあるのが初見で、さらに、推古十六年（六〇八）の隋使入京時にも、

是日、以二飾船卅艘一、迎二客等于江口一、安二置新館一。於レ是、以二中臣宮地連烏摩呂、大河内直糠手、船史王平一為二

掌客一。

とあり(10)、いずれも外国使節の引率を行っているため、使節在京中の引率を担当したと考えられる。

中国では官名としての掌客が周代から存在し、唐代の掌客は鴻臚寺典客署に属し「蕃客を送迎し、館舎を顓莅《せんり》（管理）」(11)することを職掌としていた。『大唐開元礼』（以下『開元礼』）巻八〇賓礼「皇帝宴二蕃国主一」にも、

所司迎二引蕃主一至二承天門外一。通事舎人引レ之次、（凡蕃客出入、升降、皆掌客監引。）

とみえ、唐の掌客の職掌に宮中における蕃客の引率が含まれている。本条にみえる掌客も同様の職掌を有したと考えられる。

八世紀以降の掌客の実例については、わずかに『類聚符宣抄』第六文譜に、

応レ検二収使司所レ進文記一事

右被二右大臣宣一稱、凡厥文記本備二遵行一。若有二失錯一何足二准拠一。而今掌客文記錯誤者多、此是、外記不レ加二検察一所レ致也。自レ今以後、諸使文記、宜二細被検而後収置一。即彼収帳録二検人名一、若有二失錯一随レ事科附。

弘仁六年正月廿三日　大外記豊宗宿禰広人奉

とあり、「掌客の文記」がみえる。この弘仁六年（八一五）正月二十三日という日付は、弘仁五年に来日した渤海使が帰国に際して日本からの国書を賜った日付である正月二十二日の翌日であるため、渤海使迎接に関する「掌客の文記」であると考えられる。また、この文記の作成者は、治部式蕃客条の割書に「史生二人あり」とみえる史生であり、治部省の史生のことであろう。史生が書記官として掌客に付き従い、外国使節との対応を記録し、それをもとに作成された文記は、次回以降の外国使節来朝時の対応に参考にされたと思われる(12)。なお、太政官式蕃客条にみえる「掌客使」との関係については後述する。

（四）共食

『日本書紀』には「共食者」という記述が次の二箇所にみえる。まず、雄略十四年四月朔条では、

天皇即命二根使主一、為二共食者一、遂於二石上高祓原一、饗二呉人一。

とあり、王の命で共食者が派遣され、呉の使者を饗した記事がみえる。次に、推古十八年（六一〇）十月乙巳（十七日）条にも、

饗二使人等於朝一。以二河内漢直贄一為二新羅共食者一、錦織首久僧為二任那共食者一。

とあり、新羅使・任那使を饗している。

このような令制以前の「共食者」については、岩崎本『日本書紀』にみえる古訓に「アヒタケヒト」「イヒタケヒト」などがあり[13]、文字通り客との共同飲食を意味する[14]。また、共食者による饗の記事には、倭王の出御が確認できないことから、令制以前の共食者の役割は、王の命により倭王権を代表して外国使節と共同飲食することであったと考えられている[15]。それが、七世紀後半になると、天皇が外国使節の前に姿を現し、饗宴の場所も宮中（朝堂）に定着するようになる。榎村寛之氏によれば、七世紀後半の饗は「『王化』を及ぼす異国人への、服属確認儀礼として重視され、主催者は、外交の主権者である天皇」であるという[16]。令制以前と比較すると、天皇が出御するようになったことで王代としての共食者は派遣されなくなり、天皇自身が外国使節と共食を行うことになる。治部式蕃客条にみられる共食は、この饗宴（＝共食）の場を設営するとともに、そこに参加して外国使節を接待する役であったと考えられる。

なお、治部式蕃客条にみえる共食は二人であり、割書の「饗日各使者に対して飲宴を掌る」にみえる「各」の意味は、二人の共食が一人ずつ外国使節に対して派遣され、個別に接待をすると解釈できる。前述の推古十八年の記事でも、新羅使には新羅共食者が、任那使には任那共食者が派遣されており、令制以前から外国使節に対して個別に接待が行

表6　在路・在京における迎接体制

（　）は定員

		治部式蕃客条	太政官式蕃客条		唐の儀礼	日本の儀式
在路	来着地	領客使(2)＋随使(1)	存問使(2)＋随使(1)		『冊府元亀』巻170 天平の遣唐使の来着地へ慰問のため「通事舎人」派遣 『開元礼』賓礼「蕃主奉見」「皇帝受蕃使表及幣」「皇帝宴蕃国主」「皇帝宴蕃国使」に「通事舎人」	『内裏式』正月七日会式に「通事」
	入京路次		通事(1)※			
	京境		郊労使(1)		『開元礼』賓礼「蕃主来朝遣使迎労」に「労使」 延暦の遣唐使の帰朝報告に「内使」	
在京	鴻臚館	掌客(2)＋史生(1)	掌客使(2)＋随使(1)		『開元礼』賓礼「皇帝宴蕃国主」に「掌客」	『儀式』正月七日儀に「掌客使」
				慰労使(1)	『開元礼』賓礼「皇帝遣使戒蕃主見日」に謁見日を伝達する使者 大宝の遣唐使の帰朝報告に「五品舎人」による「宣勅労問」	
				労問使(1)		
				賜衣服使(1)	『開元礼』賓礼「蕃主来朝遣使迎労」に束幣を賜る使	
	宮中(謁見)					
	(宴会)	共食(2)		宣命使(2)	『開元礼』賓礼「皇帝宴蕃国主」「皇帝宴蕃国使」があるが、該当の使者はみえず。	『内裏式』正月七日会式 『儀式』正月七日儀に「供食勅使」、宣命の勅使
				供食使(2)		
	鴻臚館			賜勅書使(2)	『開元礼』嘉礼「皇帝遣使詣蕃宣労」に相当か	
				賜太政官牒使(2)＋史(1)		
在路	帰路	領客使(2)＋随使(1)	領帰郷客使(2)＋随使(1)			

※　通事は来着から出航まで関わるが、便宜的に来着地の項に記入した。

なわれていたとみられる。

以上、治部式蕃客条にみえる迎接使を個別に検討してきたが、次に本条の全体をみていきたい。

本条は、外国使節入朝に際して差し遣わされる迎接使が列挙され、それぞれの職掌が割書で規定されている。割書から各迎接使の職掌を確認すると、領客使は「在路雑事」を、随使は「記録及公文事」を、掌客は「在京雑事」を、共食は「饗日各対二使者一飲宴」を掌ることになっている。すなわち、使節入京に際しては、領客使と随使（書記官として随伴）が来着地から京内客館までの入京路次を、掌客が外国使節の在京中の雑事を、共食が宮中の饗宴での接待を担当すると解釈できる。このような迎接使の空間ごとの分掌を一覧したのが表6の「治部式蕃客条」の項目である。この表からは、在路（領客使、随使）―在京（掌客）―宮中（共食）という空間による分掌が確認できるが、これは、治部省の被官である玄蕃寮の頭の職掌として『職員令』に規定された「蕃客送迎、辞見、讌饗」とほぼ一致しており、送迎＝在路＝領客使、辞見＝在京＝掌客、讌饗＝宮中＝共食という対応関係がみてとれる。したがって、本条は令に規定された玄蕃寮の外交実務を細則として規定したものと考えられる。

三　太政官式蕃客条の検討

次に、太政官式蕃客条の迎接使について個別に検討を行いたい。本条に規定された迎接使をよくみると、

A　存問使、掌客使、領帰郷客使、随使、通事を任じ、

B　郊労使、慰労使、労問使、賜衣服使、宣命使、供食使、賜勅書使、賜太政官牒使を預め差し定める

という内容となっている。Aグループの迎接使を任じ、Bグループの迎接使を差定せよ、という構造なのである。しかし、条文には迎接使の名称のみでそれぞれの任務については記されていない。そこで、各迎接使の任務、成立など

をみていきたい。まず、Aグループの迎接使からみてみよう。

（二）　存問使

「存問」の語には「慰める」という意味があり、諸橋轍次『大漢和辞典』をみると、中国での用例の多くが鰥寡孤独への慰問を表している。日本古代の用例では、百姓への存問記事もあるが、[17]『軍防令』節刀条には、将軍出征後の家に内舎人を派遣して存問が行われる規定があり、また、『職員令』中務卿の職掌にみえる「労問」について令釈に、「問存問也、問二安不之状一、以慰二臣下一之意、是則人君之所二以重一レ臣也」とあり、いずれも慰問の使者である。このため、太政官式蕃客条に規定された存問使も、外交使節を慰問するために中央から来着地に派遣された使者であると考えられる。

外国使節への存問使派遣の初例は、神亀四年（七二七）の第一回渤海使に対する「遣レ使存問」記事で、[18]その後は、弘仁六年（八一五）の渤海使来日時に詠まれた漢詩文に「奉レ使存二問渤海客一」とみえる。[19]また、「存問使」の語としては、弘仁十四年（八二三）に加賀国が「雪深」のため「存問渤海客使」を停止し、加賀国司が代わりに存問にあたった記事が最初である。[20]

承和八年（八四一）以降は、渤海使が来着すると存問使が派遣され、渤海使のもたらした王啓や中台省牒を写し取り奏上している。国書の内容や書式について「勘問」または「詰問」することもある。[21]このことから、承和八年以降の存問使には、慰問のほかに渤海国書の内容を点検し、奏上するという任務があったことがわかる。使者の身分や来日目的も国書の点検のなかで判明するものと思われる。この存問使の任務の変遷については後述する。

なお、存問使の派遣が確認できるのは渤海使のみである。新羅使には「問入朝由使」や「検校使」などが派遣されており、[22]「検校使」は渤海使にも派遣されたことがみえる。[23] 河内春人氏は「問入朝由使」と「検校使」の派遣主体が太政官であるため、天皇が派遣主体である存問使とは区別するべきであるとする。[24] 本書ではこれらの差異についての検討は今後の課題とし、存問使と「問入朝由使」や「検校使」とを区別して考えることとする。

ところで、大宝の遣唐使粟田真人の帰朝報告には、

初至レ唐時、有レ人、来問曰、「何処使人。」答曰、「日本国使。」我使反問曰、「此是何州界。」答曰、「是大周楚州塩城県界也。」

とみえ、[25] 来着した遣唐使に対してどこから来たのかという質問する人の存在が記されている。ただし、森公章氏は、この遣唐使に質問をした人物が問答の後、「語畢りて去る」と記されているため、「中国の官人による査問ではなかったようである」としている。[26] このほか、唐では朝貢使が来着すると、来着地の州県により、使者の人数を記した「辺牒」を作ることや持参品・献上品の記録が行われることが石見清裕氏や古瀬奈津子氏により指摘されている。[27] 石見氏はさらに、天平の遣唐使多治比広成の入朝を示す七三三年八月の『冊府元亀』の次の記事をもとに、[28] 慰労使の辺州への派遣を指摘する。

日本国朝賀使真人広成、与二傔従五百九十人一舟行、遇二風飄一至二蘇州一。刺史銭惟正、以聞。詔二通事舎人韋景先一、往二蘇州一宣二慰労一焉。

ここでは、通事舎人が遣わされているため、中央からの使者とみられる。日本の存問使に類似する慰問の使者がいたことがわかる。

（二）　掌客使

「掌客使」の初見は貞観十四年（八七二）の渤海使入京時である。このときの掌客使は、

・大使楊成規従二掌客使一、請下私以二壌奠一、将レ奉レ献中天皇及皇太子上。掌客使奏レ状、有レ詔許レ之。内裏東宮賚物有レ数。[29]

・臨レ別掌客使都良香相遮二館門一、挙レ觴而進。[30]

とあるように、渤海使の齎した貢物を天皇に奉献する仲介役や、渤海使の帰国に際して鴻臚館門までの見送りなどを行っている。

同じ貞観十四年に編纂されたとされる『儀式』巻七の正月七日儀にも、

治部・玄蕃降レ堂列立、賜レ禄畢、引二客徒一退出、（中略）左右衛士各二人、秉レ燭迎二儀鸞門一送二朱雀門外一、掌客使并左右京職相共送二鴻臚館一。

とあり、白馬節会の際に参加している蕃客を、掌客使と左右京職が鴻臚館まで送ることが規定されている。ただし、渤海使が正月行事に参加していたのは弘仁十三年（八二二）までであり、[31]貞観十四年にはすでに正月に入京しなくなっているため、『儀式』にみえるような白馬節会への参加は実際にはなかったのである。そこで、弘仁十二年編纂の『内裏式』正月七日会式をみると、掌客使の名称はみられない。このことから、『内裏式』編纂時には掌客使が成立していなかったが、『儀式』編纂時には掌客使が渤海使の迎接使として存在していたために、もし渤海使が白馬節会に参加したら掌客使が応対するであろうと仮定して補足したものと思われる。

貞観十四年の掌客使には渤海使接待のため改名した都良香がおり、また元慶六年（八八二）の掌客使には紀長谷雄がいる。ともに当代一流の文人であり、渤海使と漢詩を詠み交わしている。[32]これらのことから、掌客使の職掌は、渤海使を引率し、宮中の儀式や宴会に参加することであり、さらに漢詩文で交流することも期待されていたと考えられる。

なお、十世紀になると、正月や大臣任官時に大臣の邸宅に太政官の官人が招かれる大臣大饗が行われるが、その際に大臣家から主賓となる「尊者」を迎えに派遣される使が掌客使（請客使、賓客使とも）と呼ばれたが、これも客の引率という本条の掌客使の性格から派生したと考えることができる。[33]

（三）　領帰郷客使

「領帰郷客使」という名前より、渤海使の帰国に際して出航地まで送るという任務が想定される。巻末付表3のように、弘仁元年（八一〇）までは渡航して渤海まで送る送渤海使や遣渤海使が存在した。このため、これら送使が派遣されなくなった後に成立したと考えられる。

領帰郷客使の史料上の初見は貞観十四年であるが、[34]承和八年（八四一）の渤海使来朝時には、入京時に派遣される領客使と帰国時に派遣される領客使が、史料上は同じ「領客使」と記載されていても、任命される人物が異なっている。[35]このことから、帰国時の領客使がのちに「領帰郷客使」として区別される使者であると考えることができる。「領帰郷客使」の名称はみえないが、その成立を、承和八年に遡ることができるのではないだろうか。なお、森公章氏は天長元年（八二四）の一紀一貢の年期制定に伴い日本から遣渤海使を派遣する必要がなくなったことが領帰郷客使成立の背景であるとする。[36]

（四）　随使

史料から実例は確認できない。他の迎接使に随行したと考えられるが、どの迎接使に随行したかが問題となる。

条文の「随使各一人」の「各」字は、もととなる写本にある字にもかかわらず『延喜式』の諸校訂本で治部式蕃客条を根拠に衍字とするが、[37] この解釈は、治部式の迎接使と本条の迎接使を同一に捉え、随使についても本条の随使が治部式の随使と同一のものという理解に依っている。しかし、両条の関係が明らかにされていないにもかかわらず、治部式を根拠に本条の随使の「各」字を衍字とすべきではない。本条の随使は、存問使、掌客使、領帰郷客使に一人ずつ随伴し、領客使のみに付随する治部式の随使とは別の迎接使だと考えるべきであろう。

(五) 通事

通訳としての通事派遣記事は『日本書紀』推古十五年が最初であるが、[38]『延喜玄蕃式』新羅客入朝条には、新羅使を難波で迎える「通事」がみえ、そのほかの史料には「訳語」と称される通訳の存在も散見される。渤海使に対しては天安三年（八五九）に領客使とともに「大初位下春日朝臣宅成」が「渤海通事」として来着地に派遣されているのが初見である。[39]

また、『内裏式』正月七日会式には、蕃客参加の白馬節会の際に、宣命を蕃客に伝える通事について、次のように記されている。

承レ勅者自二左近仗東頭一、稍南進。更西折十許丈、南折進当二勅使位一。西折即就レ位。喚二通事一二度。若以二五位一為二通事一、喚レ名。以二六位一為二通事一、称レ訳。通事称唯、就二承レ宣位一。時宣制曰、「天皇我詔旨止良万勅御命乎、渤海客人衆聞食止宣不、国乃王差二某等一進度志、天皇我朝廷乎拝奉留事乎、矜賜比慈賜比冠位上賜比治賜久止勅天皇我大命乎、聞食」止宣。通事称唯、就二承伝位一曰、「有レ勅。」客等称唯再拝。訖通事伝二勅旨一。客等称唯拝舞。通事復二本位一。承レ勅者還二本処一。

酒寄雅志氏は、この正月七日会式にみえる通事について、

・通事は儀式の正客ではなく後見的存在

・位階は正六位どまり
・複数でなく一人
・宣命の内容を通訳する

という特徴があることを指摘している[40]。さらに、渤海には渤海独自の言語があったが[41]、王啓や中台省牒が漢文であることから、渤海通事が用いる言語は漢語であるとも指摘している[42]。たしかに、渤海通事には、春日宅成や伊勢興房など、入唐経験がある人物が何度も任命されており[43]、唐の言葉が渤海でも通用したことがわかる。

これらのことから、通事の任務は、渤海使が来日してから帰国するまでのすべての期間に及ぶとみられる。

以上、Aグループの迎接使の個別検討より、Aグループの迎接使は在路・在京のそれぞれの場で外国使節の引率に関する職掌を担っていることが明らかとなった。

次にBグループの迎接使についてみていこう。

(十八)　郊労使

初見は承和九年の、

　渤海客徒賀福延等発レ自二河陽一、入二于京師一。遣二式部少輔従五位下藤原朝臣諸成一為二郊労使一。是夕、於二鴻臚館一安置供給。

という記事であり、河陽（山崎）から入京する渤海使を郊労するために派遣されている[44]。また、貞観十三年や元慶六年に来朝した渤海使の入京時には山科での郊労記事がみえる[45]。山崎や山科は平安京の郊外であり、承和八年の渤海使は長門に来着しているため、入京ルートは瀬戸内海から難波津経由と考えられ、京境は山崎となる。貞観十三年、元

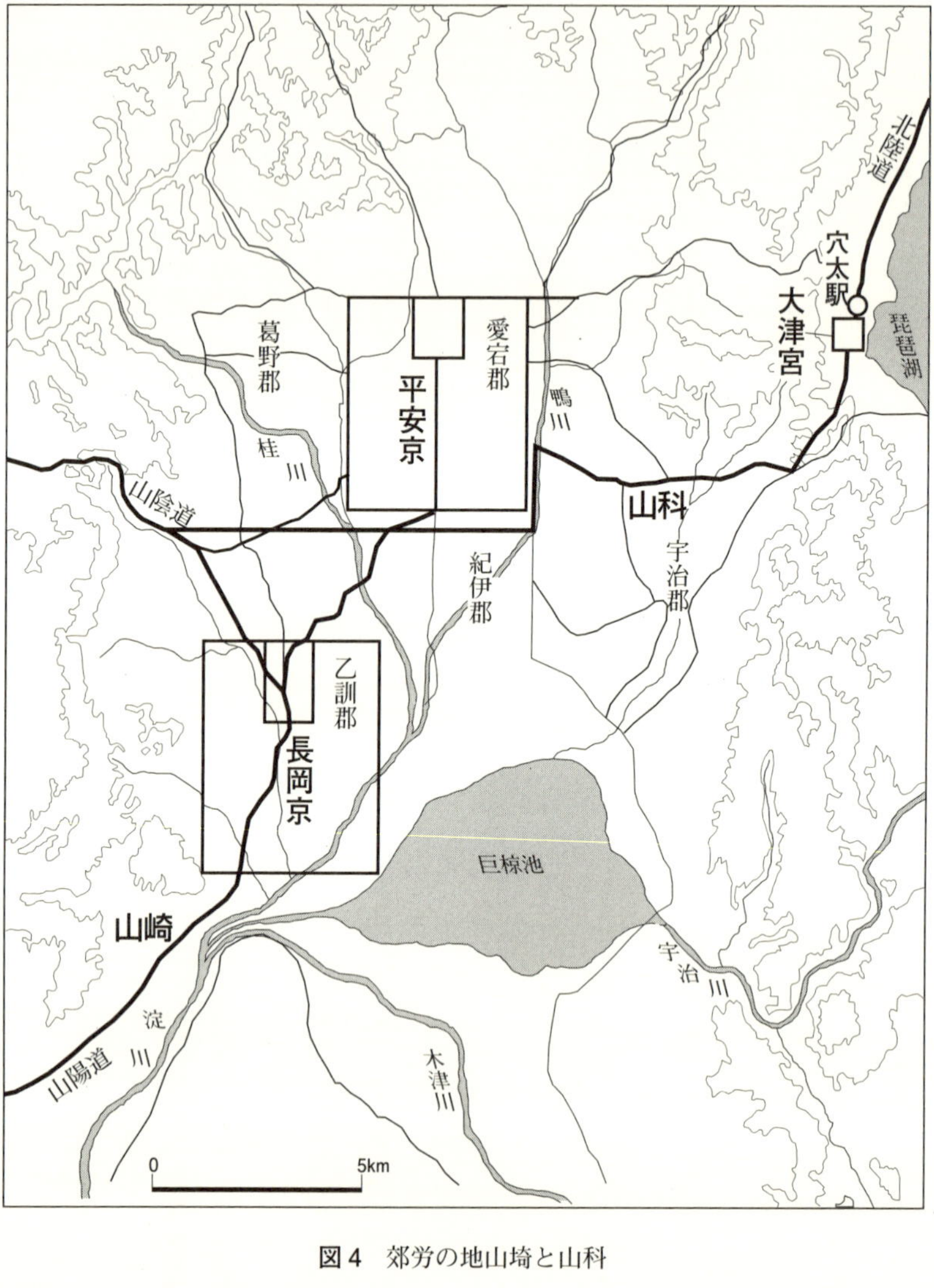

図４　郊労の地山埼と山科

慶六年はともに加賀からの入京であるため、京境は山科となる（図4）。

　このような郊労の場所について、『延喜大蔵式』蕃客来朝条には、

　凡蕃客来朝者、官人史生各一人、率蔵部等、向郊労処、供設幄幔。

とあり、官人、史生、蔵部らが「郊労処」を設置することが規定されていた。この「官人」が郊労使のことであろう。郊労のあとは、渤海使とその引率の領客使とともに鴻臚館に使者を送り届けている。このように、渤海使を京境に迎え、領客使とともに鴻臚館へ安置することが郊労使の任務とみられる。ただし、郊労処でどのような儀式が行われたかについては明らかではない。八世紀の唐使や新羅使の入京時には騎兵を率いた将軍が平城京の郊外に派遣されていたが[46]、渤海使については、そのような記述はみえないのである。

　ところで、唐代における郊労については、『開元礼』賓礼に「蕃主来朝以束帛迎労」儀で客館に蕃主を出迎える儀式が規定されている。その一部分をみてみよう。

　蕃主有司出門東、西面曰、「敢請事」。a使者曰「奉制労某主称其国名」。有司入告、蕃主迎於館門外之東、西面再拝。使者与蕃主倶入。（中略）使者執幣称「有制」。蕃主将下拝。使者曰「有後制、無下拝」。蕃主旋北面、再拝稽首。使者宣制訖、蕃主進受幣。綵五匹為一束、b其蕃主答労使、各以土物。其多少相準、不得過労幣、労於遠郊其礼同。蕃主還遺贈於遠郊亦如之、労蕃使即無束帛。

この儀式は、客館に蕃主を迎えた唐皇帝の使者が、蕃主に束幣を賜い、次に蕃主が土産を献上し、それに対する唐皇帝の労いの言葉がかけられる儀式である[47]。この儀のなかに「郊労使」の語はみえないが、傍線部aにみえる使者は、蕃主に束幣を贈っており、割書からはこの幣が綵五匹を一束にしたものであることがわかる。この使者を割書の傍線部bでは「労使」と称しており、この使者が郊労使に相当するものと思われる。

　また、延暦期の遣唐使の帰朝報告には次のようにある[48]。

十二月廿一日到二上都長楽駅一宿。廿三日内使趙忠、将二飛龍家細馬廿三匹一迎来、兼持二酒脯一宣慰。駕即入二京城一、於二外宅一安置供給。特有二監使高品劉昴一、勾二当使院一。

ここでは、「内使」が馬を率いて京城外の「長楽駅」で遣唐使を「酒脯」を以て迎えており、この「内使」が郊労使に相当するとみられる。古瀬奈津子氏はこの長楽駅における内使の迎接を『開元礼』賓礼の「蕃主来朝以二束帛一迎労」儀であるとしているが、(49)森公章氏が「蕃主来朝以二束帛一迎労」儀の遣唐使の実例は不明とするように、(50)長楽駅の記事と賓礼では同一の儀礼と判断することは難しい。結局、遣唐使の郊労儀の経験が日本の郊労儀の参考となったと考えられるが、それが賓礼のものであるかは不明である。

(七)　慰労使・労問使

慰労使の初見は承和九年で次のとおりである。(51)

太政官遣二右大史正六位上蕃良朝臣豊持於鴻臚館一、為二慰労一焉。是日、渤海使賀福延等上二中台省牒一。

また、その翌日の記事には、

遣二侍従正五位下藤原朝臣春津於鴻臚館一、宣勅曰、天皇詔旨良麻止宣久、「有司奏久、彼国王乃上啓外乃別状等事乎、存問使詰問尓、引レ過伏レ理奴。是故尓彼国使等遠波待尓、不レ可レ以二常礼一」止奏。然止毛守二年紀一氏、自レ遠参来留遠、念行氏奈毛。殊矜免賜布止宣。又詔久、「客伊自レ遠参来礼理。平安以不。又長門以来路間波、如何為都々加参来志、宜相見日尓至万弓波、此尓侍天休息」止宣布。

とあり、(52)前日の慰労使である蕃良豊持とは別の使者（藤原春津）が宣勅のため鴻臚館に派遣されている。この史料には「労問」の語がみえず、春津を労問使と断定することはできない。

「労問」の語がみえる使者の派遣は、次に挙げる貞観十四年が最初である。(53)

勅遣二正五位下行右馬頭在原朝臣業平一、向二鴻臚館一、労二問渤海客一、検二領楊成規等所レ齎渤海国王啓及信物一。

ここで在原業平は渤海使のもたらした王啓と信物を検領しているが、承和九年の藤原春津のような宣勅は確認できず、労問使の任務は明らかではない。「慰労」も「労問」もともに「なぐさめねぎらう」の意味であり、ともに入京した渤海使に対して派遣されている。前述の承和九年に派遣された藤原春津の宣勅の内容は、入京までの道のりが無事であったかどうか、また、謁見日まで休息するようにというものであり、同様の内容の詔は、後述する嘉祥二年（八四九）の慰労使も伝達しているため、(54)慰労使や労問使が渤海使をねぎらうための使者であることがわかるものの、両者の職掌の差異は明らかではない。

田島公氏は、両者の派遣主体が太政官（＝慰労使）と天皇（＝労問使）に区別されることを指摘し、天皇の外交権が九世紀以降太政官へ吸収されていく過程を考察している。(55)田島氏は、慰労使が国書に準じる渤海国中台省牒の受納を行うことや、慰労使となる官人が右大史の本官を帯しているため太政官との関連が強いこと、一方で労問使が宣勅、宣命など天皇による慰労の詔勅を伝達し、派遣者の本官が侍従や近衛であることから天皇との関わりが強いとする。しかし、嘉祥二年の史料には、

遣二勅使左近衛少将従五位下良岑朝臣宗貞一慰労、安二置鴻臚一、宣命曰、天皇我詔旨良万止宣久、「有司奏久、『彼国乃王、一紀乎為レ期天、朝拝乃使進度須倍志。然乎此度乃使等違レ期天、参来礼利。如レ常尓波不レ遇之天、自レ境還遣天牟』止奏利。然礼止毛、遠渉二荒波一天、悪処尓漂著天、人毛物毛損傷礼、艱苦女利止聞食天、矜賜比免給布」止宣。又宣久、「熱時尓遠来弖、平安尓侍也。相見无日尓至万弖波、此尓侍天休息」止宣。

とあり、(56)「慰労」の語がみえる使者が鴻臚館に派遣されているにもかかわらず、田島氏はこの使が宣命を伝えていること

とから労問使としている。さらに、承和九年の侍従藤原春津を鴻臚館に派遣するという前述の記事から、藤原春津を「労問」の語がないにもかかわらず侍従であることから労問使と解釈している。いずれも、自説の慰労使＝太政官、労問使＝天皇という図式を当てはめたものであるが、特に前者については、史料に「慰労」とあるのに労問使とすることに疑問が生じる。

労問使の初見は貞観十四年であるが、承和九年から別々の使者が鴻臚館に派遣されていたことから、Aグループ（三）領帰郷客使と同様、実態としての慰労使、労問使の成立は承和九年であり、貞観十四年以降に宣勅の使が労問使と称されるようになったと考えるべきではないだろうか。

ところで、治部式蕃客条の領客使の項で挙げた宝亀十年（七七九）の史料のなかで、大宝の遣唐使粟田真人らが長楽駅に入ったとき、「五品舎人」が「宣勅労問」した記事がみえ、中国でも遣唐使入京時に「宣勅労問」の使者が派遣されていたことがわかる。『開元礼』賓礼には、慰労使、労問使が出てくる儀礼はみられないが、類似するものに、皇帝の使者が客館にいる蕃主（蕃使）に謁見日を伝達する「遣レ使戒二蕃主見日一」儀がある。この儀における使者の派遣主体は皇帝であり、慰労使と労問使のように異なる使者の派遣はみられない。しかし、承和九年の藤原春津による宣勅にも、嘉祥二年の良岑宗貞による宣命にも、末尾に「相見える日に至るまでは、ここに侍ちて休息せよ」という内容が含まれていることから、日本の慰労使や労問使が謁見日の伝達をしていた可能性は十分に想定できるだろう。

（八）　賜衣服使

その名称から渤海使に衣服を賜う使者であることが想像できる。承和九年以降の史料には、入京した渤海使に「時服を賜う」ために鴻臚館に派遣される使者がみえる。[57] ここで支給されるのは実際の衣服ではなく、給与としての時服料であると考えられる。これは、天長元年（八二四）に雪のため入京できなかった渤海使に、滞在先の加賀国で「冬衣服料」を賜う記事があり[58]、「衣服」でなく「衣服料」と記されているため給与と思われること、また、元慶七年（八八三）と延喜二十年（九二〇）の渤海使に、入京前の加賀国や越前国で「冬時服」「渤海客時服」を賜う記事があり[59]、ここでは「時服」と表記されていることなどから判断して、時服料と推測されるためである。

一方で、渤海使に衣服そのものを賜った例もある。第一回渤海使が来着した神亀四年（七二七）には、「遣㆑使賜㆓高斉徳等衣服冠履㆒」とあり[60]、実際の衣服、冠、履を賜る使者が派遣された。入京後は、叙位の際に「当色の服」が与えられているが[61]、この「当色服」を平野卓治氏は、日本の天皇が授けた位階に応じた服、すなわち朝服とみている[62]。平野氏は、渤海使への叙位と朝服賜与が、日本独自の「礼」的秩序に、「諸蕃」を包摂する意義を有しており、衣服の授与はそれを可視的に表現したものと指摘している。九世紀においても、次項（九）でみるように、『内裏式』正月七日会式では、朝服を蕃客に賜う使者が規定されている。また、貞観十四年と元慶七年には、渤海使への叙位のあとに朝服が賜与されている[63]。

しかし、前述のとおり朝服賜与とは別に、賜衣服使により時服が与えられる記事があることから、賜衣服使の任務はあくまでも鴻臚館にいる渤海使に時服料を賜ることであり、儀式の場で日本の礼秩序に包摂する意味をもつ朝服を賜うことではないものと考えるべきであろう。

なお、『開元礼』賓礼には時服料を賜る儀礼はみられないが、（六）郊労使の項でみた賓礼の「蕃主来朝以㆓束帛㆒迎労」儀で、蕃主を迎える唐皇帝の使者が、蕃主に束幣（絲五匹）を賜っており、これを日本でいう時服料とみることはできないだろうか。ただし、この束幣は、蕃主ではなく、蕃使が来朝した際には授与されないことが規定されており、唐の賓礼と賜衣服使との関係は明らかではない。

（九）　宣命使・供食使

割書にあるように豊楽院と朝集堂に一組ずつ派遣された。平安京の豊楽院は延暦十八年（七九九）の渤海使来日時にはまだ竣工されておらず[64]、豊楽院と朝集堂の二箇所での饗宴が確認できる初例は、弘仁十三年（八二二）の渤海使来日時である[65]。また、渤海使来日時の供食使は、承和九年が初例であり[66]、「宣命使」の語は、承和九年にはみえないが、朝集堂で次のように宣勅したことが記されている[67]。このための使者が宣命使であろう。

天皇我御命良万止詔勅命乎客人伊聞食止宣久、国尓還退倍支日近久在尓依弖奈毛。国王尓禄賜比并弖福延等尓毛御手都物賜比饗賜波久止宣布。

なお、承和九年には豊楽殿に派遣されたことは確認できない。

次の嘉祥二年には、豊楽殿と朝堂においてそれぞれ次のような宣詔の記事がみえる[68]。

【豊楽殿】

天皇我詔旨良万止宣不勅命乎。使人等聞給倍与止宣久。国乃王差二王文矩等一進度之。天皇我朝庭乎拝奉留事乎矜賜比慈賜比弖奈毛。冠位上賜比治賜波久止宣布天皇我勅命乎聞食倍与止宣。

【朝堂】

天皇我詔旨良万止宣布勅命乎使等聞給与止宣波久。皇朝乎拝仕奉天、国尓還退倍支時近在尓依天奈毛。国王尓禄賜比、文矩等尓毛御手都物賜比饗賜波久止宣。

これら宣命の内容は、渤海王に禄を賜い、渤海使に「御手都物」を賜うものであり、形式的なものとみられる。中野高行氏は、蕃国の使節に対して行われる詔を「対蕃使詔」と呼び、その内容が九世紀の儀式整備以降、賓礼の場における天皇からの一方的な意思伝達の方法として位置づけられるようになり、内容が形骸化したことを指摘している[69]。

渤海使入京時の豊楽院と朝集堂での饗宴は、弘仁十三年以降、ケガレを理由に例外的に鴻臚館で行われた貞観十四年を除き、ほぼ毎回行われた。これらをみると豊楽院での饗宴の場では渤海使への叙位が行われ、朝集堂での場では賜禄が行われている。それぞれの場で宣命を読むために派遣されるのが宣命使で、饗宴全般を掌るのが供食使とみられる。

田島公氏は、饗宴の「饗」は朝集堂で、「宴」は豊楽院で行われた宴会について、それぞれ字が使い分けられていることを指摘するが(70)、承和九年には豊楽殿と朝集堂両方の宴会で「饗」字が使われており、饗と宴の差異については、検討の余地があろう。ただし、田島氏が指摘するように、豊楽院の宴には天皇が出御し、朝集堂のそれは天皇の出御はなく、太政官の議政官を中心に臣下が出席したようである。

蕃客への賜宴については、『弘仁式部式』賜二蕃国使宴一条および『延喜式部式』賜二蕃国使宴一条に記述がみえる。『弘仁式』よりも詳細な『延喜式部式』賜二蕃国使宴一条は、次のとおりである。

前一日輔丞録率二史生省掌等一、置二版位一并立レ標。当日参議以上就二延英堂一、省率二四位以下刀祢一、列二立堂前一。六位以下分在レ西。依レ召五位以上参入、録正二容止一。次六位以下参入、省掌正二容止一、各著レ座。次治部玄蕃引二客徒一参入。拝舞之後、輔丞録入レ自二儀鸞門一、立二治部西辺一。宣命後叙二客徒一。宴畢輔丞録唱レ名。大蔵省賜レ禄。事見二儀式一。

儀式が行われる「延英堂」や「儀鸞門」はいずれも豊楽院内の名称であることから、この儀式は豊楽院での宴会を規定したものと考えられる。宣命の後に、客らに叙位を行うことがみえるが、前述のように、史料によって確認できる九世紀における渤海使への豊楽院での宴会でも叙位が行われているため、この『延喜式部式』の規定は実態に即したものと考えてよいであろう。ただし、『延喜式部式』には「供食使」や「宣命使」の語は記されていない。割書には「事見二儀式一」とあるため、試みに『儀式』をみると、正月七日儀に「供食勅使」がみえる。同様に、弘仁十一年編纂の『内裏式』正月七日会式にも、蕃客が参加する場合の儀式として、次のように記されている。

次式部・掃部寮撃却二筥案一退出。内蔵并縫殿寮入二延明門一、候二顕陽堂南一。預択二容止合レ礼者一。臨時択取儲レ之、随二客等数一、各取二朝服一。各到二客傍一、北面賜レ之。客等受レ之、授了還如二入儀一。訖治部・玄蕃引二客等一出、令下脱二本国服一著中我朝服上、参入列立如レ前。即拝舞。訖c供食勅使就レ位、与二出儀一同。承勅者喚二通事一、二度。通事称唯、就二承レ宣位一。d勅使宣、客人倍安良可座爾侍止宣。通事称唯、就二承伝位一。勅使宣如レ常。客等拝舞。酒部一人把レ盃、下レ自二第四階一、至二大使前一立。大使跪、把レ盃酒部跪授。

ここでは、蕃客に朝服が賜られており、蕃客が自国の服から朝服に着替えて、cで「供食勅使」が登場、傍線部dでは勅使が通事に天皇の言葉を伝えている。その後、蕃客らに酒などがふるまわれている。cの「供食勅使」は供食使、dは宣命使とみることができる。実際に弘仁二年、六年、十一年、十三年には、白馬節会に渤海使が参加しているため、弘仁期には渤海使参加の白馬節会に供食使や宣命使がいたことがわかる。

ただし、蕃客が参加しない場合の会式には「供食勅使」の語はみえず、食事の準備に携わるのは、内膳司や大膳職など律令官司である。蕃客が参加した場合の儀式にのみみえる「供食勅使」は、蕃客の供食を担当する専門の使者であるといえるだろう。前述のように弘仁十三年を最後に渤海使は元日朝賀をはじめとする正月の行事に参加しなくなっているため、白馬節会の蕃客参加の儀礼が、白馬節会に渤海使が参加しなくなったのち、渤海使のための固有の饗宴儀礼として継承されたものと考えられる。第一章第一節で、入京した渤海使への宴会に、八世紀には渤海使のために行われた宴会と渤海使も参加する白馬節会での宴会があることを指摘した（前掲表4）。賓礼としての賜宴と節会の宴が渤海使への外交儀礼に混在する状態から、九世紀には渤海使が白馬節会には参加しなくなるという過程において、供食勅使も外交儀礼の専使として太政官式蕃客条に規定されるのではないだろうか。

なお、『開元礼』賓礼には、饗宴に関して「皇帝宴㆓蕃国主㆒」「皇帝宴㆓蕃国使㆒」の二項目があり、供膳を職掌とする尚食奉御や太官令がみえる。しかし、尚食奉御や太官令はいずれも配膳を担当する官司であり、臨時の勅使ではないため、太政官式にみえる供食使がこの儀礼にもとづいているかどうかは明らかではない。

（十）　賜勅書使・賜太政官牒使

渤海使帰国時に鴻臚館に派遣され、渤海使に勅書（慰労詔書）と太政官牒を渡す使者である。勅書は渤海王啓への返信、太政官牒は渤海の中台省牒への返信であるが、両者がともに渤海使に授与されるのは承和九年からで、鴻臚館に「勅使」が派遣されている。[71]『延喜内記式』にも、

凡賜㆓渤海答書㆒日、内記従㆑使赴㆓于客館㆒。

とあり、内記が従える「使」が賜勅書使を指すのであろう。また、本条の割書には、賜太政官牒使に随行して「史一人」が客館に赴くことが規定されているので、渤海使帰国にあたり鴻臚館には、内記一人、賜勅書使二人、賜太政官牒使二人、史一人の計六人が派遣されたことになる。実際、嘉祥二年、貞観十四年、元慶七年の記事にはこれら六人が派遣されている実例が確認できる。[72]

唐では蕃客への国書授与は賓礼で規定されておらず、『開元礼』巻一二九嘉礼「皇帝遣㆑使詣㆑蕃宣労」儀が蕃客への国書授与儀に相当するとみられる。[73]この儀には詔書案を立てる令史二人と「持節者」「持案者」がみえることから、日本でも客館に派遣された六人が、同様の儀式を行った可能性が考えられる。しかし、日本の儀式の詳細は史料に残らず、わずかに貞観十四年に、「大使已下再拝舞踏。大使楊成規膝行而進、北向跪受㆓勅書㆒」という記載があり、[74]元慶七年にも太政官牒授与のあとに「礼畢」と記されていることから、[75]この国書と太政官牒授与が単なる事務手続きで

はなく、儀式として位置づけられていたことがわかる。ただし、唐のように「案」や「節」があったのかは不明である。

以上、Ｂグループの迎接使を検討したところ、いずれも、郊労儀や宴会儀、国書授与儀といった入京後の儀式関係を担当していることがわかった。さらに、担当する儀式の場をみていくと次のようになる。

郊労使……京境
慰労使・労問使・賜衣服使……京内鴻臚館（入京時）
宣命使・供食使……豊楽院・朝集堂
賜勅書使・賜太政官牒使……京内鴻臚館（帰国時）

このことから、式文に掲載される迎接使の順番は、渤海使が入京してから行う儀式の順番であることがわかる。

結局太政官式蕃客条は、外国使節引率のＡグループの迎接使と、儀式担当のＢグループの迎接使から構成されており、儀式担当のＢグループは儀式が行われる場所ごとにそれぞれの迎接使が配置されているといえよう（前掲表6参照）。

次に、治部式蕃客条と太政官式蕃客条の成立と両式の関係について考察したい。

四　式文の成立と両式の関係

（一）　両式の成立過程

考察の前提として、『延喜式』に至る編纂過程をみておきたい。『延喜式』は『弘仁式』と『貞観式』の両式を併合し、重複部分を整理したものである。まず『弘仁式』が弘仁十一年（八二〇）に奏進され、天長七年（八三〇）に施行、承和七年（八四〇）に改正される。続いて、『貞観式』が貞観十三年（八七一）に撰進、施行されるが、この『貞観式』は『弘仁式』を廃止せず、『弘仁式』に対する訂正、増補の部分だけを集めて編纂し、『弘仁式』と併用する形式であった。これらをひとつに整理し、『貞観式』以後の改訂分をも追加したのが『延喜式』で、延喜五年（九〇五）に編纂者が任命され、延長五年（九二七）に奏進される。[76]

このような『延喜式』成立に至るまでの式編纂のプロセスのなかで、治部式蕃客条と太政官式蕃客条がそれぞれどの段階で式文として規定され、また補訂されたかを考えてみたい。

八世紀後半以降の両条にみえる迎接使の派遣の事例を一覧にまとめたものが表7である。表7より、治部式蕃客条に規定された領客使は八、九世紀を通じて史料に現れているが、掌客、共食はほとんどみられず、個別検討でみたように『日本書紀』における数例のみである。一方、太政官式蕃客条の迎接使は、存問使が八世紀から、供食使など一部の迎接使が弘仁年間に史料に確認できるものの、承和八年の渤海使来日記事を境に史料にみえはじめるものが多い。

表7の弘仁十年と十二年の間の線は、弘仁十一年の『弘仁式』奏進の時点を示し、貞観三年と十三年の間の線は貞観十三年八月の『貞観式』撰進の時点を示す。これを基準にすると、治部式蕃客条にみえる迎接使は『弘仁式』以前から史料に現れており、前述のように治部式蕃客条が、玄蕃寮の外交実務について令の施行細則を規定したという性格をもつことから、治部式蕃客条にみえる迎接使は、『弘仁式』ですでに式文に規定されていたとみることができる。『弘仁格式』の序文[77]に、

採二官府之故事一、摭二諸曹之遺例一、商二量今古一、審二察用捨一、以レ類相従、分二隷諸司一。

とあり、官司の古事旧例をことごとく集め、取捨選択し、官司ごとに分類することが記されているように[78]、弘仁式編纂以前からの「故事」として、これらの迎接使が治部式蕃客条に規定されたと考えられる。

これに対して、太政官式蕃客条にみえる迎接使は、多くは『弘仁式』成立の後に史料に現れるため、太政官式蕃客条は『貞観式』で規定されたと考えられる。さらに、掌客使、領帰郷客使、労問使は貞観十四年が初見であることから、

表7　外国使節迎接使一覧

来着年	国名	治部式				太政官式												
		領客使	随使	掌客	共食	存問使	掌客使	領帰郷客使	随使	通事	郊労使	慰労使	労問使	賜衣服使	宣命使	供食使	賜勅書使	賜太政官牒使
神亀四	渤海					○												
宝亀二	渤海																	
宝亀四	渤海																	
宝亀五	新羅																	
宝亀七	渤海																	
宝亀九	唐	○																
宝亀九	渤海																	
宝亀十	唐新羅																	
延暦五	渤海																	
延暦十四	渤海																	
延暦十七	渤海																	
大同四	渤海																	
弘仁五	渤海	○				○												
弘仁十	渤海			○														
弘仁十二	渤海																	
弘仁十四	渤海					○												
天長二	渤海	○																
天長四	渤海																	
承和八	渤海	○				○					○	○		○	○	○	○	○
嘉祥元	渤海	○				○						○		○	○	○	○	○
天安三	渤海	○				○				○								
貞観三	渤海	○				○				○								
貞観十三	渤海	○				○	○	○		○	○		○	○	○	○	○	○
貞観十九	渤海	○				○				○								

元慶六	渤海	○				○	○	○		○	○	○	○			○	○	○
寛平四	渤海					○												
寛平六	渤海					○										○		
延喜八	渤海	○				○	○									○	○	○
延喜十九	渤海	○				○	○	○		○				○				

○は史料に見えたことを表す。両条の迎接使名がそのまま現れた場合と、その迎接使の職掌と判断できる場合に付した。
「慰労する」「食を供う」と史料にあれば、慰労使、供食使とみなし、また豊楽院と朝集堂で宣命が下されたら宣命使が派遣されたとみなした。
入京の有無、出典については巻末付表1、2を参照のこと。

同条は、『延喜式』段階でも補訂されたとみられる。[79]このような解釈は、金剛寺本『延喜式』の太政官式蕃客条に付された標注に「貞」「延」とあることとも整合する。[80]

（二）　両式の関係

以上の検討から、治部式蕃客条は令制施行当初からの迎接体制が、『弘仁式』段階で式文として規定されたものであり、太政官式蕃客条は『貞観式』段階で式文として規定され、さらにその後の改編が『延喜式』で追補されたものであることが明らかとなった。また、太政官式蕃客条に規定される多くの迎接使が、承和八年来日の渤海使記事を境に見え始めることから、承和八年に新たな迎接体制が導入され、『貞観式』で太政官式蕃客条に規定されたと考えることができよう。この新しい体制を「承和の新体制」と呼びたい。

それでは、太政官式蕃客条の成立により、それ以前の迎接体制を規定していた治部式蕃客条の扱いはどのようになったのであろうか。

古い迎接体制を規定した治部式蕃客条が、『延喜式』において、太政官式と有機的に関連して位置づけられていることは、両式の割書からみてとることができる。太政官式蕃客条の割書には「入京之時、存問使をして領客使を兼ねしむ」とあり、太政官式が治部式に規定された領客使の存在を前提としており、また、治部式蕃客条末尾の割書には「自餘の使は太政官式に見ゆ」とあり、同条の迎接使だけでなく、太政官式の迎接使とともに外国使節の迎接が行われることが明記されている。そこで、この割書の内容を検討して、両式の関係を明らかにしたい。

①存問使の領客使兼任をめぐって—太政官式蕃客条割書の検討

太政官式蕃客条の「入京之時令㆔存問使兼㆓領客使㆒」という割書は、それが挿入されている位置から、存問使、掌客使、領帰郷客使、随使、通事から成る〈Aグループの迎接使〉の注記であり、蕃客入京時に存問使が領客使の役割を兼任することを規定している。領客使の職掌は路次逓送の監督であるから、存問使が領客使を兼任することで、存問使本来の職掌である来着地での渤海使の慰問だけでなく、路次逓送に関する職掌も担うことになる。このような兼任体制は、承和八年から見え始めるため[81]、承和の新体制のひとつとして位置づけることができる。そこで、この兼任体制の成立過程を明らかにしたい。

渤海使来着時の対応については、既に石井正敏氏により宝亀四年（七七三）以降来着地で国書を開封し、来朝の理由を問うことが国司の権限で行えるようになったと指摘されている[82]。石井氏はこの権限を「国書開封権」と称しているが、これは言い換えれば、国書に外国使節の入京基準となる朝貢国としての態度が現れているかどうかの審査である。宝亀四年以降、国司がこの入京審査を行うことになった背景には、宝亀二年来朝の渤海使が齎した国書が入京後に開封され、その形式に無礼があったことによる[83]。このような来着地における迎接体制の変遷を示したのが表8である。

表8に示したように、宝亀二年までの〈I期〉の体制は、来着国から外国使節の来朝が報告されると中央から慰問のために存問使が派遣され、外国使節を数カ月現地に安置し、その後領客使を派遣して入京させるというものであった。

国書は入京後に開封された。この〈Ⅰ期〉において存問使の職掌は、渤海使の慰問が中心であったといえよう。

これが、宝亀四年以降の〈Ⅱ期〉では、国司に国書を開封する権限が与えられ、その内容が中央に報告され、入京が可能となれば領客使が派遣された。また、先にみたように、存問使の存在が弘仁期に確認できるため、存問使も派遣されて国書開封に立ち会う場合があったことがわかる。

〈Ⅱ期〉における国司と領客使による来着地対応を示す史料として、『類聚国史』巻一九四、天長二年（八二五）十二月の記事がある。

辛丑（三日）、隠岐国馳駅奏上、渤海国使高承祖等百三人到来、乙巳（七日）、大内記正六位上布瑠宿禰高庭定二領客使一、借二出雲国介一、不レ称二領客使一。

この史料で、領客使布瑠高庭は、出雲国司を借授して領客使を称していないが、これは来着地で国書を開封して入京審査をするためには、国司か存問使の肩書きが必要であったためであり、このとき存問使は派遣されていなかったので国司を称したものと考えられる。また、次に挙げる天長五年太政官符からは国司による国書開封が徹底されていないことが読み取れる[84]。

一、応レ写二取進上啓牒一事

e右蕃客来朝之日、所レ着宰吏先開二封函一、細勘二其由一。若違二故実一、随即還却、不レ労二言上一。f而承前之例、待二朝使到一、乃開二啓函一。g理不レ可レ然。宜二国司開見写取進一レ之。

石井正敏氏も指摘するように[85]、この官符では、e部分の原則をg部分で再度徹底しており、原則である国司が国書を開封して渤海使の来朝理由を調査して、それが旧例に反する場合は放還の判断を下すということが行われていない実態がうかがわれる。またf部分はこの官符が出された天長五年以前の〈Ⅱ期〉の実態を示しており、国司は朝使（存

表8　渤海使来着・入京時の迎接体制の変遷

		来着国の国司	存問使	領客使	備　考
Ⅰ期	～宝亀二年	来着を報告	存問	路次逓送	入京後に国書が開封されたので来着時の入京審査は行なわれない。
Ⅱ期	宝亀四年～	入京審査	存問＋入京審査	路次逓送	国司に国書開封権を付与
Ⅲ期	承和八年～	来着を報告	存問＋入京審査	存問使が兼任、路次逓送	
Ⅳ期	貞観十四年～	来着を報告	存問＋入京審査	入京時は存問使が兼任、帰国時は領帰郷客使	

問使）が来着地に派遣されるのを待ってから国書を開封していたことがみてとれる。したがって、〈Ⅱ期〉では、国司だけが国書を開封する場合と、存問使も立ち会って国司とともに開封する場合があったことがわかる。

　このような体制が、承和九年には、

存問兼領渤海客使式部大丞正六位上小野朝臣恒柯、少内記従六位上豊階公安人等上奏、勘㆓問客徒等文并渤海王所㆑上啓案并中台省牒案等文㆒。

とみえるように(86)、天長五年の官符の状況が改善されておらず、国司だけでなく存問使が国書を検査して入京審査を行っていることがみえる。第二節でみるように、この天長五年官符が出されたとき、但馬国司が霊仙死去や黄金紛失の内容を中央に伝えられなかったことがあり、承和八年来着の渤海使から、入京審査は存問使が行うこととなったと考えられるためである。そして、渤海使は入京が許可されれば、領客使が派遣されるが、すでに存問使が派遣されているので、再度領客使を派遣するのは煩雑となり、存問使が領客使を兼任することとなった。これが〈Ⅲ期〉の体制であり、この体制が太政官式蕃客条に規定されたのである。太政官式蕃客条の「入京之時令㆔存問使兼㆓領客使㆒」の割書は、以上のような承和の新体制を受けた『貞観式』成立時点における実態にもとづくものと考えられる。なお、貞観十四年以降の〈Ⅳ期〉には渤海使の帰路逓送を担当する使者を単に領客使ではなく、領帰郷客使と称するようになるが、その意義については後述したい。

②類似の迎接使の関係―治部式蕃客条割書の検討

次に、治部式蕃客条の「自餘の使は太政官式に見ゆ」という割書について考えたい。先にみたように、治部式蕃客条の式文の成立は『弘仁式』段階と考えられることから、割書のこの部分は、『貞観式』で太政官式蕃客条が規定された際に追記されたとみられる。[87]また、割書が条文の末尾にあることから、その内容は本条すべてにかかるため、「自餘の使」は治部式蕃客条に規定されてない迎接使を指し、太政官式蕃客条にみえる迎接使すべてを意味すると解釈することもできる。

しかし、これまでの個別検討からそれぞれの迎接使の成立過程をみると、治部式蕃客条にみえる迎接使と類似する太政官式蕃客条の迎接使を全く別のものと捉えてよいかが問題となる。この類似する迎接使とは、具体的には領帰郷客使、掌客使、供食使であり、これらは治部式蕃客条の領客使、掌客、共食と表記が類似する。そこで、次にこれらの迎接使の関係について検討したい。

〈領客使と領帰郷客使〉

治部式蕃客条に規定されている領客使が、入京時、帰国時を問わず外国使節の送迎を担当したのに対し、貞観十四年以降にみられる太政官式蕃客条の領帰郷客使は、帰国時の送迎に職掌が限定される。そこで、両者の関係をみると、承和八年以降、入京時に存問使が領客使を兼任する体制が整備されたことから、入京路は存問使が担当することになり、領客使の担当は帰路のみとなった。この年の領客使が行きと帰りで異なる人物が派遣されているのもこのためと考えられる。[88]

領帰郷客使の初見は貞観十四年であり、往路について存問使が領客使を兼任するようになって以降、事実上帰路専当の使となっていた領客使が、領帰郷客使として太政官式蕃客条に追規定されたのは『延喜式』段階であったとみられる。[89] 元慶七年には領帰郷客使が定められているものの、実際に職務にあたっている記事では「領客使」と記されていることからも、[90] 領帰郷客使は領客使と同一のものであったことがわかる。

〈掌客と掌客使〉

治部式蕃客条の掌客と太政官式蕃客条の掌客使では、「使」字の有無という違いがあるが、両者が同一の迎接使であるかどうかが問題となる。

先にみたように、治部式蕃客条は玄蕃寮の職掌である「蕃客送迎、辞見、讌饗」の分掌担当を規定したものであり、このうち「辞見」を分掌する掌客も玄蕃寮の官人が担当したと考えられる。一方、掌客使は、貞観十四年以降史料に現れるが、実例をみると玄蕃寮の官人ではなく専当の使が派遣されており、前述のように外国使節の引率だけでなく天皇への貢物献上の取次ぎや賦詩、儀式への参加などを担当している。

すなわち、両者の関係は、掌客が令制にもとづいて玄蕃寮の官人が派遣されたのに対し、掌客使は、この掌客の職掌に儀式関係の役割を多く含めて、貞観十四年以降、専当の使者として派遣されるようになったものであり、これが『延喜式』段階で太政官式蕃客条に追補されたとみられる。

〈共食と供食使〉

治部式蕃客条の共食と太政官式蕃客条の供食使は、ともに饗宴における外国使節の接待を担当する迎接使であったが、「共食」と「供食」が音通することから、諸本の校訂において混乱も生じており、[91] あらためて両者の関係について考えてみる必要がある。

共食は、外国使節と饗宴儀礼において、共同飲食の場を設営し、そこに参加して外国使節の接待を担当するが、この役割は、玄蕃寮の職掌のうち「誂饗」を分掌したものであるから、掌客と同様、玄蕃寮の官人が担当したとみられる。一方、供食使は九世紀以降史料に現れ、玄蕃寮官人ではなく専当の使者が派遣されており、渤海使に対して食事を供えて接待する役割を担っている。このように、共食が令制当初からの饗宴担当者とみられるのに対し、供食使は九世紀以降に活動が認められることから推察して、両者の関係は、掌客と掌客使の関係と同様に、共食から供食使に変遷したとみることができる。

共食から供食使への転換の契機については次のように考えられる。

八世紀の外国使節への饗宴儀礼は、天皇と外国使節との共同飲食により、支配秩序を確認する意義をもっていたが、九世紀になると、饗宴儀礼が「服属的な儀礼を排除した飲食儀礼」「親睦儀礼」としての性格に変質することが榎村寛之氏によって指摘されており(92)、このような九世紀における外国使節に対する饗宴儀礼の変質に伴い、饗宴を担当する迎接使の形態も変化していったのではないだろうか。これを受けて、共食は専使である供食使に変化し、この体制が『貞観式』段階で太政官式蕃客条に規定されたとみられる。

以上のことから、領客使と領帰郷客使、掌客と掌客使、共食と供食使の関係は、当初は治部式蕃客条に規定されていたものが、九世紀の渤海使への迎接体制や饗宴儀礼のあり方の変化に伴い、新たに太政官式蕃客条に規定されたものであると理解できる。したがって、これら治部式蕃客条の迎接使に類似する領帰郷客使、掌客使、供食使は、治部式蕃客条の割書にある「自餘の使」には含まれないのである。

次に、これまでの考察を踏まえて、両式の成立過程から両式の関係をみていきたい。

表9　治部式蕃客条と太政官式蕃客条の成立過程

		弘仁式	貞観式	延喜式
治部式蕃客条		領客使 随使 掌客 共食	領客使 随使 掌客 共食 自餘使見太政官式	領客使 随使 掌客 共食 自餘使見太政官式
太政官式蕃客条	〈Aグループ〉 引率担当		存問使 入京時令存問使兼領客使 随使 通事	存問使 入京時令存問使兼領客使 掌客使 領帰郷客使 随使 通事
	〈Bグループ〉 儀式担当		郊労使 慰労使 賜衣服使 宣命使 供食使 賜勅書使 賜太政官牒使	郊労使 慰労使 労問使 賜衣服使 宣命使 供食使 賜勅書使 賜太政官牒使

『弘仁式』、『貞観式』、『延喜式』の各段階で、治部式蕃客条と太政官式蕃客条に規定された迎接使は、表9のようになる。

『弘仁式』では、治部式蕃客条で領客使、随使、掌客、共食が規定されていた。『貞観式』では、治部式蕃客条に加えて太政官式蕃客条でも迎接使が規定され、太政官式蕃客条には、存問使、随使、通事、郊労使、慰労使、賜衣服使、宣命使、供食使、賜勅書使、賜太政官牒使が規定された。この段階では、治部式蕃客条にはみえない儀式関係の職掌を持つ迎接使〈Bグループの迎接使〉を太政官式蕃客条で規定しており、この儀式関係の迎接使は、承和の新体制にもとづくものであった。治部式蕃客条の割書「自餘使見二太政官式一」は、両式でこの新しい迎接体制に対応していたことを示している[93]。

『延喜式』では、太政官式蕃客条に新たに掌客使、領帰郷客使、労問使が追加された。この段階では、治部式蕃客条は実質的には空文化しており、渤海使への迎接使の規定は太政官式蕃客条に一元化されていたといっても過言ではないだろう。治部省において治部式蕃客条がその条文のまま使用されていたとするならば、治部省や玄蕃寮の官人は、治部式蕃客条を太政官式蕃客条に読み替えて——具体的には、領客使は、往路を存問使に帰路を領帰郷客使に、掌客は掌客使に、共食は供食使に読み替えて——実際の迎接の実務に対応していたと考えられる。

五　「承和の新体制」の成立とその意義

最後に、太政官式蕃客条成立の契機となった承和の新体制はどのような特質を有していたのか、考えてみたい。

本節において、太政官式蕃客条のBグループの迎接使を唐の『開元礼』賓礼にみえる諸儀礼と比較してみたところ（前掲表6参照）、必ずしも『開元礼』賓礼にもとづくものばかりではなかった。

『開元礼』賓礼にみえる六儀礼は、第一章第一節でみたように、(1)「蕃主来朝遣レ使迎労」儀、(2)「皇帝遣レ使戒二蕃主見日一」儀、(3)「蕃主奉見」儀、(4)「皇帝受二蕃使表及幣一」儀、(5)「皇帝宴二蕃国主一」儀、(6)「皇帝宴二蕃国使一」儀の六つである。太政官式蕃客条にみられる迎接使も、郊労、国書・貢物献上、宴会という構成の儀礼のなかで機能していく点では同じであるが、詳細を比較すれば、郊労使が(1)「蕃主来朝遣レ使迎労」儀の蕃主を迎労する使者と類似することがみられるものの、そのほかは、唐の賓礼に対応していることが確認できる迎接使はなく、慰労使・労問使と(2)「皇帝遣レ使戒二蕃主見日一」儀、供食使と(5)「皇帝宴二蕃国主一」儀、(6)「皇帝宴二蕃国使一」儀の関係性が想定できる程度であった。また、国書授与儀については、『開元礼』でも嘉礼に規定されている。さらに、遣唐使の帰朝報告には郊労使と思われる「内使」の存在や、「宣勅労問」をする「五品舎人」がみえる。また、『内裏式』や『儀式』の白馬節会についての儀式次第には、渤海使に応接する「供食勅使」や通事、宣命の勅使についての記載があるなど、本来賓礼とは無関係な儀式のなかに、太政官式蕃客条の迎接使の元となる専使がみえることもある。

したがって、承和の新体制は、『開元礼』賓礼だけを受容したものではなく、『開元礼』嘉礼の儀式や遣唐使が唐で経験した儀礼、また弘仁期の白馬節会にみえる供食使や宣命使なども含んだ日本独自の迎接体制であったと考えるべきであろう。なお、渤海使が参加した宮中儀礼は白馬節会だけではないため、白馬節会にみえる供食勅使と太政官式の迎接使との関係を明らかにする必要があるが、今後の課題としたい。

では、このような複合的な迎接体制は、どのように成立したのであろうか。その背景のひとつとして、弘仁期に唐風文化の影響を受けながら整備された諸儀礼が、その後、唐制とは異なる日本独自の性格に変質していくことに注目したい。

たとえば、彌永貞三氏は弘仁期を釈奠の「再編成期」とみており、嵯峨朝に釈奠翌日の殿上論義（内論義）が始まり、仁明朝に七経輪読講読が始まるなど、日本独自の要素が加わったことを指摘している。(94) 彌永氏は内論義の成立を、「唐礼の皇帝視学の系列に属し、これに嵯峨・淳和・仁明など好学の天子をとりまく雰囲気から生れた御前論義の風潮が結合したもの」と理解している。また、藤森健太郎氏によれば、元日朝賀は嵯峨朝を頂点として淳和朝に入るとすぐに衰退を始めるという。(95) その根拠として、淳和朝に入ってすぐの弘仁十四年（八二三）に、国家財政の疲弊などを理由に、朝賀の際の四位、五位以上の礼服着用が廃止されていることや、弘仁十三年を最後に蕃客（渤海使）が参加しなくなること、(96) 仁明朝に至り、承和十年以降の廃朝が多いこと、天皇が紫宸殿に出御して行われる政務儀礼などに、文徳朝以降天皇が出御しなくなることなどを挙げている。(97) さらに、服藤早苗氏は、元日朝賀に変わり、仁明朝より、天皇が正月に父母の殿舎に行幸し、拝礼を行う「朝覲行幸」が行事化したことを取り上げ、その理由を、「家的秩序」

の成立と関連づけている。すなわち、朝覲行幸は、最高権力者である天皇が父母に拝舞する儀礼であり、元日朝賀では、このような天皇の「家的秩序」が強調されないという藤森氏の指摘を援用し、「家的秩序」の上下関係を確認する正月拝礼が必要となったためとしている(98)。

このような諸儀礼の展開と同様に、外交儀礼にも日本独自の要素が加わり展開していったと考えることができよう。また、承和年間における外交認識の変化も重要な要素である。村井章介氏は、九世紀における、新羅人の入国禁止、帰化を一切認めないことなどの対新羅政策や、文室宮田麻呂事件などによる新羅への排外意識の高まりにより、日本の「王土」が閉ざされた空間として認識され始め、これがケガレ意識の肥大化につながっていくことを指摘し、「王土王民思想」にもとづく国土認識の形成期としてこの時代を捉えている(99)。西別府元日氏は、このような承和期の対新羅政策を、「律令的外交理念を対象化すべき「化外」の放棄と、律令的外交理念の衰退を示す」ものと指摘する(100)。これらの先行研究では、承和期における新羅についての外交認識の矮小化を指摘するが、本書では、すでに桓武朝に国内向けに外交儀礼が整備されていった段階で渤海も含む当時の外交認識の変質を指摘しており、桓武朝がひとつの画期となり、承和年間にその傾向が増大したと考えることができるのではないだろうか。

日渤関係においては、天長元年の年期制の制定が大きな画期となっている。次節でみていくように、頻繁であった渤海使の来日を十二年に一度とした外交判断は、従来の日渤外交の目的となっていた交易が、新羅商人、唐商人による大宰府交易の発達に取って代わられ、実質的に日渤外交を衰退へ向かわせた意味をもつのではないだろうか。

このような、閉ざされた外交認識の発生および渤海の来朝年限の制限をもたらした承和年間に、わずか十二年に一度しかこない渤海使に対して、「承和の新体制」という新しい外交儀礼が整備されたことは注目に値する。諸儀礼の日本的変質と国家外交の矮小化というこの時期の特徴にあてはめて考えれば、承和の新迎接体制の成立は、渤海との外交の本質が、実質的な交易から可視的な儀礼を存続させることに転換していくことを表しているといえるのではないだろうか。

第二節　年期制の成立とその影響

一　年期の制定

九世紀の日渤関係について制度的に考察した森公章氏は、天長元年（八二四）に日本側が定めた一紀（＝十二年）一貢の年期に注目し、他の外交儀礼が弘仁期に整備されていく過程を挙げながら、年期制が弘仁期を中心とする外交システム整備の流れのなかで成立していくものと位置づけている[101]。しかし、天長元年の年期制定により、隔年の頻度で来日・入京していた弘仁期の親密な日渤外交は一転し、渤海使の来日を阻む結果となったのである（巻末付表1）。また、日本が制定した年期を渤海側は無視して来日することもあり、日渤双方の外交認識にひずみが生じたことも指摘できる。いわば、弘仁期と天長期では年期制定を境に日本の渤海に対する外交姿勢が大きく転換したことになり、年期制定を森氏のいわれるように弘仁期からの外交整備と一連の流れで捉えていいのかは疑問が残る。本節では、このような日渤外交の転換期となる天長期の年期制定の背景とその展開について考察したい。

渤海の入朝年限を一紀と定めたのは次の太政官符においてである。

A『類聚三代格』巻一八　天長元年六月二十日太政官符

改㆓定渤海国使朝聘期㆒事

右検二案内一、①太政官去延暦十八年五月廿日符稱、右大臣宣、奉レ勅、渤海聘期、制以二六載一。而今彼国遣二使太(ママ)昌泰等一、猶嫌二其遅一、更事二覆請一。乃縦二彼所レ慾、不レ立二年限一。宜下随二其来一令中礼待上者、諸国承知、厚加二供備一馳駅言上者。②今被二右大臣宣一稱、奉レ勅、小之事レ大、上之待レ下、年期礼数不レ可レ無レ限。仍附二彼使高貞泰等還一、更改二前例一、告以二一紀一。宜下仰二縁海郡一、永以為上レ例、其資給等事一依二前符一。

天長元年六月廿日

年期制定への経緯については、この官符にみえる以前の延暦十五年（七九六）に、渤海側より年期を定める旨の要請があり、[102]延暦十七年五月に日本側が六年一貢と決めた。[103]しかし、同年十二月に来日した渤海使大昌泰のもたらした国書には、①部分にあるように六年という年期では遅いことが書かれており、[104]これを受けて日本側は翌延暦十八年の大昌泰帰国時に年限は立てない旨の国書を託したのである。[105]この結果、弘仁年間には頻繁に渤海使が来日し、嵯峨天皇臨席の宮中行事に参加した。

続く②部分にみえる渤海使高貞泰の動きは表10のとおりである。高貞泰らは、嵯峨から弟淳和に譲位が行われた七カ月後の弘仁十四年（八二三）十一月に加賀国への来着が報告されている。日本側は「雪深」を理由に入京を許さず、翌天長元年五月に国書や禄物を賜り来着地より帰国させている。②部分より、渤海使帰国時に来朝年期を一紀とすることが告げられたものとみられる。

このときの年期制定は、延暦期のような渤海からの要請によるものでなく、[106]日本が自主的に定めたという点で日本の外交政策を考えるにあたり重要である。先行研究では、前述のように年期制定の理由は渤海使入京にかかる経済的負担を軽減するためとしているが、官符Aで明記されているのは、②部分の「小之事レ大、上之待レ下、年期礼数不レ可レ無レ限（小さいものは大きなものに仕える、上のものは下のものを遇する、渤海が日本に朝貢しているので、その貢期を

表10　渤海使高貞泰ら一行の動き

年	月日	内容
弘仁14	11・22	加賀国が渤海国入覲使高貞泰ら一〇一人が到着したことを言上する。
	12・8	「雪深」のため存問使派遣を停止して加賀国司に存問させる。
天長元	正・5	渤海大使以下録事以上に冬衣服料を賜う。
	正・24	藤原緒嗣、渤海入朝の年期を一紀と定める旨上表する。（史料B③）
	2・3	天候不順や百姓の疲弊、疾病の発生などにより渤海使を送迎することが難しく、入京させられない旨の詔を出す。
	4・17	越前国が渤海国信物および大使高貞泰らの別貢物を進上。さらに契丹大狗、倭狗なども進上する。
	4・21	渤海副使璋璿の別貢物を返却する。
	4・22	天皇が神泉苑に行幸し、渤海狗に鹿を追わせる。
	5・15	渤海に遣わす勅書に印を押す。
	5・20	渤海使帰国に際して禄と御手都物を賜う。
	6・20	渤海国使の朝聘期を定める太政官符（史料A）

日本側が決めるべきであり、無制限であってはならない）」という日本側の論理であり、財政的理由は記されていない。

先行研究が年期制を財政措置とみる根拠は次に挙げる史料Bにある。

B『類聚国史』巻一九四　天長三年三月戊辰朔条

右大臣従二位兼行皇太子傅臣藤原朝臣緒嗣言、③依二臣去天長元年正月廿四日上表一、渤海入朝、定以二一紀一。④而今寄二言霊仙一、巧敗二契期一。仍可二還却一状、以二去年十二月七日一言上。⑤而或人論曰、今有二両君絶世之譲一、已越二堯舜一、私而不レ告、大仁芳声、縁レ何通二於海外一。臣案二日本書紀一云、誉田天皇崩、時太子菟道稚郎子、譲二位于大鷦鷯尊一、固辞曰、豈違二先帝之命一、輙従二弟王之言一、兄弟相譲、不二敢当一レ之。太子興二宮室於菟道一而居、皇居空之、既経二三歳一。太子曰、我久生煩二天下一哉。遂於二菟道宮一自薨。大鷦鷯尊悲慟越レ礼、即二天皇位一、都二難波高津宮一。委曲在二書紀一、不レ能二以具尽一。于レ時譲国之美、無レ赴二海外一。此則先哲智慮、深慮二国家一。然則先王之旧典、万代之不朽者也。又伝聞、礼記云、夫礼者、所下以定二親疎一、決二嫌疑一、別二同異一、明中是非上也。礼不レ辞レ費、礼不レ踰レ節。⑥而渤海客徒、既違二詔旨一、濫以入朝、偏容二拙信一、恐損二旧典一。⑦実是商旅、不レ足二隣客一。以二彼商旅一、為レ客損レ国、未レ見二治体一。⑧加以、比日雑務行事、贈皇后改葬一、御斎会二、掘二加勢山溝并飛鳥堰溝一三、七道畿内巡察使四、可レ召二渤海客徒一五、経営重畳、騒動不レ遑。⑨又頃年旱疫相仍、人物共尽、一度賑給、正税欠少。況復時臨二農要一。弊多二逓送一、人疲二差役一、税損二供給一、夫君無二争臣一。安存二天下一。民憂未レ息、天災難レ滅。非二一人天下一、是万人天下。縦今損レ民焉、徳有レ慙二後賢一。伏請、停二止客徒入京一、即自二着国一還却、且示二朝威一、且除二民苦一。唯依レ期入朝、須レ用二古例一。臣緒嗣雖下久臥二疾牀一、心神既迷上。而恩主之至、半死無レ忘。愚臣中誠、不レ獲レ不レ陳。謹重奉レ表以聞、不レ許。

これは官符Aが出された翌年の天長二年（八二五）十二月に隠岐国に来着した渤海使高承祖らの入京に反対する右大臣藤原緒嗣の言上である。③部分から、天長元年正月二十四日に渤海の入朝を一紀に定めるよう緒嗣が上表したことがわかる。この天長元年正月二十四日という日付は、表10からも明らかなとおり、前年に来日した高貞泰らが「雪深」で「往還不通」を理由に加賀国に留められている間に当たる。そして、③部分の緒嗣上表の後、二月三日には天候不順を理由に渤海使を入京させない詔が出されており、官符Aの年期制定に到るのである。緒嗣の上表の後に渤海使を入京させないことが決定されたことから、林陸朗氏[107]や石井正敏氏[108]は、緒嗣が一紀一貢の提唱者とみており、本書でもそれに従いたい。

緒嗣は史料Bで、天長三年の渤海使入京の反対理由として⑥「違期」のほかに⑦「実是商旅」、⑧「雑務行事……経営重畳、騒動不遑」、⑨「旱疫」などを挙げている。⑦は渤海使が交易を目的に入京していることを示す象徴的な語句であるが、⑧の臨時行事、⑨の天候不順は、緒嗣の民政を重視して国力を回復させるという他の政策にも通じる要因と思われる。

緒嗣の事績については、その薨伝[109]や、林陸朗氏[110]、阿部猛氏[111]の論考に詳しいので、ここでは詳細にみることはしない。緒嗣の政策の特質を阿部氏が「民生第一主義」とするように、緒嗣の名が知られる端緒となった桓武朝の徳政論争は、桓武天皇が菅野真道の意見を退け、蝦夷征討と造都という臨時出費を削ることが百姓の負担を軽減するという緒嗣の意見を採ったものである。[112] このような視点は、その後の緒嗣の政策にも引き継がれており、たとえば、淳和即位にともなう大嘗会の検校となった際は、治部省庁を行事所とし、宮内省を悠紀所、中務省を主基所とするなど、場所を宮中に縮小して行うことで倹約を図っている。[113] 渤海使来日を十二年に一度とすることも、緒嗣の他の政策と同じように臨時行事を切り詰め、まずは民力を回復させようという性格のものとみることができる。

では、経済的負担軽減と民力回復をもとに緒嗣により唱えられた年期制定が、官符Aではなぜイデオロギー的な言葉で潤色されることになったのであろうか。

官符A②「小之事〻大……」部分について、森克己氏は「日本の渤海に対する対面保持のための表面的理由」とし、[114] 石井正敏氏は、日本を大・上、渤海を小・下という両国の関係に一定の規範を設けた名分論とみており、[115] ともに日本の渤海に対する華夷意識にもとづく表現であることを指摘する。しかし、なぜ官符Aに財政措置としての文言がみえないのかについては論じられていない。

そこで、この官符Aが出された政治的状況を考えたい。官符Aは淳和即位後初の渤海使来日時に出されたものであり、このことから考えると、もし、経費節減を年期制定の目的として掲げれば、直面している国力の疲弊を露呈することになり、新帝即位におけるマイナスイメージを示すことになりかねない。そこでそれを避けて、「小之事〻大……」という表現を用いて渤海に強い態度で出ていることを示し、国内に対する淳和の権力を高めようと図ったのではないだろうか。すなわち、この官符Aは渤海に対してだけではなく、日本国内に対しても新帝淳和の徳を強調するために出されたとみるべきであろう。

それでは、官符Aの文面は緒嗣の意思であるのだろうか。実は官符Aは右大臣冬嗣が奉じたものであり、緒嗣の名はみえない。これについては、史料B⑤で緒嗣が対立意見としてあげている「或人」の意見についても触れなければならず、次の天長二年の渤海使入京記事と合わせて考えていく必要がある。

二　年期制の確立

（一）天長二年の渤海使

年期制定の翌天長二年（八二五）十二月三日、隠岐国に渤海使高承祖ら百三人の来着が報告された[116]。渤海側は前年に告げられた年期を無視したのである。当時の渤海王大仁秀は、越喜・黒水靺鞨を併合して支配領土を拡大し、「国家中興の国王」と高く評価され、遣唐使も頻繁に送るなど対外政策にも積極的だった[117]。大仁秀はその在位中（八一八？—三〇）、隔年のペースで日本に使者を派遣してきている（巻末付表1）。渤海使がこれほど頻繁に来日する理由は、緒嗣が史料B⑦で渤海使を「商旅」と称したように交易であることは先行研究が論じるとおりであろう。

一方、日本側は、前掲Bの④部分にあるように、十二月七日に藤原緒嗣が違期を理由に渤海使を還却させるよう言上している。しかし、⑤部分にみえる「ある人」の「両君絶世の譲」（嵯峨から淳和への譲位）を海外に報じなければ、「大仁の芳声」が海外に通じないとする意見があったこともあり、緒嗣の意見は聞き入れられず、天長三年三月一日に再度反対意見を奏上することになった。だがその甲斐もなく、五月に渤海使は入京している。なぜ、淳和政府は年期に背き来日した渤海使を入京させたのだろうか。

その理由について、新妻利久氏や上田雄氏は渤海使が入唐僧霊仙からの書を持参したためであるとし[118]、濱田耕策氏は霊仙との仲介をした僧貞素を日本に送るための使者だったからとしている[119]。保立道久氏は霊仙の五臺山への到達が宗教的な壮挙と世評を呼んだためとしており[120]、嵯峨・淳和から黄金を託された入唐僧霊仙の存在が、違期でも入京させたとみる意見が多い。一方、森公章氏は霊仙の表物を持参したことに加え、年期制による通交の周知期間を配慮した措置であるとしている[121]。しかし、年期を周知させるのであれば入京させる必要はないだろう。また、霊仙の表物持参は入京の一因であることは確かであろうが、物のやりとりなら来着地で済ませることも可能である。もっと積極的に入京させたかった理由があるのではないだろうか。

そこで注目したいのが、史料B⑤にみえる渤海使入京を支持する「ある人」の存在である。嵯峨から淳和への堯舜をも超えるという絶世の代替わりを海外にも宣伝したいとする「ある人」の意見は、新帝淳和の即位による日本の優位性を渤海王や渤海使に示そうという対外的な意図があり、これは先に見た官符Aの「小之事」大……」という文言に表現される日本の華夷秩序を明確にする考え方と類似していると思われる。鳥山喜一氏がこの違期入朝の渤海使を入京させた理由を「国際的虚栄心とでもいうべきもの」としているように[122]、「ある人」の意見や官符Aにみえる華夷秩序をそのように表現することも可能であろう。なお、「ある人」について石井正敏氏は藤原冬嗣を想定しているが[123]、その根拠としているのは、緒嗣が違期入朝の渤海使に厳しい態度で臨むようになったのが、冬嗣の死により台閣の首班となってからとする林陸朗氏の論[124]である。これについては後述する。

官符Aを奉じたのが冬嗣であることからすれば、類似の意見をもつ「ある人」も冬嗣かあるいは冬嗣周辺の人物と考えることは可能であろう。そうであれば、年期制定の過程は、緒嗣の主張する民力回復という本音と、冬嗣側の主張する天皇および国家権力強化という建前の二重構造のなかで構築されていったということになろう。

ところで、「ある人」は冬嗣だけでなく、冬嗣を側近とした嵯峨上皇も含むのではないか。

嵯峨天皇が儀式の整備に努め、平城朝で廃止された白馬や踏歌節会を復活させたこと、花宴を創始したことなどはよく知られている[125]。また、嵯峨朝に編纂された『内裏式』には、朝賀や白馬節会、踏歌節会に「蕃客」の参加が記されており、実際に嵯峨朝には渤海使が元日朝賀や白馬や踏歌の節会に参加している。したがって、嵯峨天皇は渤海使の宮中行事参加を恒例と考えていたのであり、そのことが嵯峨天皇の描く日渤外交であったと思われる。『内裏式』の編纂には嵯峨側近の冬嗣が筆頭で携わっているが、緒嗣の名はみえず、また嵯峨朝における渤海使入京記事に緒嗣の名前は出てこない。おそらく嵯峨朝の外交政策と緒嗣のそれとは相反しており、緒嗣が外交の舞台に立つことはなかったのであろう。加えて、今回の渤海使は嵯峨朝に何度も遣使してきている渤海王大仁秀からの使者であり、嵯峨上皇がその親密さから渤海使入京を望んだことも推測できる。酒寄雅志氏は、嵯峨朝、淳和朝には遣唐使が派遣されず、頻繁に来日した渤海使を通じて唐の文物がもたらされるほうが多かったのではないかと指摘しているが[126]、嵯峨朝における渤海使との漢詩文の応唱などからは[127]、渤海を通じての唐文化、唐文物の吸収が嵯峨朝における渤海外交の重要な目的であったと考えられよう。

以上のように、違期にもかかわらず入京が実現した背景には、淳和即位を国内だけでなく対外的にも示したいという動き、そして親密な日渤外交を行っていた嵯峨上皇の強い希望があったと考えられる。ただし、渤海使入京がスムーズに決定しなかったことは、次に示す『類聚国史』巻一九四の天長二年十二月乙巳（七日）条より明らかとなる。

大内記正六位上布瑠宿禰高庭定二領客使一、借二出雲国介一、不レ称二領客使一。

領客使に定められた布瑠高庭が出雲国介を優先して名乗り、領客使という肩書きは称さないというのである。濱田耕策氏は、「一紀一貢を履行しないすぐさまの使節であったから、これを使節と承認しない立場の表明か」と推測するが[128]、実際には入京させているのであるから正式の使節であることは当初から明確なのではないだろうか。

前節では、国書開封権を有するため、国司の肩書きが必要であり、そのための出雲国司仮授であると述べたが、さらに次のような理由もあると思われる。領客使は入京を前提に派遣される使者であるが、(129) この史料と同日の十二月七日に緒嗣が出した史料B④の渤海使入京を非難する上表により、入京という判断に揺れが生じ、高庭を領客使ではなく来着国の出雲国司として派遣する結果となったのであろう。入京が前提でないという隠れ蓑を作り入京の決定を保留した形である。この顚末をみる限りでは、緒嗣の再三の言上は少なからず影響力があったとみられ、言上の骨格をなす国力疲弊が深刻であったことがうかがえるのではないだろうか。

(二) 天長四年の渤海使

天長四年（八二七）十二月二十九日に、但馬国に王文矩ら渤海使百人が来日したことが報告された。再び渤海は年期を無視して来日したことになる。この経緯は次に挙げる太政官符Cに詳しい。

C『類聚三代格』巻十八　天長五年正月二日太政官符

一 応レ宛二客徒供給一事

大使副使日各二束五把　判官録事日各二束

史生訳語医師天文生日各一束五把　首領以下日各一束三把

右得二但馬国解一稱、⑩渤海使政堂左允王文矩等一百人、去年十二月廿九日到着。仍遣二国博士正八位下林朝臣遠雄一勘二事由一、并問二違期之過一。文矩等申云、為レ言二大唐淄青節度康志曀交通之事一、入二覲天庭一。違期之程、逃レ罪無レ由。又擬二却帰一、船破粮絶。望請、陳二貴府一、舟楫相済者。且安二置郡家一、且給二粮米一者。違期之過不レ可レ不レ責、宜下彼食法減二半恒数一、以二白米一宛中生粮上者。所レ定如レ件。

一　応レ修二理船一事（略）

一　応レ禁二交関一事（略）

一　応レ写二取進上啓牒一事

右蕃客来朝之日、所レ着宰吏先開二封函一、細勘二其由一。若違二故実一、随即還却、不レ労二言上一。而承前之例、待二朝使到一、乃開二啓函一。理不レ可レ然。⑪宜二国司開見写取進一レ之。

以二前中納言兼左近衛大将従三位行民部卿清原真人夏野一宣、如レ右。

天長五年正月二日

官符の⑩にみえる王文矩の来日理由「大唐淄青節度康志曀交通之事」は、石井正敏氏によれば、唐における李同捷の乱や淄青平盧節度使康志睦派兵による渤海入唐交通路の阻害、もしくは交通規制等の状況を日本に報ずることとみられる[130]。石井氏はこれが口実であり主目的は貿易であったというが、王文矩が王啓や中台省牒を持参しているため[131]、単なる李同捷の乱報告の使者でなく通常の正式な国家使節であったろう。また、王文矩は弘仁十三年にも大使として入京し、嵯峨天皇が出御する踏歌の場で打毬を行っている[132]。啓牒を持参しているだけでなく、嵯峨上皇に顔なじみの王文矩を再度使者に立てていることから、渤海使は入京を希望していたとみられる。

官符Cと『類聚国史』にみえる記事をあわせると、このときの渤海使への対応は次のようになる。

a　天長四年十二月二十九日　王文矩等来着、但馬国博士が違期入朝を勘問する。

b　天長五年正月十七日　但馬国からの馳駅により渤海使来日が中央に報告される。

c　正月二十日　半減の食料を賜うことなどを決定。

d　二月二日　但馬国司、王啓・中台省牒案を進上。

e　四月二十九日　帰国に際しての賜禄。国書は与えず。

a、cはCの官符より、b、d、eは『類聚国史』巻一九四より明らかとなる、また、官符Cが出された日付「天長五年正月二日」は、石井正敏氏に従い、正月二十日の間違いであるとみておきたい[133]。そうでなければ、bで中央に渤海使来日が報告される以前に官符の内容が決定されることになってしまい矛盾が生じるのである。

この一連の流れで注目できることは、入京の可能性が全く示されていないことである。但馬国司は渤海使来着時点で違期入朝であることを認識しており、渤海の年期が十二年であるということが縁海国司まで浸透していたと考えられる。これは年期制を定めた官符Aの末尾にある「宜下仰二縁海郡一、永以為上レ例」という部分が実践された結果とみられる。

さらに、来着時の対応に、存問使や領客使など中央の使者が派遣されておらず、来着国の但馬国司主導で行われていることも重要である。というのも、dの啓牒案進上よりも以前にcで官符が出されており、渤海側の主張を直接啓牒で確認する以前に、但馬国からの情報のみで対応が決められたのである。また、dの啓牒案の進上を、官符Cの⑪部分を受けて存問使でなく但馬国司が行っている。このような、違期来朝であれば来着国司に現地対応を任せるという体制に、官符Aに規定された年期制の一応の確立をみることができるのではないだろうか。

天長四年来日の渤海使を入京させなかったことについて、林氏は天長三年七月二十四日の冬嗣死去が関係しているとする[134]。冬嗣なきあと台閣の首班は緒嗣であり、そのことが違期入朝の渤海使に厳しい態度で臨んだ理由としているのである。林氏の指摘はもっともであり、天長四年の廟堂をみてみると、冬嗣死後左大臣は空位、右大臣が緒嗣、大納言も空位、わずかに良峯安世と清原夏野が中納言であるという、いわば緒嗣の独擅と化していることがわかる。天長四年の渤海使来日事例にみる年期制の適用は、この廟堂の構成が大きく影響しているであろう。また、淳和即位から数年が経っており、渤海使入京をもって王権強化のパフォーマンスをする必要がなくなったものとみられる。

三　年期制の展開

（一）　仁明朝の渤海使

淳和朝に一応の確立をみた年期制は、その後どのような変遷をたどったのであろうか。続く仁明朝には承和八年（八四一）と嘉祥元年（八四八）の二度渤海使が来着し、いずれも入京している。

承和八年の渤海使は、前回天長五年（八二八）に王文矩らが還却されたのち、十二年以上経っての来日であった。大使賀福延が持参した王啓には「今者天星転レ運、躔次過レ紀」とあり[135]、一紀が過ぎたため来日したことが記されている。思えば、天長元年（八二四）の年期制定以来、日本の年期を守って来日した初めての使者であった。日本側も、年期が守られている使者であるため入京を許している[136]。

渤海王は大仁秀から交替し、八三〇年に大彝震が即位している。しかし、承和八年はその即位から十一年が経っており、王啓には新王即位に関する記述はみえないため、このたびの使節は王の代替わりを知らせる使者ではないようだ。あくまでも日本の年期に従った遣使ということになり、大彝震が日本の年期制に譲歩した態度を示したことがわかる[137]。

渤海使来日の理由は、大使賀福延が持参した「別状」にみることができる。すなわち、前回天長四年の渤海使王文矩がもたらした王啓には、入唐僧であった霊仙の遷化と天長二年に淳和が霊仙に渡すよう渤海使に託した黄金を喪失してしまったことが書かれていたが、その啓が王文矩放還により日本に受理されず渤海に持ち帰られたというのである[138]。

一方、賀福延に渡された日本側の国書（慰労詔書）には、霊仙の死を前年帰国した遣唐使により知ったことがみえる。[139] このことより、王文矩が放還された天長五年段階には日本は霊仙の死を知らなかったことになる。だが、王文矩がもたらした王啓は先にみたd天長五年二月二日条より但馬国司が写しを進上しており、これにもかかわらず霊仙死去や黄金紛失の内容が日本に伝わっていなかったのであれば、但馬国司による写しはこれらの事柄を伝えていなかったことになる。なぜ、但馬国司はこれらの内容を伝えなかったのであろうか。おそらく、今回の使者賀福延らが持参した文書のうち、霊仙のことを述べているのが啓の「別状」であったことからすれば、天長四年のときもこの内容は別状に書かれており、但馬国司がその部分を写し取らなかったと考えることができる。

本章第一節でみたように、天長四年は国司が国書開封権を有していた段階〈Ⅱ期〉であり、かつ存問使が必ずしも立ち会う必要はなかった。しかし、今回来着国司に対応を任せた結果、入手できなかった情報があったことがわかり、今後は、来着国司のみの対応をやめて中央から存問使を派遣することになったのではないか。

なお、石井正敏氏は、賀福延のもたらした「別状」には虚偽の部分があるとして、金毓黻氏の指摘を妥当としている。[140] 金氏の指摘とは、『入唐求法巡礼行記』巻三開成五年七月三日条にみえる渤海国僧貞素の「哭日本国内供奉大徳霊仙和尚詩并序」より、貞素が霊仙の遷化を知ったのが、天長五年（唐の太和二年）四月のことであるため、それ以後に渤海側へ知らされた霊仙遷化や黄金転送・紛失の事情について、天長四年十二月に来日した王文矩らが伝えられるはずもないとするのである。また、石井氏は王文矩らのもたらした王啓や中台省牒には霊仙関係の事項は含まれていないとしており、もし霊仙に関する情報が含まれていたら日本は放還することはなかったとしている。

承和八年から一紀に満たない七年後の嘉祥元年（八四八）十二月に渤海使王文矩の能登国への来着が報告されている。[141] 大彝震の王啓には、年期を守っていないが昔からの隣好で来日したことがみえる。[142] また、大使王文矩は日本への来日が三度目となり、二度目の来日であった天長四年は年期違反のため入京できなかったが、今度は違期であっても、

「悪処に漂着して、人も物も損傷[143]」しているという理由から特別に入京が許されている。ただし、日本側は王文矩の入京を、あくまでも「権時之制[144]」であるとし、原則は年期を満たしていないと入京させない姿勢を強調している。

なぜ王文矩らは特別に入京できたのであろうか。そこで、当時の廟堂の構成に注目すると、承和と嘉祥では同じ仁明朝でも表11のように大きく異なっていることに気づく。その契機が承和九年（八四二）に起きた承和の変であることは周知のとおりであろう。嘉祥元年の廟堂をみると、緒嗣が承和十年（八四三）に薨じ、代わってその後の摂関政治を担う藤原良房が右大臣に就き廟堂の実権を握っていた。この良房政権下で、祥瑞による「嘉祥」改元[145]や新銭発給[146]など、承和の変後の新たな体制が構築されていく。改元直前の相次ぐ祥瑞の賀表[147]などは仁明の徳を強調しており、これらの状況をかんがみれば、違期入朝である嘉祥の渤海使を入京させたことにも「矜賜比免給布[148]」、「特賜恩隠[149]」など仁明の特別の計らいであることを強調した文言がみえ、良房新体制のもと天皇権力の強化をはかった政策のひとつとみることができるのではないだろうか。

なお、森公章氏は、嘉祥二年（八四九）三月に仁明天皇の四十賀があるため、入京を認め算賀に彩りを添えようとしたのではないかと推測する[150]。しかし、この仁明四十賀と渤海使記事は『続日本後紀』の記事に錯簡があり、存問使に領客使を兼任させる三月壬午条と四十賀の三月庚辰条の順番が入れ替わっている[151]。壬午条が二十八日、四十賀が二十六日であり、直前の二十一日には存問使が違期入朝を詰問している問答文が奏上されていることから、存問使の詰問（三月二十一日）↓

表11　承和八年と嘉祥元年の廟堂

年号	太上天皇	天皇	皇太子	左大臣	右大臣	大納言
承和八	嵯峨	仁明	恒貞（淳和皇子）	藤原緒嗣（式家）	源常	藤原愛発（北家）
嘉祥元	―	仁明	道康（のちの文徳）	源常	藤原良房（北家）	源信

四十賀（二十六日）→存問使に領客使を兼任させる（二十八日）、という順になる。したがって、四十賀の時点で入京が決まっていたかは定かではなく、さらに実際に入京するのは四月辛亥（二十八日）条であることから、算賀のために入京を認めたとは一概にいえないのではないだろうか。

ただし、四十賀は仁明の権力を見せつける場であり[152]、承和の変後のこの時期に、廟堂の新体制とその頂点に君臨する仁明の権力を顕示する必要があったことは、違期入朝の渤海使を入京させたことと同じ意図をもつものと思われる。結局、渤海使の違期入京は、淳和朝の天長二年同様、新体制下における天皇の徳を国内外に強調するために実践されたとみることができよう。

（二）　清和朝の渤海使

嘉祥年間の渤海来日から十一年経った天安三年（八五九＝貞観元年）正月に渤海使烏孝慎らが能登国に来着し、加賀国に安置されている[153]。この烏孝慎も三度目の使者であり、承和八年（八四一）には判官として入京、続く嘉祥元年には副使として入京していた。王啓には渤海王が大彝震から大虔晃に替わったことや、年期をほぼ満たしての来日であることが記されていたが[154]、日本側は渤海副使周元伯と詩を唱和させるため、嶋田忠臣を臨時に加賀権掾として存問使とともに加賀に向かわせたものの[155]、前年八月に崩御した文徳の喪中であることや天候不順を理由に入京を許していない[156]。渤海使のうち年期を守って来日したにもかかわらず、使者が入京できなかったのはこのときが初めてである。加賀国で渡された太政官牒[157]には、折り返して文徳の弔問使は不要であり、それよりも年期を守って来日してほしい旨伝えられている[158]。

その二年後の貞観三年（八六一）、注意を受けたにもかかわらず、大虔晃は文徳の弔問を理由に李居正らを遣わせた[159]。

日本側は大使の李居正が七十歳を超え、才能もある優れた人物[160]であるため入京をさせ慰労したいが、天候不順で使節の送迎にかかる百姓の苦を理由に入京させず、また、王啓と信物も受け取らず、中台省牒のみ受領している[161]。

李居正らが入京できなかった理由として、濱田耕策氏は渤海使が交易を目的とした渡海であり、「日本側には政経一体の遣日本使の外交に現実的に対応する方向は定立していなかった」としている[162]。しかし、交易を目的とした使者はこのときが最初であるとは思えない。現に、史料Bで緒嗣が交易の使者＝商旅である渤海使は入京させないとしているように、渤海側は緒嗣が指摘する頃にはすでに「政経一体の遣日本使」であったはずである。また、上田雄氏は、この年貞観三年三月十四日に東大寺大仏の落慶式があるため、宮廷の関心はこの落慶式に集中していたためとする[163]。確かにこの目先の行事に多忙であったことも一因であろうが、本書では年期を満たしていた貞観元年にも入京が許可されなかった点に注目し、貞観元年と貞観三年の共通点を考えたい。そこで考えられるのが、時の天皇清和が幼帝であったことである。

清和は貞観元年に十歳、貞観三年に十二歳であった。天皇が幼少のためか、清和即位後には、中国で幼帝に対する帝王学のテキストとされてきた『御注孝経』の採用[164]、朔旦冬至日の変更[165]、宣明暦への改暦[166]など幼帝を権威づけるためとみられる徳政的な政策が行われている[167]。このような幼帝の権威づけにつとめている最中に、渤海使を入京させて幼帝の存在を知られることは避けたかったであろう。なぜなら、保立道久氏が九世紀の遣唐使派遣事業は王統の安定を知らせる目的であるとしたように[168]、皇太子もなく幼少の天皇では、王権の不安定さを露見させることになってしまうからである。そして、このような政治的判断は太政大臣藤原良房に拠るものであっただろう。

十年後の貞観十三年（八七一）十二月、大使楊成規らが加賀国に来着した[169]。王啓より、同年に即位した渤海王大玄錫の挨拶と、一紀を満たしての来日であることがわかる[170]。日本側も年期を守っていたので翌貞観十四年に入京を許したが[171]、二十三歳になった清和は渤海使と対面していない。これは、陰陽寮の占いで「不祥の徴」があったためであり[172]、渤海使への行事は鴻臚館で行われ、宮中に入ることはなかった。渤海使が清和天皇と対面しなかったのは、承和から貞観年間に成立したといわれる「ケガレ観」の概念[173]との関わりも重要であろう。実際に、当時咳逆病が流行しており、太政大臣の良房も病気であった[174]。

この後、陽成朝以降に来日した渤海使についてもみておきたい。まず、貞観十八年（八七六）十二月に出雲に来着した楊中遠らは、違期を理由に放還されている[175]。この前月の十一月に九歳の幼帝陽成が即位したばかりであり[176]、清和のとき同様、幼帝と渤海使を対面させることを避けたのも放還の一因と考えられる。続く元慶六年（八八二）十一月に加賀に来着した裴頲らは、翌年入京している[177]。入京の理由については、日本側が渤海に出した慰労詔書や太政官牒が史料にみえず明らかではないが、前回入京した貞観十三年から十一年が経っており、ほぼ年期を満たしていたためと思われる。陽成は元慶六年正月に元服しており[178]、翌年入京した渤海使を豊楽殿に迎え宴を賜っている[179]。ケガレを気にして宮中に渤海使を入れなかった清和のときとは異なっている。

続く宇多朝には、寛平四年（八九二）出雲に来着した王亀謀らが、年期を考慮して来日したにもかかわらず、実際には十年しか経っていなかったため入京が認められなかった[180]。その後、寛平六年（八九四）年期を守って再び来日した裴頲らは入京しており、宮中で宇多天皇と対面している[181]。醍醐朝には、延喜八年（九〇八）に伯耆国に来着した裴璆が入京[182]、その十一年後の延喜十九年（九一九）十一月に若狭国に再び裴璆が来日した[183]。醍醐天皇が、『寛平御遺誡』に「外蕃之人必可㆓召見㆒者、在㆓簾中㆒見㆑之、不㆑可㆓直対㆒耳」とある宇多法皇の戒めを守っていれば、渤海使と対面するときは御簾越しであったことになるが、それでも渤海使参加の宮中行事には出御しているのである[184]。

以上のことから、年期を満たしていても渤海使の入京が許されなかった清和朝の事例は、清和が幼帝であったためであり、また、入京しても「ケガレ」を理由に宮中に入らなかったことも、清和朝における特殊な政治的事情であり、その後は年期制にもとづいた対応がなされていることがわかる。

（三）　年期制定後の日本と渤海

これまで述べてきた年期制定後の日本と渤海それぞれの外交姿勢について、渤海側の事情を補足しながら整理したい。

渤海については、嵯峨朝に頻繁に遣使してきた渤海王大仁秀が、天長元年に年期を告げられても隔年の姿勢を崩さず使者を派遣してきた。また、緒嗣をして渤海使を「商旅」といわしめたように、来日してはさかんに交易を行っていたと思われる。いわば、日本の年期に譲歩しない強硬な姿勢であったと考えられよう。

続く大彝震からの使者は、承和八年に初めて来日したが、大彝震の即位を告げる使者ではなく、日本の年期に従って即位後十一年目の遣使であった。その点では日本への譲歩がみえるものの、二度目の嘉祥元年の使者は年期に従ったものではない。濱田耕策氏は、大彝震の頃の渤海が、唐の長安や洛陽だけでなく、契丹に隣接する幽州などの辺地の州とも交通しており、これらの地域との交易も想定していたことを指摘する。[185]より広い交易圏を確保しようとする姿勢は、日本との交易も従来どおり重視していたものと考えられる。

大虔晃の即位は偶然に清和の即位とほぼ同時期であった。清和の即位を知らない虔晃からの天安三年（貞観元年）の使者は、自らの即位を告げるものであった。二年後の貞観三年、不要と伝えたにもかかわらず文徳の弔問使を派遣してくる。ところで、この貞観初年の渤海使は文化使節としての役割が注目される。貞観元年にその後江戸時代まで日本で使用される宣明暦《せんみょうれき》が伝えられたこと、そして貞観三年の渤海大使李居正が経典を将来したことである。[186]この頃、唐は唐末の争乱期に入り、渤海は交易や文化交流の面で日本への比重を高くしていったのではないだろうか。

大玄錫の貞観十三年の遣使は自らの即位を伝えるものであった。違期である貞観十九年の使者はその四年前貞観十五年に渤海からの遣唐使が漂着したのを助けた謝恩使であり、[187] それ以外はほぼ年期を考慮して使者を派遣しており、日本の年期制に譲歩する姿勢がみられる。貞観十四年以降は京内および来着地での交易記事も散見されることから、[188] より交易が容易に行われるようになり、交易のための年期制への譲歩とみられる。

以上のように、渤海末期の大玄錫以前は、渤海が日本の年期を理解しつつも、それにしたがって来日することは少なかった。また大虔晃以降は、即位を知らせるための遣使を派遣している。渤海は自らの国力が強かった大仁秀、大彝震の頃、そして唐・新羅の国力が疲弊していく大虔晃、大玄錫の頃、さらに自国の国力が衰退していく大諲譔の頃のそれぞれにおいて、日本との外交姿勢を変化させており、決して日本の年期にしばられてはいないのである。

一方、日本側はどうかというと、年期を定めたにもかかわらず、天長二年、嘉祥元年のように年期違反でも入京させている場合がある。また、清和朝のように、年期を遵守していても入京していない事例もある。年期制は「先皇の明制」[189]「先皇制」[190] などと入京判断の重要な基準として定着していたが、最終的には年期以上に優先される政治的判断があり、淳和朝や仁明朝では王権の力をアピールするために違期入京が利用されたというのが実情であろう。

註

(1) 石井正敏「初期日本・渤海交渉における一問題」(『日本渤海関係史の研究』吉川弘文館、二〇〇一年、初出は一九七四年)、酒寄雅志「八世紀における日本の外交と東アジアの情勢」(『渤海と古代の日本』校倉書房、二〇〇一年、初出は一九七七年)。

(2) 森公章「日渤関係における年期制の成立とその意義」(『遣唐使と古代日本の対外政策』吉川弘文館、二〇〇八年、初出は二〇〇四年)。

(3) 田村圓澄「新城・存問使・表文」（『古代東アジアの国家と仏教』吉川弘文館、二〇〇二年、初出は一九九一年）では、渤海使が来着する「北路」には「筑紫道」と異なり大宰府がないため、存問使が派遣されるようになったとして、太政官式蕃客条、治部式蕃客条、玄蕃式諸蕃使人条の成立を、渤海使が北路をとることを常例とするようになった宝亀九年（七七八）以降としている。また太政官式蕃客条に関する諸規定の成立は、初めて平安京に迎えられた延暦十四年（七九五）の渤海使か、それ以後の渤海使来日に関連していたとする。

(4) 『唐律疏義』巻八衛禁下　越度縁辺関塞条には、「又準二主客式一、蕃客入朝、於レ在レ路不レ得二与レ客交雑一。亦不レ得レ令二客与レ人言語一。州県官人、若無レ事亦不レ得二与レ客相見一」とある（律令研究会編『訳註日本律令二　律令本文上』東京堂出版、一九七五年）。

(5) 唐主客式については、瀧川政次郎「唐格式と日本格式」（『法制史論叢第一冊　律令格式の研究』角川書店、一九六七年、初出は一九六五年）、石見清裕「交雑の禁止―朝貢使節の入京途上規定―」（『唐の北方問題と国際秩序』汲古書院、一九九八年、初出は一九九六年）、日本における入京時の蕃使の隔絶については、新川登亀男「四神旗の諸問題」（『日本古代の儀礼と表現―アジアの中の政治文化―』吉川弘文館、一九九九年、初出は一九九一年）参照。

(6) 『続日本紀』宝亀十年四月辛卯（二十一日）条。

(7) 『日本三代実録』貞観十四年五月十五日条など。

(8) 鈴木靖民「新羅の倭典について」（『古事類苑月報』三三、一九六九年）、濱田耕策「聖徳王代の政治と外交―通文博士と倭典をめぐって―」（『新羅国史の研究―東アジア史の視点から』吉川弘文館、二〇〇二年、初出は一九七九年）。

(9) 鈴木靖民「日本律令制の成立・展開と対外関係」（『古代対外関係史の研究』吉川弘文館、一九八五年、初出は一九七四年）。

(10) 『日本書紀』推古十六年六月丙辰（十五日）条。

(11) 『旧唐書』巻四四職官志鴻臚寺。

(12) 『類聚符宣抄』第六雑例、弘仁九年（八一八）四月五日にも、次のとおり渤海使の迎接に関して記文が参考にされている例がみえる。

中納言兼左近衛大将藤原朝臣宣、奉レ勅、自レ今以後、渤海使者来着消息、所在国司言上之日、宜下参議以上共会案二検承前記文一、預定中供客諸事及執事人等上、不レ得三臨レ時屢奏二漏失之状一者上、宜二外記等存レ意挙聞一。

弘仁九年四月五日　大外記船連湊守奉

記文について、西本昌弘「儀式記文と外記日記―『弘仁格式』序の再検討―」（『日本古代儀礼成立史の研究』塙書房、一九九七年）では、文記と記文は同義で、『弘仁格式』序文に「其朝会之礼、蕃客之儀、頃年之間、随宜二改易一、至二於有レ事例一、具存二記文一、今之所レ撰、且以略レ諸。」とあることから、弘仁期における儀式書成立以前は、記文による儀式運営が整備されていたとしている。

(13)『日本書紀』（岩波書店、一九六七年）雄略十四年四月朔条の頭注では、タゲは食べることで、「一緒に御馳走を食べる人」の意味とする。

(14) 高島弘志「日本古代国家と共食儀礼」（『釧路公立大学紀要人文・自然科学研究』一、一九八九年）は、共同飲食が擬制的同族関係から五世紀後半には王権の内部構造を反映した政治的統属関係に変質したことを指摘している。

(15) 田島公「外交と儀礼」（岸俊男編『日本の古代』七、中央公論社、一九八六年）。

(16) 榎村寛之「飲食儀礼からみた律令王権の特質」（『日本史研究』四四〇、一九九九年）。

(17)『続日本紀』大宝元年八月甲寅（十四日）条。

(18)『続日本紀』神亀四年九月庚寅（二十一日）条。

(19)『文華秀麗集』巻上餞別二四「春日餞三野柱史奉レ使存二問渤海客一」。

(20)『類聚国史』巻一九四、弘仁十四年十二月戊子（八日）条。

(21)『続日本後紀』承和九年三月辛丑（六日）条、『日本三代実録』貞観十四年四月十三日条。

(22)「問来朝由使」や「検校使」を扱ったものに、石井正敏「大宰府の外交機能と外交文書」（前掲註（1）著書、初出は一九七〇年）、ブルース・バートン「律令制下における新羅・渤海使の接待法」（『九州史学』八三、一九八五年）、中野高行「日本古代における外国使節処遇の決定主体」（『日本古代の外交制度史』岩田書院、二〇〇八年、初出は一九九七年）、河内春人「新羅使迎接の歴史的展開」（『ヒストリア』一七〇、二〇〇〇年）などがある。これらの論文によれば、新羅使への問来朝由使は、『続日本紀』天平宝字八年七月甲寅（十九日）条、神護景雲三年十二月癸丑（十九日）条、宝亀十年十一月己巳（三日）条などにみえ、検校使は天平十五年四月甲午（二十五日）条にみえる。

(23)『続日本紀』宝亀十年十一月乙亥（九日）条、丙子（十日）条。

(24)河内春人「新羅使迎接の歴史的展開」（前掲註（22）論文）。

(25)『続日本紀』慶雲元年七月朔条。

(26)森公章「遣唐使が見た唐の賓礼」（前掲註（2）著書、初出は二〇〇三年）。

(27)石見清裕「辺境州県における朝貢使節の待遇」（前掲註（5）著書、初出は一九八九年）、古瀬奈津子『遣唐使の見た中国』（吉川弘文館、二〇〇三年）。

(28)『冊府元亀』巻一七〇、帝王部、来遠。

(29)『日本三代実録』貞観十四年五月二十四日条。

(30)『日本三代実録』貞観十四年五月二十五日条。

(31)田島公「日本の律令国家の『賓礼』―外交儀礼より見た天皇と太政官―」（『史林』六八―三、一九八五年）。

(32)都良香が渤海使来日時に詠んだ漢詩は『都氏文集』や『扶桑集』にみえ、紀長谷雄が渤海使と漢詩を唱和したことは、『菅家文草』巻二「鴻臚贈答詩序」にみえる。「鴻臚贈答詩」については、加藤順一「菅原道真『鴻臚贈答詩序』にみる元慶七年の渤海使接待」（『名古屋明徳短期大学紀要』一四、一九九九年）などが詳しい。

(33)大臣大饗における掌客使については、倉林正次『饗宴の研究』儀礼編（桜楓社、一九六五年）が詳しい。

(34)『日本三代実録』貞観十四年四月十六日条。

(35)『続日本後紀』承和九年三月辛丑（六日）条、四月丙子（十二日）条。

(36)森公章「賓礼の変遷から見た日渤関係をめぐる一考察」（前掲註（2）著書、初出は二〇〇三年）。

(37)新訂増補国史大系本、日本古典全集本、神道大系本ではすべて「各」を治部式により衍字とする。虎尾俊哉編『延喜式』中

（集英社、二〇〇七年）では、「各」字への校訂は付けていない。

(38) 『日本書紀』推古十五年七月庚戌（三日）条。

(39) 『日本三代実録』天安三年二月九日条。

(40) 酒寄雅志「渤海通事の研究」（前掲註（1）著書、初出は一九八八年）。

(41) 『日本紀略』弘仁元年五月丙寅（二十七日）条に、「渤海使首領高多仏脱レ身、留二越前国一。安二置越中国一給レ食。即令下二史生羽栗馬長幷習語生等一、就習中渤海語上」という記事があることからも、「渤海語」の存在が知られる。

(42) 酒寄雅志「渤海通事の研究」（前掲註（40）論文）。

(43) 春日宅成は天安三年、貞観十三年に通事となり、伊勢興房は貞観十三年には「領帰郷客使通事」、元慶七年に通事となっている。宅成は『入唐求法巡礼行記』会昌六年六月九日条に「春太郎」とみえる人物で、興房は高丘親王とともに入唐し、その旅行記として『頭陀親王入唐略記』を著している。

(44) 『続日本後紀』承和九年三月壬戌（二十七日）条。

(45) 『日本三代実録』貞観十四年五月十五日条、元慶七年四月二十八日条。

(46) 『続日本紀』慶雲二年十一月己丑（十三日）条、和銅七年十二月己卯（二十六日）条。第一章第一節参照。

(47) 石見清裕「唐の国書授与儀礼について」（『東洋史研究』五七―二、一九九八年）。

(48) 『日本後紀』延暦二十四年六月乙巳（八日）条。

(49) 古瀬奈津子『遣唐使の見た中国』（前掲註（27）著書）。

(50) 森公章「遣唐使が見た唐の賓礼」（前掲註（26）論文）。

(51) 『続日本後紀』承和九年三月癸亥（二十八日）条。

(52) 『続日本後紀』承和九年三月甲子（二十九日）条。

(53) 『日本三代実録』貞観十四年五月十七日条。

(54) 『続日本後紀』嘉祥二年四月辛亥（二十八日）条。

(55) 田島公「日本の律令国家の『賓礼』―外交儀礼より見た天皇と太政官―」(前掲註(31)論文)。
(56) 『続日本後紀』嘉祥二年四月辛亥(二十八日)条。
(57) 『続日本後紀』承和九年四月乙丑朔条、嘉祥二年四月癸丑(三十日)条、『日本三代実録』貞観十四年五月十七日条。
(58) 『類聚国史』巻一九四、天長元年正月乙卯(五日)条。
(59) 『日本三代実録』元慶七年二月二十五日条、『扶桑略記』延喜二十年三月二十二日条、『朝野群載』巻十一、延喜二十年三月二十二日条。
(60) 『続日本紀』神亀四年十二月丙申(二十九日)条。
(61) 『続日本紀』神亀五年正月甲寅(十七日)条。
(62) 平野卓治「律令位階制と『諸蕃』」(林陸朗先生還暦記念会編『日本古代の政治と制度』続群書類従完成会、一九八五年)。なお、武田佐知子「日本衣服令の成立―唐令の継受をめぐって―」(『古代国家の形成と衣服制―袴と貫頭衣―』吉川弘文館、一九八四年)は、中国令の「朝服」は日本の衣服令では「礼服」に近いものとしている。このため、渤海使が賜られた服は朝服でなく礼服であった可能性も考えられる。
(63) 『日本三代実録』貞観十四年五月十九日条、元慶七年五月三日条。
(64) 『日本後紀』延暦十八年正月壬子(七日)条。
(65) 『類聚国史』巻一九四　弘仁十三年正月戊申(十六日)条、壬子(二十日)条。
(66) 『続日本後紀』承和九年四月己巳(五日)条、癸酉(九日)条。なお、新訂増補国史大系『続日本後紀』および『類聚国史』巻一九四の当該条では、供食を「共食」と校訂しており、治部式蕃客条にみえる「共食」と混同していることがうかがえる。
(67) 『続日本後紀』承和九年四月癸酉(九日)条。
(68) 『続日本後紀』嘉祥二年五月丙辰(三日)条(豊楽殿)、癸亥(十日)条(朝堂)。
(69) 中野高行「慰労詔書に関する基礎的考察」(前掲註(22)著書、初出は一九八四年)。
(70) 田島公「日本の律令国家の『賓礼』―外交儀礼より見た天皇と太政官―」(前掲註(31)論文)。

(71)『続日本後紀』承和九年四月丙子(十二日)条。
(72)『続日本後紀』嘉祥二年五月乙丑(十二日)条、『日本三代実録』貞観十四年五月二十五日条、元慶七年五月十二日条。
(73)石見清裕「唐の国書授与儀礼について」(前掲註(47)論文)。
(74)『日本三代実録』貞観十四年五月二十八日条。
(75)『日本三代実録』元慶七年五月十二日条。
(76)虎尾俊哉『延喜式』(吉川弘文館、一九六四年)、早川万年「弘仁式・貞観式研究の成果と課題」(虎尾俊哉編『弘仁式貞観式逸文集成』国書刊行会、一九九二年)。
(77)『類聚三代格』巻一。
(78)虎尾俊哉『延喜式』(前掲註(76)著書)。
(79)一方で、領帰郷客使、掌客使、労問使は『貞観式』で迎接使規定が整備されたので貞観十四年の記事にみえた可能性も否定できず、式文の成立と迎接使派遣の実態との関係は今後の課題である。
(80)小倉慈司「延喜神名式『貞』『延』標注の検討―官社の数量的変遷に関して―」(『延喜式研究』八、一九九三年)により、延喜神名式の標柱「貞」「延」は、ほぼ『貞観式』、『延喜式』の実態に適っていることが明らかにされている。
(81)『続日本後紀』承和九年三月辛丑(六日)条。
(82)石井正敏「大宰府の外交機能と外交文書」(前掲註(22)論文)。
(83)『続日本紀』宝亀三年正月丁酉(十六日)条。
(84)『類聚三代格』巻一八、天長五年正月二日太政官符。
(85)石井正敏「大宰府の外交機能と外交文書」(前掲註(22)論文)。
(86)『続日本後紀』承和九年三月辛丑(六日)条。
(87)『弘仁式』で太政官式蕃客条が存在した可能性についても考察が必要であろう。表7によれば、太政官式蕃客条の迎接使で弘仁式編纂時にすでに史料にみえる迎接使は、存問使と『内裏式』正月七日会式にみえる通事、宣命使、供食使であるが、宣

(88)　命使と供食使は、豊楽院と朝集堂における渤海使への饗宴が弘仁十三年以降みえはじめることから、『弘仁式』段階で太政官式蕃客条に規定されていたとは考えられない。したがって、『弘仁太政官式』蕃客条が存在したとすれば、規定されていたのは存問使と通事となるが、この二者のみをあえて太政官式に規定したとは考えにくい。ここでは、太政官式蕃客条は『弘仁式』段階で存在しなかったとしておく。

(89)　『続日本後紀』承和九年三月辛丑（六日）条、四月丙子（十二日）条。

(90)　『日本三代実録』貞観十四年五月二十二日には「領帰郷客使通事」が派遣されており、通事においても往還で異なる人物が任命されていた。

(91)　『日本三代実録』元慶七年四月二日条、五月十二日条。

(92)　前掲註（66）のように、供食を「共食」と校訂している史料も多く、両者がこれまで混同されてきたことが明らかである。

(93)　榎村寛之「飲食儀礼からみた律令王権の特質」（前掲註（16）論文）。

(94)　供食使が『貞観式』段階で太政官式蕃客条に規定されたことから、この段階ですでに治部省や玄蕃寮の官人が、治部式蕃客条の共食を供食使に読み替えて迎接の実務にあたっていたと考えることができる。

(95)　彌永貞三「古代の釈奠について」（『古代の政治と史料』高科書店、一九八八年、初出は一九七二年）。

(96)　藤森健太郎「元日朝賀儀礼の衰退と廃絶」（『古代天皇の即位儀礼』吉川弘文館、二〇〇〇年）。

(97)　田島公「日本の律令国家の『賓礼』―外交儀礼より見た天皇と太政官―」（前掲註（31）論文）。

(98)　神谷正昌「九世紀の儀式と天皇」（『史学研究集録』一五、一九九〇年）。

(99)　服藤早苗「王権の父母子秩序の成立―朝覲・朝拝を中心に―」（十世紀研究会編『中世成立期の政治文化』東京堂出版、一九九九年）。

(100)　村井章介「王土王民思想と九世紀の転換」（『思想』八四七、一九九五年）。

(101)　西別府元日「転換期としての「承和期」」（『律令国家の展開と地域支配』思文閣出版、二〇〇二年）。

(102)　森公章「日渤関係における年期制の成立とその意義」（前掲註（2）論文）。

(102)『類聚国史』巻一九三、延暦十五年十月己未(二日)条。
(103)『類聚国史』巻一九三、延暦十七年五月戊戌(十七日)条。
(104)『類聚国史』巻一九三、延暦十七年十二月壬寅(二十七日)条。
(105)『類聚国史』巻一九三、延暦十八年四月己丑(十五日)条。
(106)前掲註(102)史料にあるように、延暦十五年に渤海から日本に年期を定める要請がされているが、このような行為について、石井正敏「光仁・桓武朝の日本と渤海」(前掲註(1)著書、初出は一九九五年)では、「尋ねる諸侯と裁定する天子」という関係が存在し、渤海が「辞を低くして」日本に朝貢年限を請うてきたという。
(107)林陸朗「藤原緒嗣と藤原冬嗣—平城・嵯峨朝の政界鳥瞰—」(『上代政治社会の研究』吉川弘文館、一九六九年、初出は一九六二年)。
(108)石井正敏「藤原緒嗣の「実是商旅、不足隣客」云々発言をめぐって」(前掲註(1)著書)。
(109)『続日本後紀』承和十年七月庚戌(二十三日)条。
(110)林陸朗「藤原緒嗣と藤原冬嗣—平城・嵯峨朝の政界鳥瞰—」(前掲註(107)論文)。
(111)阿部猛「平安初期の一貴族の生涯—藤原緒嗣小伝—」(『平安前期政治史の研究』新訂版、髙科書店、一九九〇年)。
(112)『日本後紀』延暦二十四年十二月壬寅(七日)条。
(113)『類聚国史』巻八、弘仁十四年十一月癸亥(十三日)条。
(114)森克己「外国商船来航制限方針」(『新編森克己著作集第一巻　新訂日宋貿易の研究』勉誠出版、二〇〇八年、初出は一九七五年)。
(115)石井正敏「光仁・桓武朝の日本と渤海」(前掲註(106)論文)。
(116)『類聚国史』巻一九四、天長二年十二月辛丑(三日)条。
(117)酒寄雅志「渤海国家の史的展開と国際関係」(前掲註(1)著書、初出は一九七九年)、濱田耕策『渤海国興亡史』(吉川弘文館、二〇〇〇年)。なお、酒寄氏は大仁秀が前王大明忠を殺害し王位を簒奪したとみている。

(118) 新妻利久『渤海国史及び日本との国交史の研究』（学術書出版会、一九六九年）、上田雄『渤海使の研究』（明石書店、二〇〇二年）。
(119) 濱田耕策『渤海国興亡史』（前掲註（117）著書）。
(120) 保立道久『黄金国家』（青木書店、二〇〇四年）。
(121) 森公章「日渤関係における年期制の成立とその意義」（前掲註（2）論文）。
(122) 鳥山喜一『渤海史上の諸問題』（風間書房、一九六八年）。
(123) 石井正敏「光仁・桓武朝の日本と渤海」（前掲註（106）論文）。
(124) 林陸朗「藤原緒嗣と藤原冬嗣─平城・嵯峨朝の政界鳥瞰─」（前掲註（107）論文）。
(125)『類聚国史』巻七四、弘仁五年三月辛亥（四日）条。
(126) 酒寄雅志「東北アジアのなかの渤海と日本」（前掲註（1）著書、初出は一九九一年）。
(127) 嵯峨朝における渤海使との漢詩文応唱については、第三章参照。
(128) 濱田耕策『渤海国興亡史』（前掲註（117）著書）。
(129) 本章第一節論文。
(130) 石井正敏「日唐交通と渤海」（前掲註（1）著書、初出は一九七六年）、また、榎本淳一「渤海が伝えた「大唐淄青節度康志曀交通之事」について」（『唐王朝と古代日本』吉川弘文館、二〇〇八年、初出は二〇〇三年）では、「交通」の相手を渤海でなく日本と捉え、康志睦が日本との通交を要望していることを伝える使者と理解している。
(131)『類聚国史』巻一九四、天長五年二月己丑（二日）条。
(132)『類聚国史』巻一九四、弘仁十三年正月戊申（十六日）条。またこのときの打毬を詠んだ嵯峨天皇と滋野貞主の漢詩が『経国集』巻第十一に収録されている（第三章参照）。
(133) 石井正敏「日本・渤海関係の概要と本書の構成」注（25）（前掲註（1）著書）。
(134) 林陸朗「藤原緒嗣と藤原冬嗣─平城・嵯峨朝の政界鳥瞰─」（前掲註（107）論文）。

(135)『続日本後紀』承和九年三月辛丑（六日）条。

(136)『続日本後紀』承和九年三月甲子（二十九日）に「守二年紀一氏自レ遠参来……」とみえ、四月丙子（十二日）条に「王奉レ遵二明約一、沿二酌旧章一……」、「賀福延等修二聘礼一、守二一紀一之龍信……」などの文言がみえる。

(137)酒寄雅志「渤海国中台省牒の基礎的研究」（前掲註（1）著書、初出は一九八五年）では、宮内庁書陵部所蔵「壬生家文書」に残るこのときの中台省牒写しや渤海の「牒」の性格を検討し、このときの中台省牒は、末尾に「……牒上、日本国太政官」とあることから、日本の付庸国であることを表明していること、さらに中台省自体も付庸国の官司として宗主国の日本の太政官牒の下位に位置づけていることを指摘する。

(138)『続日本後紀』承和九年三月辛丑（六日）条。

(139)『続日本後紀』承和九年四月丙子（十二日）条。

(140)石井正敏「日唐交通と渤海」（前掲註（130）論文）。また、そこで紹介されている金毓黻氏の指摘は、金毓黻『渤海国志長編』巻一九叢考九八〇頁～九八三頁部分。

(141)『続日本後紀』嘉祥元年十二月乙卯（三十日）条。

(142)『続日本後紀』嘉祥二年三月戊辰（十四日）条。

(143)『続日本後紀』嘉祥二年四月辛亥（二十八日）条。

(144)『続日本後紀』嘉祥二年五月乙丑（十二日）条。

(145)『続日本後紀』承和十五年六月庚子（十三日）条。

(146)『続日本後紀』嘉祥元年九月乙亥（十九日）条。

(147)『続日本後紀』承和十五年六月庚寅（三日）条、乙未（八日）条。

(148)『続日本後紀』嘉祥二年四月辛亥（二十八日）条。

(149)『続日本後紀』嘉祥二年五月乙丑（十二日）条。

(150)森公章「日渤関係における年期制の成立とその意義」（前掲註（2）論文）。

(151) 新訂増補国史大系本『続日本後紀』では、三月乙亥（二十一日）条の「乙亥」部分が底本（谷森本）では「乙丑」に、三月壬午（二十八日）条の「壬午」部分が「壬申」となっているのを、『類聚国史』と『日本紀略』により校訂している。
(152) 仁明四十賀の性格については、保立道久『黄金国家』（前掲註（120）著書）および木村茂光『「国風文化」の時代』（青木書店、一九九七年）などを参照した。
(153) 『日本三代実録』貞観元年正月二十二日条、二月四日条。
(154) 『日本三代実録』貞観元年五月十日条。
(155) 『日本三代実録』貞観元年三月十三日条。
(156) 『日本三代実録』貞観元年六月二十三日条。
(157) 『日本三代実録』の貞観元年の渤海使来日記事中には、慰労詔書や太政官牒が加賀国で授与されたことは明記されていないが、渤海使が入京したことを示す記事がないため、そのように判断した。
(158) 『日本三代実録』貞観元年六月二十三日条。
(159) 『日本三代実録』貞観三年正月二十日条。
(160) 李居正については、『冊府元亀』巻九九九請求に、唐の文宗大和七年（八三三）正月に渤海王大彝震の冊封を謝恩する使節とともに入唐した留学生と交替して帰国した留学生の三人のうちの一人であることがみえ、大和七年以前に入唐留学していたことが知られる（濱田耕策『渤海国興亡史』前掲註（117）著書）。また、李居正が将来したことが奥書に記されている『仏頂尊勝陀羅尼記』の写しが石山寺に所蔵されている（田島公「海外との交渉」橋本義彦編『古文書の語る日本史』二、筑摩書房、一九九一年）。
(161) 『日本三代実録』貞観三年五月二十一日条。
(162) 濱田耕策『渤海国興亡史』（前掲註（117）著書）。
(163) 上田雄『渤海使の研究』（前掲註（118）著書）。
(164) 『日本三代実録』貞観二年十月十六日条。当該条には、『孝経』が「六籍之根源、百王之模範」であるとされる。坂田充「『御注孝経』の伝来とその受容―九世紀日本における唐風化の一事例として―」（『学習院史学』四三、二〇〇五年）によれば、中国で『孝経』はもともと若年者向けの教育書として重視されており、唐において王家の指定教育で重要視された風潮が日本にも影響を与えたとしている。

(165)『日本三代実録』貞観二年閏十月二十三日条。このときの朔日冬至については、谷口孝介「貞観二年朔旦冬至における「経」と「術」と」（『菅原道真の詩と学問』塙書房、二〇〇六年）を参照した。

(166)『日本三代実録』貞観三年六月十六日。なお当該記事には、宣明暦が貞観元年の渤海使烏孝慎が献上したものであることが記されている。大日方克己「宣明暦と日本・渤海・唐をめぐる諸相」（佐藤信編『日本と渤海の古代史』山川出版社、二〇〇三年）では、日本が宣明暦を入手して早速改暦を行ったことを、清和の新王権発足と関連があるとする。

(167) 坂田充「『御注孝経』の伝来とその受容―九世紀日本における唐風化の一事例として―」（前掲註（164）論文）。

(168) 保立道久『黄金国家』（前掲註（120）著書）。

(169)『日本三代実録』貞観十三年十二月十一日条。

(170)『日本三代実録』貞観十四年五月十八日条。

(171)『日本三代実録』貞観十四年五月二十五日条。

(172)『日本三代実録』貞観十四年五月十九日条。

(173) 大日方克己「古代における国家と境界」（『歴史学研究』六一三、一九九〇年）。

(174)『日本三代実録』貞観十四年正月二十日条、三月七日条。

(175)『日本三代実録』元慶元年六月二十五日条。なお、この時の渤海使が一紀一貢の廃止を請う王啓をもたらしたという説については、石井正敏「年期制をめぐって」（前掲註（1）著書）に従い、史料中に年期廃止を求める意味を見出せないためそのような廃止論がなかったと考えたい。

(176)『日本三代実録』貞観十八年十一月二十九日条。

(177)『日本三代実録』元慶六年十一月二十七日条、元慶七年四月二十八日条。

(178)『日本三代実録』元慶元年正月二日条。
(179)『日本三代実録』元慶七年五月三日条。
(180)『本朝文粋』巻一二「贈渤海国中台省牒」。なお、この中台省牒の案文が寛平四年のものであるかについて確証はない。本書第四章参照。
(181)『日本紀略』寛平六年十二月二十九日条、寛平七年五月七日条。
(182)『扶桑略記』延喜八年正月八日条、三月二十日条、四月二日条、四月二十六日条、『日本紀略』延喜八年四月八日条など。
(183)『扶桑略記』延喜十九年十一月十八日条、二十一日条、二十五日条、十二月五日条、五月五日条、十二月十六日条、五月八日条、五月十二日条など。
(184)『扶桑略記』延喜八年五月五日条、延喜十九年五月十二日条。
(185)濱田耕策『渤海国興亡史』（前掲註（117）著書）。
(186)李居正が将来した『仏頂尊勝陀羅尼記』については、田島公「海外との交渉」（前掲註（160）論文）参照。なお、田島氏以前に稲葉岩吉『満州発達史』（大阪屋号出版部、一九一五年）が、東寺の経蔵に所蔵された梵本『尊勝咒諸家集』の奥書に李居正伝来であることが記されているとするが、田島氏はこの梵本を「未見」としている。
(187)『日本三代実録』元慶元年四月十八日条。
(188)『日本三代実録』貞観十四年五月二十一日条、二十二日条、元慶六年十一月二十八日条、元慶七年五月七日条、八日条。
(189)『続日本後紀』嘉祥二年五月乙丑（十二日）条。
(190)『日本三代実録』貞観三年五月二十一日条、元慶元年六月二十五日条。

第三章　漢詩文にみる渤海使

弘仁期には頻繁に渤海使が来日し、朝賀や節会などの宮中行事に参加している。だが、来日した使節の行程については、『日本後紀』の欠失により史料が少ないこともあり不明な点が多い。このような国史を補うものとして、弘仁・天長期成立の勅撰漢詩集（『凌雲集』『文華秀麗集』『経国集』）がある。これらのなかには、来日した渤海使との間に交わされた律令官人による漢詩や、渤海使が作った漢詩が含まれている。そしてそれらの漢詩には、存問使や領客使という外国使節迎接使の名称がみえるのである。それにもかかわらず、漢詩文はこれまで迎接使の役割を検討する素材として用いられることがほとんどなかった。

そこで本章では、弘仁五年（八一四）来日の渤海使王孝廉一行および弘仁十二年（八二一）来日の渤海使王文矩一行の二例について、漢詩文を素材に、国史からではわからない渤海使迎接の一面を明らかにしたい。

第一節　弘仁六年の渤海使

一　渤海使の足跡

弘仁九年（八一八）成立の『文華秀麗集』には、弘仁五年末に来日し、弘仁六年に入京した王孝廉を大使とする渤海使に関する一連の漢詩が残っており、これらの漢詩中には存問使や領客使の語を見てとることができる。

この『文華秀麗集』の渤海関連詩については、国文学の分野から小島憲之氏、[1]遠藤光正氏[2]らが研究を始め、近年では雑誌『アジア遊学』連載の「渤海関連詩を読む」において解釈がほどこされている。[3]また、歴史学の分野では大日方克己氏、[4]上田雄氏、[5]加藤順一氏[6]らが日渤関係史を扱うなかで検討している。これらの先行研究により、個々の漢詩の内容は深められてきたが、渤海使の迎接に注目した分析は十分とはいえない。そこで、本書においてくわしく検討していきたい。

弘仁五年に来朝した渤海使に関する記事を『日本後紀』および『類聚国史』から整理したものが表12である。渤海使の着岸地については記載がないが、十一月九日の出雲国の田租を免じて蕃客に供えるという記事によって、来着地または安置国が出雲であるとみられる。翌年正月には入京し、元日朝賀や正月七日の白馬、十六日の踏歌などの節会に参加している。また、使節の構成は正月七日の叙位記事によって、大使王孝廉、副使高景秀、判官高英善・王昇基、録事釋仁貞・烏賢徳、訳語李俊雄であることがわかる。

渤海からの国書（王啓）の内容は記されていないが、正月二十二日にみえる日本の国書（慰労詔書）から、渤海啓が先王大元瑜の死と、大言義の即位を伝えたものとみられる。この国書授与以後は、五月十八日に大使王孝廉らが逆風に遭い漂廻するまで記録がないため、おそらくこの間に渤海使は京を出発し、出航地に向かったのだろう。出航地については、五月二十三日に越前国に大船を用意させている記事がみえるものの、地名は記されていない。小島憲之氏や遠藤光正氏は敦賀に松原客館[7]があることから敦賀を出航地とみているが、近年は後述のように、漢詩文Lによって出雲とみる大日方克己氏や加藤順一氏の説が有力である。

渡航に失敗した王孝廉は六月十四日に病没してしまう。翌年の弘仁七年五月に副使高景秀らは再度国書を賜っているため、渤海使は孝廉没後も一年近く出航できずにそのまま日本に滞在し続けたことになる。二度目の国書は一度目の国書の内容を縮めたものであるが、王孝廉の死と判官王昇基や録事釋仁貞の死が追記されており、新たな物故者が出ている。その後は渤海使に関する記述がないため、一行はまもなく出航したのであろう。

表12　弘仁5年～7年の渤海使関連記事

年	月日	内容
弘仁5	9・30	渤海国が使者を派遣して方物を献ずる。
	11・9	賊乱と蕃客供給のため出雲国の田租を免ず。
弘仁6	正・朔	天皇が大極殿に出御する朝賀に渤海使も参加。
	正・7	白馬節会の宴に渤海使も参加。渤海大使以下叙位、賜禄あり。
	正・16	天皇が豊楽院に出御する踏歌節会の宴に渤海使も参加。
	正・20	朝集堂で大使王孝廉らに饗あり。楽と禄を賜う。
	正・22	渤海王宛の国書を賜う。
	5・18	王孝廉ら海中で逆風にあって漂廻。
	5・23	越前国に大船を選ばせる。
	6・14	王孝廉薨ず。正三位を贈る。
弘仁7	5・2	副使高景秀以下に夏衣を賜い、渤海王宛の国書を賜う。

二　漢詩文の検討

次に弘仁六年の渤海使に関する漢詩文をみていきたい。

一連の渤海関連詩は、『文華秀麗集』

と『経国集』にみえる次のA〜Nまでの十四の詩である。

『文華秀麗集』

巻上宴集　A　「奉レ勅陪二内宴一詩」　王孝廉

B　「七日禁中陪レ宴詩」　釋仁貞

C　「春日対レ雨　探得二情字一」　王孝廉

餞別　D　「春日餞三野柱史奉レ使存二問渤海客一」　巨識人

贈答　E　「書レ懐呈二王中書一」　仲雄王

F　「秋朝聴レ雁　寄二渤海入朝高判官釋録事一」　坂今雄

G　「和二渤海大使見レ寄之作一」　坂今継

H　「春夜宿二鴻臚一　簡二渤海入朝王大使一」　滋野貞主

I　「和下渤海入覲副使公賜レ対二龍顔一之作上」　桑腹赤

J　「在二辺亭一賦得二山花一　戯寄二両箇領客使并滋三一」　王孝廉

K　「和二坂領客対レ月思レ郷見レ贈之作一」　王孝廉

L　「従二出雲州一書レ情　寄二両箇勅使一」　王孝廉

巻下雑詠　M　「和下滋内史奉レ使遠行観二野焼一之作上」　巨識人

『経国集』

巻十一雑詠　N　「春日奉レ使入二渤海客館一」　滋野貞主

『文華秀麗集』『経国集』ともに漢詩が時系列で排列されていないため、個々の詩がいつどこで詠まれたのかは、詩の詞書や内容より判断しなければならない。以下で、A～Nの漢詩を時系列に並び替えて、時期の早いものから検討していきたい。

（一）　存問使派遣時の詩

一連の漢詩でもっとも最初に詠まれたのが、弘仁五年に出雲に派遣された存問使がその途中で詠んだとみられる次のM詩である。

M　和下滋内史奉レ使遠行観二野焼一之作上。一首。　巨識人

皇華辞レ宅遠有レ期　行踏二雲山一臘月時　疋馬駈馳忽逢レ夜　瞑曚暗色迷レ所レ之
誰村野火客行辺　不レ待二月輝一見二朗天一　初着二孤叢一微燎発　須臾逆散万山然
炎爓紛飛無二暫断一　冬時不レ寒還生レ暖　状似二天河暁星落一　色如二仙竈暮煙満一
寒氷鎔尽百谷中　熱雲蒸落九天空　山鳥愁レ傷二構レ巣樹一　野人畏着二編レ宇蓬一
忽起二辺風一吹二焦声一　雄光列列看更明　長途今夜不レ知レ暗　屡策二軽蹄一独照レ行

この詩は、巨識人（巨勢識人）が滋内史（滋野貞主）作の詩に唱和した詩である。滋内史が滋野貞主であることは、『文華秀麗集』巻中の嵯峨天皇御製詩に「同下内史滋貞主追中和武蔵録事平五月訪二幽人遺跡一之作上」という漢詩があることからも明らかである。貞主は弘仁年間に内記を務めている[8]。「内史」は「内記」と同義であろう。

詩の冒頭の「皇華」とは、『大漢和辞典』によれば、『小雅』皇皇者華序に「君遣二使臣一也、送レ之以二礼楽一、言遠而有二光華一也」とある部分が転じて、天子の使臣、勅使のことを指すという。したがって、この詩は、貞主が勅使として「臘月」（陰暦十二月）に遠行して見た野焼の様子を詠んだものである。しかし、識人が唱和した貞主の詩も残って

おらず、何のための勅使であるのかは不明である。

渤海使に関する語がまったくみられないこの詩を渤海関連詩であると説いたのが井実充史氏である(9)。井実氏は、識人が貞主の餞別に作ったD「春日餞三野柱史奉レ使存二問渤海客一」詩（後掲）とM詩は関連があるものとする。氏は、D詩の「野柱史」（「柱史」は内記の唐名）も滋野貞主を指し、貞主が存問使を奉じているため、M詩の「使」も存問使のことであり、「（貞主は）おそらくこの（M詩の）ときは存問使として王孝廉一行の入国審査をするために赴いたのであろう」と理解している。確かに、『文華秀麗集』で「奉使」という語が用いられているのはD詩とM詩のみである。国司が京を出発する場合には「赴任」の語で記されており、「奉使」とは明確に区別されているのである。

また、渤海使が弘仁六年の元日朝賀に参加するためには、弘仁五年中に入京しなければならない。『延喜主計式』によれば、出雲までは下りで八日、上りで十五日の計二十三日を要するため、渤海使が弘仁五年中に入京するためには、存問使の出雲への出立は遅くとも十二月初旬となり、Mの「臘月」と季節が一致する。

以上のことから、本書でも井実説に従い、M詩が存問使派遣の途中で詠まれた詩と考えたい。さらに、存問使貞主が見た野焼について、識人もその様子を詳細に詠んでいることから、識人も貞主とともに存問使として派遣され、野焼をみているものと考えたい。

（二）　正月の宴会での詩

A　奉レ勅陪二内宴一詩。一首。　王孝廉

海国来朝自二遠方一　百年一醉謁二天裳一　日宮座外何所レ見　五色雲飛万歳光

B　七日禁中陪レ宴詩。一首。　釋仁貞

入二朝貴国一慙二下客一　七日承レ恩作二上賓一　更見鳳声無二妓態一　風流変動一国春

Aは渤海大使王孝廉が内宴の席で詠んだ詩であり、Bは渤海録事釋仁貞が正月七日の宴で詠んだ詩である。Aが詠まれた日については、Bと同じ正月七日とする小島説や上田説と、平安時代の年中行事としての内宴が正月二十日頃に行われることから、正月二十日に詠まれたとする遠藤説、後藤説[10]、加藤説がある。内宴は嵯峨朝を成立期とし、天皇の私的な饗宴で、唐楽や文人賦詩を中心とするものとされている[11]。しかし、弘仁六年の正月七日や二十日の宴会には天皇の出御は明記されておらず、これらの日とみてよいか問題となる。また、天皇の出御が確認できるのは正月十六日の踏歌であるが、その日であるという根拠もなく、ここでは具体的な日を断定することはできない。

Ｉ　和下渤海入覲副使公賜レ対二龍顔一之作上。一首。　桑腹赤

渤海望無レ極　蒼波路幾千　占レ雲遥驟レ水　就レ日遠朝レ天

慶自二紫霄一降　恩将丹化宣　以二君呉札耳一　応悦聴二薫絃一

Ｉは渤海副使高景秀の「公に龍顔に対ゆることを賜う」という詩に桑原腹赤が唱和したものである。桑原腹赤（のちの都腹赤）は弘仁五年成立の『凌雲集』目録に「文章生相模権博士大初位下」[12]とあるので、文章生として渤海使との宴会に参加したのであろう。高景秀の作品は残っていないが、「龍顔」すなわち嵯峨天皇に対面した後に詠まれた詩であるため、おそらく正月の宮中での宴会で詠まれたものと推測できる。しかし、Aと同様に具体的な日を特定する手がかりはない。

（三）　京の鴻臚館での詩

Ｈ　春夜宿二鴻臚一、簡二渤海入朝王大使一。一首。　滋貞主

枕上宮鐘伝二暁漏一　雲間賓雁送二春声一　辞レ家里許不レ勝レ感　況復他郷客子情

作者は滋野貞主である。詞書の「鴻臚」とは、外国使節が宿泊する客館「鴻臚館」のことで、平安時代には平安京と難波、大宰府に置かれた。また、「簡」字には「手紙を書く」という意味があることから、鴻臚館に泊まった貞主が渤海大使王孝廉に手紙で託した漢詩と解釈できる。

この詩の「鴻臚」については、京中鴻臚館説と渤海使の出航地の客館説がある。小島氏、上田氏、山谷氏[13]は京中説を、遠藤氏、大日方氏、加藤氏は出航地の客館説を支持している。京中説の小島氏は、三句目を「家を辞《さ》りて里許」と読み、貞主が「家を別れて幾里ばかり」と解釈したので数里の距離の移動と捉え京中と考える。一方で出航地説の遠藤氏は、「家里の許を辞して」と読み、「家妻の許を去って」と解釈しているのである。京中説では、渤海使が在京している弘仁六年正月に詠まれた詩ということになるが、出航地説では渤海使が出航地に着いた弘仁六年の二月から三月頃の詩となる。

出航地説をとる遠藤氏は、存問使貞主が王孝廉らとともに出航地に同行しており、その途中王孝廉のもとに送った詩であるとみている。出航地とみる根拠としては、後述のC詩とJ詩が、このH詩と共通する下平声「八庚」の韻字で作られており、C詩とJ詩は明らかに出航地であることがわかる「辺庁」「辺亭」で詠まれているため、このH詩も同様に出航地で詠まれたものとするのである。大日方氏もこの遠藤説を支持し、「鴻臚」という表現が出航地の宿泊施設の漢語表現であるとしている。

一方、京中説のうち、山谷氏は貞主が手紙で漢詩を託していることに注目し、鴻臚館に宿泊していたのは貞主のみで、渤海使は宿泊していなかったと考える。そして、その理由として『日本後紀』弘仁六年三月癸酉（二日）条にみえる次の記事を挙げている。

制、蕃国之使、入朝有レ期、客館之設、常須二牢固一。頃者疾病之民、就レ此寓宿、遭レ喪之人、以為二隠処一、破二壊舎垣一、汚二穢庭路一。宜レ令下弾正并京職一検校上。

客館には「疾病の民」がおり、建物や垣根は壊れ、庭路も汚れているため、正月に入京した渤海使に鴻臚館が提供できず、代わって鴻臚館にいる貞主が別の場所にいる渤海使に手紙で詩を託したと理解するのである。

しかし、三月のこの記事から正月に渤海使が鴻臚館に宿泊しなかったとは言い切れない。やはり、鴻臚館は客館であり、渤海使はそこに泊まっていたであろう。上田氏も指摘するように、存問使貞主は渤海使との宴会に参加し、そのまま使節とともに鴻臚館に宿泊したと考えるべきではないだろうか。

また、漢詩を手紙に書いて託したことは、これから出立する渤海使への贈り物であろう。なぜなら、M詩でみたように貞主は存問使であり、渤海使帰国に際しては同行していないのである。この点は存問使と領客使の任務の差異が明確になる重要な点であるが、これまで指摘されてこなかった。後述のように、渤海使には領客使が同行しており、貞主が同行したことは確認できないのである。このように考えると、貞主が同行していることを前提とする出航地の客館説も成り立たないことになる。

なお、詩の冒頭「枕上宮鐘」の語を、小島氏は「宮」字を五音の一つ「喉音」を意味する「黄鐘」と解釈しているが、山谷氏は『菅家文草』巻一雪中早衙にみえる「風送宮鐘暁漏聞」の「宮鐘」を、川口久雄氏が漏刻を知らせる「宮中の鐘」と解釈していることを支持し、H詩の場合も「宮中の鐘」とすべきであるとしている。

(四)出航地での詩—春

C　春日対レ雨、探二得情字一。一首。　王孝廉主人開レ宴在二辺庁一　客酔如レ泥等二上京一　疑是雨師知二聖意一　甘滋芳潤灑二羈情一。

作者は渤海大使王孝廉である。詞書の「探得情字」とは、韻字として「情」字を用いることを課題として詩を作る「探韻」のことである。この詩が京で詠まれたものでないことは、「在辺庁」の語からわかる。「辺庁」は二句目の「上京」（平安京）[14]と対句になっており、京外の地であることは明らかだが、出航地へ向かう途中の国・郡庁や駅亭であるのか、出航地の客館なのかは定かではない。また、詩の冒頭の宴の主催者である「主人」も在庁官人か、渤海使に京より同行している領客使か不明である。四句目の「羈情」の「羈」字に「旅」の意があることから、出航地に到着する以前の詩かもしれない。

J　在二辺亭一賦得二山花一、戯寄二両箇領客使并滋三一。一首。　王孝廉

芳樹春色色甚明　初開以レ咲聴無レ声　主人毎日専攀尽　残片何時贈二客情一

C詩と同様王孝廉の作である。「在辺亭」という語、「山花」という課題に対して作られた詩であること、「主人」が詠まれていることなど、C詩との共通点は多い。ただし、C詩にみえる雨についての語がないため、異なる日に詠まれた可能性もあり、このような詩宴が出航地に着く前後で頻繁に行われていたと考えられる。

詞書の「両箇領客使并滋三」とは誰のことであろうか。これについて考えてみると、後掲G詩の作者が坂上今継であり、後掲K詩に「坂領客」とあることから、この坂上今継が領客使であるとみられる。今継は、『日本後紀』序文に「従五位下勲七等行大外記兼紀伝博士」として名前が挙がっており、『日本後紀』編纂に中心的役割を果たした人物として知られる。『凌雲集』目録に「左大史正六位上兼行伊勢権大掾坂上忌寸今継」とあり、また、『西宮記』恒例第二六月神今食の勘物弘仁七年六月二十二日宣旨に「少外記坂上忌寸今継」とあるため、弘仁六年前後には左大史あるいは少外記を務めていたことになる。[15]

詞書には「両箇領客使」とあるため、領客使は二人いることになる。『延喜治部式』でも領客使の定員は二人である。そこで、もう一人の領客使は誰なのかという問題が生じる。後掲F詩の作者が「坂今雄」であるため、領客使は坂上今継と坂上今雄の二人とみることもできる。しかし、今雄については、他の史料にまったく名前がみえず、今継の誤写とみる説が松浦友久氏により指摘されている。[16]「継」字と「雄」字は似ているとはいえ別の字であり、誤写説も慎重であるべきと考えるが、今雄が史料にみえないことや、K詩で敢えて両者を識別できない「坂領客」という表記を用いていることを考えると、今雄の存在を明らかにするには史料が足りない。領客使の一人は坂上今継であるが、もう一人は不明と言うほかはない。

では、「滋三」は誰であろうか。従来「滋」字によって、存問使である滋野貞主と理解されてきた。しかし、加藤氏は「家訳之第三子也」とその卒伝[17]に書かれている滋野貞雄とする新説を示した。貞男と貞主はともに家訳の息子である。貞主が弘仁六年に大内記になっているのに比べ[18]、貞雄は弘仁七年に主殿少属であるため、貞雄のほうが年下であったようだ。貞雄は弘仁七年の任官が最初であるため、弘仁六年には学生であった可能性が高い。一方、貞主は『文華秀麗集』のなかで「内史滋貞主」「野柱史」「野内史」「滋内史」などと表記されており、内記であることを付さない「滋三」と書かれている例はほかにない。そこで、本書では加藤説に従って「滋三」は貞主でなく貞雄を指すと考えたい。存問使貞主は渤海使に同行していない。さらに、「滋三」が、『延喜治部式』蕃客条にみえる領客使に同行して記録を掌る随使であったのではないか。

G　和二渤海大使見レ寄之作一。一首。　坂今継

賓亭寂寞対二青渓一　処処登臨旅念悽　万里雲辺辞レ国遠　三春煙裡望レ郷迷
長天去雁催二帰思一　幽谷来鶯助二客啼一　一面相逢如二旧識一　交情自与二古人一斉

王孝廉の詩に坂上今継が唱和したものである。孝廉の作品は前掲のC詩、J詩と後掲のL詩があり、J詩・L詩にはそれぞれ「両箇領客使并滋三に寄せる」「両箇勅使に寄せる」ことが書かれており、Gの作者今継に寄せられた詩である。このうち、L詩にはG詩と類似する「速帰思」「北雁」「長天」などの語が用いられていることから、G詩はL詩を受けて詠まれたとする遠藤氏や大日方氏、加藤氏の説がある。

詩が詠まれた時期は、四句目に「三春」とみえる。「三春」は春の三カ月、すなわち三月のことであるため、冒頭の「賓亭」は出航地の客館とみられる。

L　従二出雲州一書レ情　寄二両箇勅使一　一首。　王孝廉

南風海路速二帰思一　北雁長天引二旅情一　頼有二鏘鏘双鳳伴一　莫レ愁多日住二辺亭一

この詩が詠まれた時期について、遠藤氏は当初、弘仁六年春の帰国時としていたが[19]、のち弘仁五年の来着に説を変更している[20]。弘仁五年とする根拠として、稲垣直氏、田島公氏によれば、渤海使の帰国航路が直接日本海を横断するのではなく、対馬海流に乗って東北地方沿岸に進んでから北海道やサハリン沖でリマン海流に乗り沿海州を南下して帰るため[21]、出航地敦賀（遠藤氏が考える出航地）から出雲に立ち寄るのでは、逆の航路となる。そこで、帰国時でなく来着時の詩とするのである。

この遠藤説について大日方氏は、詩中の「南風の吹く海路や北雁に帰国の思いをかきたてられること」はすでに小島氏が指摘するように帰国時の心情と解釈するべきであることや、前述のG詩にL詩と類似した語が用いられており、このL詩を受けてG詩が作られたとみられることから、このL詩は帰国時の弘仁六年春の作とし、出航地出雲において詠まれたものとしている。本書でも大日方氏の見解に従いたい。

渤海使に同行しているのが二人の領客使であることから、「鏘鏘なる双鳳」は領客使のことであろう。「鏘鏘」には「鳳

凰の鳴き声の形容」の意味があるため、鳳凰を天皇の比喩とすれば、領客使は勅使であり、詞書の「両箇勅使」は領客使のことと考えられる。

（五）　京で王孝廉を思って詠んだ詩

E　書レ懐呈二王中書一。一首。　仲雄王

辺旅十年老二時明一　海行千里入二帝城一　君門九重未レ通レ籍　閑臥窓樹晩鶯声

「王中書」は王孝廉のことと思われる。孝廉の官職は不明であり、また『新唐書』にみえる渤海の官制には該当の官職はみえないが、「中書」は唐では中書省のことで、日本では中務省の官人に相当する官職である。作者の仲雄王は系譜未詳であるが、『文華秀麗集』の序文を書いた人物である。序文には「従五位下守大舎人兼信濃守」とあり、また、『凌雲集』目録より弘仁五年に従五位下内膳正であったことがわかる。

この詩がいつどのような場面で詠まれたかについては、先行研究でもあまり触れられていない。しかし、詩中の「君門九重いまだ籍を通ぜず」の部分は、仲雄王が宮中に入るための宮門をくぐることができない事情があり、そのため王孝廉に直接会うことができなかったことを意味していると考えられる。仲雄王が宮中に入れなかった理由として、『文華秀麗集』巻上贈答に「蒙レ譴外居、聊以二述懐一、敬簡二金吾将軍一。」という仲雄王の詩が注目できる。この詞書より、仲雄王は何らかの責を負い、蟄居の身であったのである。このため、在京中の王孝廉に会えなかった残念な気持ちを、「晩鶯声」が聞こえる晩春（三月）に、出航地にいる王孝廉のもとに手紙を託して詠んでいるのである。

（六）　出航地での詩―夏・秋

K　和二坂領客対レ月思レ郷見レ贈之作一。一首。　王孝廉

寂寂朱明夜　団団白月輪　幾山明影徹　万象水天新

棄妾看生レ悵　羈情対動レ神　誰言千里隔　能照両郷人

作者王孝廉が「坂領客」の詠んだ詩に唱和したものである。詩中の「朱明」は朱夏と同様夏を意味する語で、王孝廉は五月に航海に失敗したのち、六月十四日には病没しているため、夏（四月）に入ってから没するまでの作となる。この詩より、領客使坂上今継が夏を迎えても渤海使とともに出雲に滞在していることがわかる。さらに、秋になっても滞在を続けていることが次のF詩よりうかがえる。

F　秋朝聴レ雁　寄二渤海入朝高判官・釋録事一。一首。　坂今雄

大海途難レ渉　孤舟未レ得レ廻　不レ如関隴雁　春去復秋来

弘仁五年九月三十日に来着記事がみえ、弘仁七年五月の記事を最後に出航している渤海使が、日本で迎えた秋は弘仁六年秋ということになる。高判官は高英善で、釋録事は釋仁貞であるが、釋仁貞は弘仁七年五月の国書で物故したことがみえる。仁貞の死亡時期は不明であるが、この詩が詠まれた秋の日以後のことになる。詩の作者今雄は前述のように領客使坂上今継と同一人物であろう。詩の冒頭部分「大海途渉ること難く、孤舟いまだ廻るを得ず」という句からは、王孝廉が漂廻した五月の出航失敗を詠みとることができよう。

以上（一）～（六）でみてきた時期について、先行研究を整理したものが表13である。この表より明らかなように、従来の研究では一連の渤海関連詩を時系列で並べるとF詩が最後の詩と位置づけていた。しかし、本書では、D詩とN詩がF詩以降の弘仁七年春に詠まれたものであるという説を次に提示していきたい。

表13　弘仁5～7年の渤海使迎接と漢詩文

<table>
<tr><th rowspan="2">年</th><th rowspan="2">月日</th><th rowspan="2">渤海使の動向</th><th colspan="13">漢詩文（A～N）</th></tr>
<tr><th colspan="2">小島説</th><th colspan="2">遠藤説</th><th>大日方説</th><th colspan="2">上田説</th><th colspan="2">アジア遊学説</th><th colspan="2">加藤説</th><th colspan="2">浜田説</th></tr>
<tr><td>弘仁5(814)</td><td>9・30</td><td>出雲来着</td><td colspan="2"></td><td colspan="2">F・L</td><td></td><td colspan="2"></td><td colspan="2"></td><td colspan="2"></td><td colspan="2"></td></tr>
<tr><td rowspan="2">冬</td><td></td><td>◆出雲国に安置</td><td colspan="2"></td><td colspan="2"></td><td></td><td colspan="2"></td><td colspan="2">M</td><td colspan="2"></td><td colspan="2">M</td></tr>
<tr><td></td><td>◆入京</td><td colspan="2"></td><td colspan="2"></td><td></td><td colspan="2"></td><td colspan="2"></td><td colspan="2"></td><td colspan="2"></td></tr>
<tr><td rowspan="8">弘仁6(815)春</td><td>正・1</td><td>天皇出御。元日朝賀に参加</td><td></td><td rowspan="5">I</td><td colspan="2">E</td><td rowspan="5">A・B・I</td><td></td><td rowspan="5">H・N</td><td></td><td rowspan="5">H・I</td><td></td><td rowspan="5">I</td><td></td><td rowspan="5">A・I</td></tr>
<tr><td>正・7</td><td>宴に参加。渤海大使以下に叙位</td><td>A・B</td><td colspan="2">B・I</td><td>A・B・I</td><td>B</td><td>B</td><td>B</td></tr>
<tr><td>正・16</td><td>天皇出御。豊楽院での宴に参加</td><td></td><td colspan="2"></td><td></td><td></td><td></td><td></td></tr>
<tr><td>正・20</td><td>朝集堂での饗に参加</td><td></td><td colspan="2">A</td><td></td><td>A</td><td>A</td><td></td></tr>
<tr><td>正・22</td><td>帰国にあたり日本の国書を賜る</td><td></td><td colspan="2"></td><td></td><td></td><td></td><td></td></tr>
<tr><td></td><td>◆京を出る</td><td colspan="2">D</td><td colspan="2">D</td><td>D</td><td colspan="2">D</td><td colspan="2">D</td><td colspan="2"></td><td colspan="2">H</td></tr>
<tr><td></td><td>◆出航地に向かう</td><td></td><td rowspan="2">J</td><td></td><td rowspan="2">C</td><td>C・J</td><td colspan="2"></td><td colspan="2"></td><td colspan="2">C・H・J</td><td colspan="2">C・J</td></tr>
<tr><td></td><td>◆出航地に到着</td><td>C・G</td><td>G・J・(H在京)</td><td>G・H・L・N</td><td colspan="2">C・G・J・L</td><td colspan="2">C・J・N</td><td>G・L</td><td>E(在京)</td><td>G</td><td>E(在京)</td></tr>
<tr><td rowspan="4">夏</td><td>4～</td><td>◆出航地で夏を迎える</td><td colspan="2">K・L</td><td colspan="2">K</td><td>K</td><td colspan="2">K</td><td colspan="2">K</td><td colspan="2">K</td><td colspan="2">K・L</td></tr>
<tr><td>5・18</td><td>王孝廉ら海中で漂廻</td><td colspan="2"></td><td colspan="2"></td><td></td><td colspan="2"></td><td colspan="2"></td><td colspan="2"></td><td colspan="2"></td></tr>
<tr><td>5・23</td><td>越前国に大船を選ばせる</td><td colspan="2"></td><td colspan="2"></td><td></td><td colspan="2"></td><td colspan="2"></td><td colspan="2"></td><td colspan="2"></td></tr>
<tr><td>6・14</td><td>王孝廉薨</td><td colspan="2"></td><td colspan="2"></td><td></td><td colspan="2"></td><td colspan="2"></td><td colspan="2"></td><td colspan="2"></td></tr>
<tr><td>秋</td><td>7～</td><td></td><td colspan="2">F</td><td colspan="2"></td><td>F</td><td colspan="2">F</td><td colspan="2"></td><td colspan="2">F</td><td colspan="2">F</td></tr>
<tr><td>冬</td><td>10～</td><td></td><td colspan="2"></td><td colspan="2"></td><td></td><td colspan="2"></td><td colspan="2"></td><td colspan="2"></td><td colspan="2"></td></tr>
<tr><td>弘仁7(816)</td><td>春</td><td></td><td colspan="2"></td><td colspan="2"></td><td></td><td colspan="2"></td><td colspan="2"></td><td colspan="2"></td><td colspan="2">D・N</td></tr>
<tr><td>夏</td><td>5・2</td><td>高景秀以下に夏衣と国書を賜る。このときまでに王昇基・釋仁貞らが物故</td><td colspan="2"></td><td colspan="2"></td><td></td><td colspan="2"></td><td colspan="2"></td><td colspan="2"></td><td colspan="2"></td></tr>
</table>

（七）二度目の存問使派遣時の詩

D　春日餞二野柱史奉レ使存二問渤海客一。一首。　巨識人

使レ乎レ遠欲事二皇皇一　芳情睽離但有レ觴　遅日未レ銷辺路雪　暖煙遍着主人楊
天涯馬踏浮雲影　山裡猿啼朗月光　策レ騎翩翩何処至　春風千里海西郷

この詩は従来「春日」とあるため、弘仁六年の春に渤海使が出航地に向かうに及び、同行する存問使滋野貞主を餞別する詩であると理解されてきた。しかし、前述のように出航地における詩には存問使のことは詠まれておらず、存問使は渤海使とともに出航地に赴いていない。渤海使に同行しているのは領客使と随使である。

そこで、春に存問使貞主が派遣されるとすれば、弘仁七年五月の二度目の国書を渤海使に渡す使者となる。「遅日」「辺路の雪」「暖煙」などの語から、貞主は三月頃に京を出発したとみられ、出航地に着いて五月に国書を渡したと考えることができる。また、「皇皇を事とする」という記述には、（一）で検討したM詩の「皇華」同様、存問使が勅使である意味が込められている。M詩では巨勢識人も存問使として出雲に派遣されたが、ここでは貞主に餞別の詩を詠んでおり、識人は出雲に向かっていないようだ。おそらく、出雲に領客使が長く留まっており、出航地での国書授与などの儀式は領客使と貞主で十分事足りるためであろう。

N　春日奉レ使入二渤海客館一。一首。　滋貞主

蒼忙渤澥幾千里　五両舟中送二一年一　鯷壑難レ辛孤帆度　鯨濤殺レ怕遠情伝
春鴻愛レ暖南江水　旅客看レ雲北海天　暁籟莫レ驚単宿夢　他郷覚後不レ勝レ憐

この詩は『経国集』に載せられている。貞主作の前掲H詩にも鴻臚館が詠まれており、このN詩の「渤海客館」の語と類似していることから、H詩とN詩は同時期の弘仁六年春に詠まれたものと考えられてきた。しかし、N詩の「奉

使」は存問使としての任務を担い「渤海客館」に入っていることを意味している。「渤海客館」は渤海使が滞在している出雲の客館であろう。一方、H詩は存問使の任務については述べられておらず、場所は京内鴻臚館であり、両者は作者が同じであれ、まったく異なる状況を詠んだ詩である。

この詩が弘仁七年の春の詩であるということは、詩中二句目の「船中送一年」からも明らかになる。すなわち、渤海使が出航地の出雲に着いたのが弘仁六年の春であり、それから帰国できずに船出の日を待って一年が過ぎたというのである。もしこの詩を弘仁六年春の詩ととれば、この一年の意味を解釈することが難しい。井実氏は「一年」を渤海から日本までの航海期間と解釈し、一句目の「千里」に対応させて「一年」と詠んでいるものの、「誇張表現であろう。…実際の期間は一ヶ月もかかっていなかったと思われる」と解釈している。[22] しかし、「誇張表現」とみるよりも、弘仁七年の春の詩であると理解すれば、実際に出雲での滞在期間が一年となり詩の言葉通り理解できるのである。

このN詩のみがなぜ『経国集』に載せられているかについては明らかではないが、貞主による『経国集』序文には、「先入秀麗者、即不レ刊之書也。彼所二漏脱一、今用兼収。」とあるように、すでに『文華秀麗集』にH詩があったため、詞書が似ているN詩は漏れてしまったのかもしれない。しかし、N詩の存在により、存問使が二度にわたり出雲に派遣されたことが確認できるのである。

三　弘仁六年の存問使・領客使

以上の渤海関連詩の検討を通じて明らかになった、弘仁六年段階の存問使と領客使の任務を整理してみたい。

漢詩文から判明した存問使は滋野貞主と巨勢識人の二名である。識人を存問使とする先行研究はこれまでなかったが、ともにM詩で野焼を詠んでいることから考えれば、存問使として二人が渤海使の来着地（出雲）に派遣されているとみてよいであろう。また、一年後の弘仁七年春に二度目の国書と夏衣を渡すために滋野貞主が出航地（出雲）に派遣されている。渤海使が入京したにもかかわらず、出航地に国書を届ける事例は他にはみえず、帰国が難航したための特例とみられる。

一方、領客使は、漢詩文から名前が判明するのが坂上今継であるが、J詩の「両箇領客使」という表現によってもう一名いたことが確認できる。領客使は弘仁六年正月末に帰国する渤海使を送るため、出航地に向かった。出航地到着後は、渤海使が航海に失敗した五月以後も使節とともに滞在を続け、弘仁七年に再度存問使が来るときまでも滞在し続けたとみられる。また、領客使に同行する「滋三」は、『延喜治部式』蕃客条で領客使に随行して記録を担当する随使の可能性がある。

領客使の任務は治部式蕃客条に「在路雑事」とされており、また『延喜玄蕃式』でも蕃客とともに往還することが記されている。今回の領客使は、入京路を渤海使に同行したことはみえないが、帰国時には同行しており、『延喜式』に規定された領客使がすでに弘仁六年段階で確立されていたことが明らかになる。

このように、弘仁六年において、存問使と領客使はそれぞれ固有の役割を果たしており、両者を混同すべきではないのである。これまで個々の迎接使の任務を定義せずにいたために、存問使が帰国時の渤海使に同行するという誤解が生じており、それが漢詩文の誤った解釈をまねいていたのである。

第二節　弘仁十二年の渤海使

一　打毬の漢詩

弘仁十二年（八二一）来日の渤海大使王文矩は、後に天長四年（八二七）と嘉祥元年（八四八）の渤海大使としても来日している。天長四年は入京できなかったが、嘉祥元年には二度目の入京を果たしており、『続日本後紀』嘉祥二年五月丙辰（三日）条には、その際に従二位に叙されたことが記されている。また、この部分の割書には「文矩去弘仁十三年叙二正三位一。故今増レ位叙二従二位一。」とあり、弘仁十三年に正三位に叙されていたことがわかる。

王文矩来日で特記すべきは、弘仁十三年正月十六日の宮中での踏歌において「打毬」が行われたことである。『類聚国史』巻一九四の当該条には次のように記されている。

御二豊楽殿一、宴二五位以上及蕃客一。奏二踏歌一。渤海国使王文矩等打毬。賜二綿二百屯一為レ賭。所司奏レ楽、蕃客率レ舞。賜レ禄有レ差。

これによれば、踏歌の節会の日に文矩らが綿二百屯を賭けて打毬をしたのち、舞を舞っていることがわかる。

打毬は中国の宗懍（—五六五頃）による『荊楚歳時記』正月にもみえる行事であるが、その実態は蹴鞠のようなものとも、ポロのような騎馬によるものとも諸説がある。[23] 日本には中国から伝来したとされる。日本の打毬[24]の初見となるのが、次の『万葉集』巻六、九四八・九四九番歌左注である。

神亀四年（七二七）正月、数王子及諸臣子等、集二於春日野一而作二打毬之楽一。

この次に打毬がみえる史料は、前掲の『類聚国史』弘仁十三年条で、その十二年後の『続日本後紀』承和元年（八三四）五月戊午（八日）条には、

亦御二同殿（武徳殿）一、令下二四衛府一騁中尽種々馬芸及打毬之態上。

という記事がある。しかし、いずれの史料からも打毬の実態は判明しない。このようなか、次に挙げる『経国集』巻十一所収の二つの漢詩からは、来日した渤海使の行った打毬の内容を読み取ることができるのである。

（A）早春観二打毬一　一首（使三渤海客奏二此楽一）　太上天皇（在祚）

芳春烟景早朝晴　使客乗レ時出二前庭一　廻杖飛レ空疑二初月一　奔毬転レ地似二流星一

左擬右承当門競　分行群踏虬雷声　大呼伐レ鼓催レ籌急　観者猶嫌都易レ成

（B）奉レ和レ観二打毬一　一首　滋貞主

蕃臣入覲逢二初暖一　初暖芳時戯打毬　綉戸争開鳷鵲館　紗窓不レ閉鳳皇楼

如二鈎月度一蓂階側　似二点星晴一綵騎頭　武事従レ斯弱見レ輪　輪家妬死数千籌

（A）は嵯峨天皇、（B）は滋野貞主の作である。これらの漢詩については、小島憲之氏[25]と遠藤光正氏[26]の研究があるので、詳細な解釈はそちらを参照されたい。いずれの解釈でも、前掲『類聚国史』の記事により、漢詩に詠まれた打毬は弘仁十三年のときのものとされている。（A）からは、「杖」で「球」を転がし、「門」に入れることを競い、その勝敗を「籌（かずさし）」で数えるという打毬競技の内容が明らかになる。打毬はのちに『西宮記』恒例第二、五月「幸二武徳殿一」に、五月五日の競馬に続く六日の行事として儀式次第が記されることになるが[27]、その『西宮記』にも「球門」「球子」や「奏楽」がみえ、『西宮記』に記録された打毬は、弘仁十三年に渤海使が行った打毬と類似していることがわかる。ただし、『西宮記』の打毬は騎馬によるものであるが、弘仁十三年の場合は明らかではない。

たしかに、(B)の六句目の「綵騎頭」は綾絹で美しく飾った騎馬のことであり、打毬の場に馬がいたことがわかる。打毬の場は『類聚国史』に豊楽殿、(A)に「前庭」とあることから、豊楽殿の前庭であろう。正月七日の白馬の節会などでも弘仁四年(八一三)から承和五年(八三八)までは豊楽院に白馬が牽かれてくることを考えれば、この場所に馬が入ることはおかしくはない。しかし、漢詩中の飾馬の描写だけでは、このときの打毬が騎馬によるものとは断定できないのである。

小島氏と遠藤氏の解釈が異なる点は、(A)の六句目の「虬雷声」の主体である。「虬」は想像上の動物で竜の子とされる「みずち」のことであり、非常に大きな音のことを表すとみられる。小島氏は直前の「群踏」の語より、踏歌に参加している人々の動作とみており、踏歌と同時進行で、渤海使による打毬が行われていると解釈している。一方、遠藤氏は渤海使の乗った騎馬の蹄の音としており、騎馬打毬を想定している。

小島氏の解釈は、『類聚国史』の記事に由来すると思われる。しかし、この漢詩文には直接踏歌のことは書かれておらず、踏歌の後に渤海使が打毬を行ったとみる方が自然であろう。豊楽殿の前庭で打毬をする渤海使とそれをみる人々のさわがしい様子が「虬雷声」と表現されていると考えられる。(B)の三句目、四句目からは、「鳷鵲館」「鳳皇楼」といった宮中の建物から打毬を見物している人々の様子がわかり、豊楽殿前庭でのにぎわいが想像できる。この騒がしさのなかには、遠藤氏のいう蹄の音も含まれるかもしれないが、蹄の音は馬が走る際に大きな音として聞こえるものであろう。しかし、豊楽殿で競馬などの馬が走る行事が行われた記録はなく、打毬に参加している馬が全力疾走しているイメージでとらえるべきではないであろう。本書では、渤海使の打毬の様子とその見物人のにぎわいが「虬雷声」であると理解したい。このときの打毬が騎馬打毬であるとする遠藤氏の解釈には、慎重にならざるを得ない。

二　領客使が詠んだ礼仏の漢詩

次に、『経国集』巻十収録の（C）（D）二つの漢詩をみていきたい。

（C）忽聞㆓渤海客礼㆒㆑仏感而賦㆑之一首　　安吉人

聞君今日化城遊　真趣寥々禅跡幽　方丈竹庭維摩室　円明松蓋宝積球

玄門非㆑無又非㆑有　頂礼消㆑罪更消㆑憂　六念鳥鳴蕭然処　三帰人思幾淹留

（D）同安領客感㆓客等礼㆒㆑仏之作一首　　嶋渚田

禅堂寂々架㆓海浜㆒　遠客時来訪㆓道真㆒(28)　合掌焚香忘㆓有漏㆒　廻心頌偈覚㆓迷津㆒

法風冷々疑㆑迎㆑暁　天蕚輝々似㆑入㆑春　随喜君之微妙意　猶是同㆑見㆓崛山人㆒

これらの漢詩は、詞書より渤海客が「礼仏」（仏を礼拝）したこと、さらに「安領客」なる領客使が存在したことがわかる。「安領客」は（C）詩の作者「安吉人」であろう。領客使は、第二章でみたとおり、『延喜治部式』および『延喜玄蕃式』に規定されており、外国使節の来着地から入京までの往復路次において引率を担当する迎接使である。これらの漢詩がいつの渤海使来日を詠んだものなのかは、その内容からは明らかにはならない。そこで、これらの詩が詠まれた時期を考えるために、それぞれの作者についてみていきたい。

「安吉人」は『経国集』目録によると「正五位下守中務大輔安倍朝臣吉人」とある。吉人の略歴を調べてみると表14のようになる。領客使には六位クラスの官人がつくことが多いため、吉人の領客使拝命は弘仁十四年以前の可能性が高い。

次に、「嶋渚田」は『経国集』目録に「大外記正六位上嶋田朝臣清田」とある。小島憲之氏の研究(29)によれば、三手文庫本などには「清田」と作る写本があるため、（D）の作者は清田であろう。また、『延喜治部式』では領客使の定員は二人であり、清田は領客使安倍吉人と同じ渤海使の礼仏を詠んでいることから、二人が領客使であったと考えられる。

　清田には卒伝が残っており[30]、これらをもとに略歴を作成すると表15のようになる。『経国集』成立の天長四年以前の清田の経歴に注目すると、弘仁十一年三月四日の大宰府牒案に「少典嶋田臣清田」の署名があり[31]、このとき大宰少典であったことがわかる。天長元年には少外記になっており、その前に内蔵少属を歴任していることから考えれば、弘仁十一年以前から大宰少典であり、その後ほどない時期に内蔵少属に遷ったのではないか。また、渤海使の来着地は本州日本海沿岸が多いため、大宰府に赴任している間はその地を離れる領客使となり得ないであろう。このように、清田は弘仁十一年以前から大宰府に赴任していたとみると、弘仁十年十一月に来日した李承英らのときの領客使ではないことになる。

表14　安倍吉人経歴

西暦	年号	月日	年齢	史料にみえる経歴	典拠
七八一	天応1		1		卒伝
八二三	弘仁14	11・20	43	従五位下→従五位上	類聚国史
八二七	天長4	5・14	47	正五位下中務大輔	経国集序
八二八	天長5	1・7	48	正五位下→従四位下	類聚国史
八二九	天長6	12・13	49	中務大輔	類聚符宣抄
八三三	天長10	3・5	53	従四位下式部大輔	続日本後紀
		3・6		従四位下→正四位下	続日本後紀
八三六	承和3	5・15	56	宮内卿正四位下→治部卿	続日本後紀
八三八	承和5	6・10	58	治部卿正四位下。五十八歳で卒。	卒伝

＊卒伝とあるものは、『日本紀略』承和5年6月10日条を指す。

　また、前節で検討したように、弘仁五年の領客使には坂上今継が該当する。さらに、弘仁十四年には加賀国来着の渤海使に対して「雪深」を理由に存問使派遣を中止しているため[32]、領客使も派遣されていないと考えられる。続く天長二年の領客使は布瑠高庭である[33]。このように、すでに領客使が一名判明している事例と、清田が大宰府官人であった時期の弘仁十年を消去すると、残

表15　嶋田清田略歴

西暦	年号	月日	年齢	史料にみえる経歴	典拠
七七九	宝亀10		1		卒伝
				文章生	卒伝
				大学少属	卒伝
八二〇	弘仁11	3・4	42	大宰少典	卒伝・平安遺文
				内蔵少属	卒伝
八二三	弘仁14		45	臣から朝臣に改姓	卒伝
八二四	天長1		46	少外記	卒伝
八二六	天長3		48	少外記兼勘解由判官	卒伝
八二七	天長4		49	大外記兼下野権掾	卒伝
八二九	天長6	1・7	51	正六位→従五位下	類聚国史・卒伝
八三五	承和2		57	宮内少輔	卒伝
八三七	承和4		59	治部少輔	卒伝
八三九	承和6	9・7	61	伊賀守	続日本後紀・卒伝
八五一	仁寿1	11・26	73	従五位下→従五位上	文徳実録・卒伝
八五五	斉衡2	9・18	77	散位従五位上。七十七歳で卒。	卒伝

＊卒伝とあるものは、『日本文徳天皇実録』斉衡2年9月18日条を指す。

るのは大同四年（八〇九）、弘仁元年（八一〇）および弘仁十二年（八二一）の渤海使となる。

次に詩の内容をみていきたい。詳細な意味については、小島憲之氏の注釈(34)があるため、そちらを参照されたい。（C）の冒頭は「聞くならく……」で始まっており、渤海使が「化城」（仏寺、寺院）を訪れたことを人づてに聞いていることがわかる。また（D）の冒頭に「禅堂寂々架二海浜一」とあるように、渤海使の訪れた寺は海浜に臨んでいる。この寺については、ほかにも「真趣寥々禅跡幽」や「鳥鳴蕭然処」などの表現から、京中の寺院ではなく、渤海使来着地付近の小さな寺や堂であったと思われる。このため、渤海使が来着地付近の寺を訪れたことを聞いた領客使が、入京の途中か、宮中での宴会の席などで詠んだ詩ではないだろうか。

（D）には「天蕚輝々似レ入レ春」という表現がある。「春に入るに似る」という部分より、渤海使が礼仏した季節が春でないことがわかる。「寥々」「寂々」「法風冷々」などの表現から考えれば、季節は冬とみられる。大同四年、弘仁元年および弘仁十二年の渤海使来着はいずれも冬であり、これからだけではどの渤海使であるか判断がつかない。しかし、同じ『経国集』に弘仁十三年の打毬の漢詩が載っていることから考えると、礼仏の詩も同じ王文矩ら来日時の詩である可能性が高いのではないだろうか。王文矩らがどこに来着したのかは不明であり、礼仏した寺を特定することも困難であるが、日本海沿岸の北陸諸国であることが予想される。

なお、小島氏はこの両詩が詠まれたのを天長二年高承祖来日時としているが、その積極的な根拠は示されておらず、『経国集』成立の天長四年に最も近いものとして選択されている。しかし、先にも述べたように、天長二年には布瑠高庭が領客使とされているため、天長二年を想定するべきではないと思われる。

渤海使の礼仏については、別稿[35]で渤海使と仏教について述べたことの一部を紹介したい。

山科にある勧修寺の縁起『勧修寺縁起』には、渤海人が仏教に篤いことを示す次のようなエピソードが記されている。渤海国使裴璆が敦賀に来朝して、山科を経て入京する途中「南山のかげ道（かけ道）[36]」を通る際に、下馬して北に向かって拝した。不思議に思いその理由を尋ねたところ、渤海使は次のように答えたという。

此処にちかく伽藍いでき侍べし。地形亀の甲のごとし、仏法の命長久にして、貴人たゆべからず。このゆへに拝する也。

入京に付き添っており、理由を尋ねたのは領客使であろう。縁起には、その場所に勧修寺が建てられたのち、醍醐天皇が願堂を建てて鎮護国家のために五大明王を安置したことが記されている。

縁起にみえる裴璆は、延喜八年（九〇八）伯耆国に、延喜十九年（九一九）若狭国に、延長七年（九二九）には渤海滅亡後東丹国の使者として丹後国にそれぞれ来着している[37]。縁起では醍醐天皇のときに敦賀に来着とあるため、延喜十九年の来日がモチーフとされているようだ。このときは若狭から越前松原客館に遷り、その後入京している[38]。このエピソードが実話であるかは不明であるが、漢詩文が詠まれた弘仁期から十世紀にわたり、来日した渤海使が折に触れて仏教を信仰する姿が領客使の目に映っていたことが明らかになる。

このように、漢詩文からは、国史からはわからない渤海使と日本の官人との人的交流をみることができた。このような文化交流が弘仁期の頻繁な渤海使来日の一因とみることができるのではないだろうか。

註

(1) 小島憲之校注『懐風藻・文華秀麗集・本朝文粋』(日本古典文学大系、岩波書店、一九六四年)。以下、本節で引用する小島氏の説は本書に拠る。

(2) 遠藤光正a「渤海国使王孝廉と『文華秀麗集』」(『東洋研究』一一六、一九九五年)、b「渤海国使と勅撰漢詩集」(『東洋文化』復刊七五、無窮会、一九九五年)。以下、本節で引用する遠藤氏の説はab両論文に拠る。

(3) 後藤昭雄「王孝廉「奉勅陪内宴詩」」(『アジア遊学』五七、勉誠出版、二〇〇三年)、河野貴美子「釋仁貞「七日禁中陪宴詩」」(『同』六〇、二〇〇四年)、岡部明日香「桑腹赤「和渤海入覲副使公賜対龍顔之作一首」」(『同』六二、二〇〇四年)、井実充史「滋野貞主「春日奉使入渤海客館」」(『同』六四、二〇〇四年)、山谷紀子「滋野貞主「春夜宿鴻臚簡渤海入朝王大使」」(『同』六六、二〇〇四年)、中村成里「巨勢識人「春日餞野柱史奉使存問渤海客」」(『同』六九、二〇〇四年)、加畠吉春「王孝廉「春日対雨。探得情字。一首」」(『同』七一、二〇〇五年)、岡部明日香「王孝廉「在辺亭賦得山花戯寄両箇領客使并滋三一首」」(『同』七二、二〇〇五年)、蒋義喬「王孝廉「和坂領客対月思郷見贈之作」」(『同』七三、二〇〇五年)。

(4) 大日方克己「日本・渤海間の交通と山陰諸国」(『社会システム論集』五、島根大学法・文学部、二〇〇〇年)。以下、本節で引用する大日方氏の説は本論文に拠る。

(5) 上田雄『渤海使の研究』(明石書店、二〇〇二年)。以下、本節で引用する上田氏の説は本書に拠る。

(6) 加藤順一「文士と外交」(三田古代史研究会編『政治と宗教の古代史』慶應義塾大学出版会、二〇〇四年)。以下、本節で引用する加藤氏の説は本論文に拠る。

(7)『扶桑略記』延喜十九年十二月二十四日条に渤海使を「越前国松原駅館」に安置することがみえる。この「松原駅館」は『延喜雑式』に「凡越前国松原客館、令下二気比神宮司一検校上」とある「松原客館」と同一のもので、日本海沿岸に来着、出航する渤海使専用の客館とみられているが、比定地には諸説がある。松原客館（駅館）については、田島公「奈良・平安初期の対外交渉」（『福井県史　通史編一』一九九三年）参照。

(8)貞主の卒伝（『日本文徳天皇実録』仁寿二年二月乙巳（八日）条）によれば、弘仁二年に少内記、弘仁六年に大内記になっている。

(9)井実充史「滋野貞主「春日奉使入渤海客館」」（前掲註（3）論文）。

(10)後藤昭雄「王孝廉「奉勅陪内宴詩」」（前掲註（3）論文）。

(11)阿部猛・義江明子・相曽貴志編『平安時代儀式年中行事事典』「内宴」井上亘氏執筆（東京堂出版、二〇〇三年）。

(12)群書類従本は「太」であるが、三手文庫本や神宮文庫本など「大」とする写本もある。

(13)山谷紀子「滋野貞主「春夜宿鴻臚簡渤海入朝王大使」」（前掲註（3）論文）。

(14)小島憲之『懐風藻・文華秀麗集・本朝文粋』（前掲註（1）著書）では、この「上京」を「京都に上る」意味で解釈するのとは別に、一案として「渤海の都（上京）竜泉府」を挙げているが、すでに加畠吉春「王孝廉「春日対雨。探得情字。一首」」（前掲註（3）論文）でも指摘するように、ここでは平安京と理解するべきであろう。

(15)坂上今継については、笠井純一「『日本後紀』の第一次撰者と大外記坂上今継」（『続日本紀研究』二七九、一九九二年）が詳しい。

(16)松浦友久「『文華秀麗集』考」（『漢文学研究』一〇、一九六二年）。

(17)『日本三代実録』貞観元年十二月二十二日条。

(18)『日本文徳天皇実録』仁寿二年二月乙巳（八日）条。

(19)遠藤光正「渤海使王孝廉と『文華秀麗集』」（前掲註（2）a論文）。

(20) 遠藤光正「渤海国史と勅撰漢詩集」（前掲註（2）b論文）。
(21) 稲垣直「美保関から隠岐島まで（再考）」（『季刊ぐんしょ』再刊一八、一九九二年）。田島公「奈良・平安初期の対外交渉」（前掲註（7）論文）。なお日本から渤海への航路については、上田雄『渤海使の研究』（前掲註（5）著書）や古畑徹「渤海・日本間の航路について」（『古代交通研究』四、一九九五年）により、日本海横断ルートが想定されている。
(22) 井実充史「滋野貞主「春日奉使入渤海客館」」（前掲註（3）論文）。
(23) 守屋美都雄訳注・布目潮渢補訂『荊楚歳時記』（東洋文庫、平凡社、一九七八年）。
(24) 日本の打毬に関する先行研究は少なく、いまだ不明な点が多い。まとまったものとしては、酒井欣『日本遊戯史』（第一書房、一九八三年。建設社、一九三三年の複製）、村戸弥生「打毬楽の変容（上）」（『北陸古典研究』一二、一九九七年）などがある。
(25) 小島憲之「経国集詩注　巻十一」（『国風暗黒時代の文学』下Ⅰ、塙書房、一九九一年）。
(26) 遠藤光正「渤海大使王文矩と嵯峨天皇の打毬詩」（『東洋文化』復刊八六、二〇〇一年）。
(27) 大日方克己「五月五日節」（『古代国家と年中行事』吉川弘文館、一九九三年）、村戸弥生「打毬楽の変容（上）」（前掲註（24）論文）。
(28) 群書類従本では「道心」とするが、テキストである小島憲之「経国集詩注　巻十」（『国風暗黒時代の文学』中（下）Ⅱ、塙書房、一九八六年）では、「心」では脚韻が合わないため、「道真」とする三手文庫本、慶長本を採用し、「真」の字としている。
(29) 小島憲之「経国集詩注　巻十」（前掲註（28）著書）。
(30) 『日本文徳天皇実録』斉衡二年九月甲子（十八日）条。
(31) 『平安遺文』四九〇〇（竹内理三編『平安遺文　古文書編第十巻』東京堂出版、一九六五年）。
(32) 『類聚国史』巻一九四、弘仁十四年十二月戊子（八日）条。
(33) 『類聚国史』巻一九四、天長二年十二月乙巳（七日）条。
(34) 小島憲之「経国集詩注　巻十」（前掲註（28）著書）。
(35) 拙稿「渤海との文化交流―領客使と漢詩文―」（『東アジアの古代文化』一三六、二〇〇八年）。

(36)『勧修寺縁起』のテキストには、群書類従本を用いたが、そのほかに大日本仏教全書本、国文東方仏教叢書本がある。「南山のかけ道」は国文東方仏教叢書本では「かけ道」となっている。

(37)『扶桑略記』延喜八年正月八日条、延喜十九年十一月十八日条、『日本紀略』延喜二十年四月二十日条、延長七年十二月二十四日条。

(38)『扶桑略記』延喜十九年十二月十六日条、延喜二十年五月八日条など。本章第四章参照。

第四章　日渤外交の終焉と外交儀礼

十世紀の東アジアは大きな変化を迎える。九〇七年に唐が滅亡し、後梁が建国され、その後も後唐、後晋、後漢、後周などさまざまな勢力が九六〇年の宋建国まで興亡をくり返す。また、九二六年には渤海が契丹に滅ぼされ、九三六年には新羅に替わり高麗が朝鮮半島を統一する（図5）。日本でも、十世紀に入ると律令制は衰退し、古代国家は大きく変質していく。このような時代の動きに伴い、渤海使への迎接体制や外交儀礼はどのように転換していくのだろうか。

六国史以降の日渤関係を扱った記事は、『日本紀略』や『扶桑略記』『朝野群載』のほか、『貞信公記』のような古記録にも散見される。これまでは通史的に紹介されてきたもの(1)の、十分な個別検討がなされておらず、研究の論点も整理されていない。そこで、本章では、六国史以後の寛平・延喜年間の渤海使来日記事をなるべく多く挙げ、九世紀末から十世紀初頭の日渤関係を概観したい。また、渤海滅亡後の日本における渤海認識についてもみていきたい。

第一節　寛平・延喜年間の日渤外交

一　寛平四年の渤海使

元慶六年（八八二）の渤海使来朝から十年後にあたる寛平四年（八九二）、出雲に渤海使が来着した。このことに関する記事は次の通りである。

A『日本紀略』寛平四年正月

正月八日甲寅、渤海客来二着出雲国一。十一日丁巳、以二少内記藤原菅根、大学大允小野良弼一、為二渤海客存問使一。（中略）六月廿四日丙申、遣二渤海一勅書、令下二左近少将藤原朝臣敏行一書上レ之。廿九日辛丑、太政官賜二渤海国一牒二通、一者、令下二左近衛少将藤原朝臣敏行一書上レ之、一者、文章得業生小野美材書レ之。（中略）八月七日戊寅、存問渤海客使奏二聞帰来一。

正月、出雲に渤海使が来着し、存問使が任命されている。六月には日本から勅書と太政官牒が用意され、このうち勅書は能筆で知られる藤原敏行[2]が書いている。一方の太政官牒は二通用意され、ひとつは勅書と同じく藤原敏行が、もうひとつは小野美材が書いている。二通あるのは、一通を保管用としたためであろう。八月には存問使が出雲より帰来している。渤海使が帰国し、存問使の任務を終えたものとみられる。これらの記事には、大使の名前や使節の人数、渤海の国書の内容などが一切記されておらず、渤海使来日の理由は不明である。また、渤海使が入京したことがわかる記述もない。

図５　10世紀半ばの東アジア

ところで、『本朝文粋』巻一二には、「贈二渤海国中台省一牒」という牒がある。この頃の日渤外交では、渤海国中台省からの牒の返信に太政官牒を送ることが慣例となっているため、この文章は太政官牒かもしくはその案文とみられる。年月日が記されていないため、いつの渤海使に対して出された牒であるかは不明であるが、作者の「紀納言」は紀長谷雄のことであり、『本朝文粋』には多くの作品が載せられている。寛平四年には図書頭で文章博士でもあったため[3]、Aの渤海使と何か関係がある可能性が高い。そこで、この「贈二渤海国中台省一牒」を内容から三つに区切ってみていきたい。

贈二渤海国中台省一牒　入覲使文籍院少監王亀謀等一百五人　紀納言

①牒。得二彼省牒一稱、「奉二処分一、来

若不レ往則乖レ礼。謂徳方不レ孤、亦難レ闕二隣約一。豈乃不下以守二其盛制一申中此敦誠上。肆月尽推レ年、星行遍レ漢。已近二旧制之限一、将レ投二満紀之期一。遠書一封、常企二踵於下国一、思緒万恋、久馳二心於中朝一。慕二仰旧規一、瞻二挙尊徳一。溟海而不レ患二遥闊一、梯航而早勤二経過一。空望二雲霄一、無レ因二展謁一。謹差二文籍院少監王亀謀等一、入二覲貴国一、令レ尋二前蹤一」者。②国之典故、理宜二率由一。来非二其期一、待以二何事一。既無二地于逃一レ責、豈有二時而備一レ儀。所司議成、従レ境放却。③但亀謀等、業依二風渚一、身苦二浪花一。雖三秋雁愆二知レ候之賓一、而寒松全二守レ貞之節一。仍命二州吏一造レ舶給レ粮。相善之敦、以レ此可レ量。事須下起二推算於当年一、申中尋好於後紀上。不二是新制一、亦有二旧章一。専顧二異時之蹤一、勿レ違二前程之限一。過而重過、奈二礼云一何。今以レ状牒。牒到准レ状。故牒。

年　月　日

題に添えられた注から、王亀謀を大使とする百五人が来朝したことがわかる。王亀謀の名は①で引用された渤海国中台省の牒（中台省牒）にもみえ、そこからは、亀謀の肩書きが「文籍院少監」であることがわかる。この肩書きは前回の大使裴頲と共通するものである。[4] ①の傍線部より、渤海使は十二年の年期が近づいたので来朝したことがわかる。しかし、実際は十年しか経っていないため、②で日本側は、違期来朝を理由に入京させず出雲国から放却することにしている。一方で、③で厳冬に渡海した王亀謀らに対して帰国のための船を作らせ食料を支給し、年期が来たら来朝するように伝えて放還している。ここでも、第二章でみた天長元年（八二四）に定めた年期にもとづいた外交が行われていることがわかる。

この牒がいつの渤海使に宛てられたものなのかを特定する鍵となるのが、作者が紀長谷雄であることと、渤海大使が王亀謀であることである。しかし、王亀謀の名は他の史料にみえず、また、承和十二年（八四五）生まれの紀長谷雄が、延喜十二年（九一二）に没するまでには何度も渤海使が来日しており、長谷雄の作というだけで年月を特定することは難しい。沼田頼輔氏は、『大日本史』が疑問ありとしてこの史料を逸していることを指摘した上で、①の傍線部で満紀が近づいたと記されていることが、前回元慶六年の裴頲来日からの状況に即していることなどから、「この歳（註—寛平四年）を措いて他にこれを擬すべき時代は無いかと思はれる」とし[5]、新妻利久氏は、「大使の姓名不明な渤海国使の来朝はこの時（註—寛平四年）以外にはない」ことを理由に、ともに王亀謀を史料Aにみえる寛平四年の渤海使としている[6]。その後の研究では、先行研究の疑問について特記されることなく、寛平四年に来朝した渤海使を王亀謀ら百五人としている[7]。現在の史料からは、新妻氏の指摘するように大使名が不明な渤海使の来朝を記すのが史料Aのみであるため、本書でも、この『本朝文粋』の内容が寛平四年の渤海使のことであると考えたい。ただし、『本朝文粋』に引用された中台省牒は、確かに渤海国が発給したものであっても、この紀長谷雄の作品が確実に太政官牒として渤海使に手渡されたかについては慎重に検討したい。というのも、国史に残ったものでなく、作品集である『本朝文粋』に残っているものであるため、この内容は案文で、実際は多少の語句の変更がなされた可能性がある。この点については、『本朝文粋』の編纂にどのような史料が用いられたのかなどをふまえて今後検討していく必要があろう。

なお、この時の渤海王大玄錫は、八七一年（日本の貞観十三年）に即位した後、在位二十四年に渡る長い治世を誇り、その間日本にも五回の使者を送っている。今回はその四回目にあたり、次項の寛平六年が五回目にあたる。

二　寛平六年の渤海使

違期入朝から二年後の寛平六年（八九四）、渤海使が来日した。この寛平六年は、前回渤海使が入京した元慶六年（八八二）から十二年後である。

B　『扶桑略記』寛平六年五月

唐客含レ詔入朝。

C　『日本紀略』寛平六年五月七日

是月、渤海使裴頲等入朝。

D　『日本紀略』寛平六年十二月二十九日

渤海国客徒百五人到二着於伯耆国一。

Bにみえるように、『扶桑略記』では渤海使に対しても「唐客」と記されている例が多く（奈良時代の記事[8]や後掲の史料M2、X2など）、同じ五月の記事で渤海使の入朝を記すCとあわせて考えると、Bの「唐客」も渤海使を指すものとみられる。では、Bの「含詔」にはどのような意味があるのだろうか。『扶桑略記』の記述の特徴については、今後の課題であるが、ここでは詔を日本の天皇の詔と考え、「渤海使が天皇の詔を受けて入朝した」と理解したい。天皇の詔の内容は何かというと、前回の入京から十二年後の来朝であるため、年期を守って来日したことを表していると考えることができよう。ただし、これまで外国使節が来日する際にこのような記述はなく、「含詔」の意味については今後も慎重に検討していく必要がある。

Dは、BやCの七カ月後の十二月に渤海使百五人が伯耆国へ到着したという記事である。このDとB・Cとの関係が問題となる。B・CかDかのどちらか一方が正しく、残る一方は錯簡であると考えることもできるが、B・Cは来着についての内容で、Dは来着地から安置国の伯耆に到着した内容と考えることもできる。そこで、続く寛平七年（八九五）の記事をみてみたい。

E　『日本紀略』寛平七年正月

正月廿二日、以二備中権掾三統理平、明法得業生中原連岳等一、為二渤海客存問使一。（中略）五月四日、巡二検鴻臚館一。

七日癸亥、渤海客来二着鴻臚館一。十一日丁卯、天皇幸二豊楽院一。賜二饗於客徒一、兼叙二位階一。十四日庚午、於二朝集堂一、賜二饗於客徒一。十五日辛未、参議左大弁菅原朝臣（道真）向二鴻臚館一、賜二酒饌於客徒一。十六日壬申、渤海客徒帰去。

F　『扶桑略記』寛平七年五月十五日

止二唐使入朝一。

Eより寛平七年五月には渤海使が入京していることがわかる。Eにみえる存問使派遣→入京→鴻臚館安置→豊楽院での饗、授位→朝集堂での饗→鴻臚館での饗→帰国という迎接体制は、第二章第一節でみた『延喜太政官式』蕃客条に規定された迎接使による迎接体制と一致している。正月に存問使が任命されていることから、B、Cで渤海使が寛平六年の五月に来着しているため、七カ月という長期にわたり来着地に留めおかれたということになる。ところで、その間、八月から九月にかけて、遣唐使の任命、遣唐大使となった菅原道真による派遣可否を定める奏上、そして遣唐使派遣の停止があった(9)。この遣唐使派遣をめぐる問題が要因となり、渤海使の入京がしばらく延期されていたと考えることもできる。遣唐使の停止については多くの先行研究があるものの(10)、渤海使来朝の史料との関係は十分に整理されていない。本書では、Dに「来着」でなく「到着」とあるので、B、Cですでに来着していた渤海使が、Dで安置国に到着したと考えるべきであり、七カ月という長期にわたり来着地に留めおかれた理由に遣唐使派遣をめぐる問題があったと推測しておく。ただし、遣唐使の停止について再考したうえで、考えてみる必要があるだろう。

Cはこのときの渤海使（おそらく大使）が裴頲であったことがわかる唯一の史料である。渤海大使裴頲は、前回の元慶六年にも入京しており、その詩文の才能が高く評価されていた(11)。裴頲の名は、C以外の史料にはみえないが、『菅家文草』巻第五には、「客館書レ懐、同賦二交字一、呈二渤海裴令大使一」「答二裴大使見レ酬之作一」など七篇の漢詩があり、これらにみえる「裴大使」が裴頲のことと思われる。Eで、渤海使帰国に際して鴻臚館に菅原道真が派遣されているが、この席で道真が詠んだ漢詩が『菅家文草』巻第五に収められており、十二年ぶりの裴頲との再会を喜ぶ詩や裴頲と親しく交わったことを示す詩が多くみえる。[12]次項でみる延喜八年（九〇八）来日の渤海大使が裴頲の子裴璆であり、宇多法皇が裴璆に託して渤海にいる裴頲に宛てた書があることからも、寛平六年時の渤海大使が裴頲であることがわかるのである。

また、Dで渤海使が伯耆国に安置された後、Eの正月二十二日に存問使が決定されている。おそらくこの後、存問使が伯耆に向かったものと思われる。この情報を補足するものとして、『公卿補任』延喜十三年の橘澄清の尻付《しつけ》に、文章生であった澄清が、寛平六年十二月二十八日に伯耆権掾になり、それが「渤海客入覲に依」るためであったと書かれていることがある。[13]

E五月十五日条とFは同日の記録である。Fの「唐使」を渤海使と解釈しても、Eとは内容が異なっているため、Fは寛平六年～七年の渤海使来朝記事とは無関係とみるべきであろう。

このように、今回の来日記事では、Bの「含詔」の解釈や、B・CとDの関係、Fの意味など、史料解釈が困難な点が多く、さらに渤海使来日の意図や詳細な対応が明らかにならない。このようななかで、『菅家文草』巻五には道真の漢詩が残されているため、道真の目線で渤海使来日を捉えることができる。道真にとって大使裴頲は外交官という以上に漢詩文を理解できる人物であり、漢詩文を通じて心の交流ができた人物であったようだ。道真の漢詩には、大使裴頲だけでなく副使に唱和したものもある。[14]副使の名は史料からは確認できないが、やはり詩文に長けた人物であったようだ。道真だけでなく、時の宇多天皇もまた裴頲に好感を抱いていたことは、このつぎの延喜八年（九〇八）の渤海使入京記事から明らかになる。

三　延喜八年の渤海使

寛平九年（八九七）年、宇多は醍醐に譲位する。道真は延喜元年（九〇一）大宰権帥に左遷され、延喜三年に没している。前回の遣使から十三年後の延喜八年（九〇八）に来日した渤海使は入京を許されている。寛平年間の渤海使関連史料が少なかったことに比べ、延喜年間は、延喜九年（九〇九）まで左大臣を務めた藤原時平の弟忠平の日記『貞信公記』も加わり、また『扶桑略記』の記述も詳細になるなど、渤海使来日記事も多くみえるようになる。

G1『日本紀略』延喜八年正月八日

渤海客来。

G2『扶桑略記』延喜八年正月

正月八日、左大臣奏二伯耆国言上渤海入覲大使裴璆等著岸状解文一。三月廿日、奏下存問渤海客使大内記藤原博文、直講仮大学権允秦維興等令レ向二伯耆国一状上。四月二日、定以二式部大丞紀淑光、散位菅原淳茂一為二掌客使一。以二兵部少丞小野葛根、文章生藤原守真一為二領客使一。

H『日本紀略』延喜八年四月

八日、存問渤海領客使大内記藤原博文等、問二入覲使文籍院少監裴璆一。廿一日、領客使等設二曲宴於今来河辺一。

I『扶桑略記』延喜八年四月二十六日

渤海客入レ京時可レ騎馬、准二寛平例一、仰二公卿等一、令レ進二私馬一。

J『日本紀略』延喜八年四月某日

天皇賜二書於渤海王一。

K 『扶桑略記』延喜八年五月五日

御二南殿一、覧二左右馬寮渤海客可レ騎馬各廿疋一。

L 『貞信公記』延喜八年五月

十日、渤海使進二啓・信物等一。

十一日、豊楽院宴[15]。

M1『日本紀略』延喜八年五月十二日

法皇(宇多)賜二書渤海裴璆[16]一。

M2『扶桑略記』延喜八年五月

十二日[17]、法皇賜二唐客書一。其詞曰、「余是野人、未二曾交一レ語。徒想二風姿一、北望増レ恋。方今名父之子、礼了帰レ郷。不レ忍二方寸一、聊付二私信一。逋客之志、不二軽相弃一。嗟呼余棲二南山之南一、浮雲不レ定。君家二北海之北一、険浪幾重。一天之下、宜レ知レ有二相思一。四海之内、莫レ怪レ不レ得レ名。日本国栖鶴洞居士无名謹状。」已上太上法皇賜二渤海客徒一書也。十四日、於二朝集堂一可レ饗二蕃客一。午一刻、雷電風雨。（中略。雨のため饗宴を翌日に延期する。[18]）十五日、饗二蕃客朝集堂一、并賜二彼国王等物一。使下二右近少将平元方一、殊給中大使裴璆御衣一襲上。遣下二参議菅根朝臣、内蔵頭高階朝臣鴻臚一給中勅書上。使下二右中弁清貫、少納言玄上一給中官牒上。又賜二唐客大使答物一。以上御記

N 『日本紀略』延喜八年六月

某日、渤海使裴璆来朝。某日、掌客使諸文士於二鴻臚館一、餞二北客帰郷一。

正月に伯耆国に来着した裴璆を大使とする渤海使は、四月に入京している。裴璆が前回の王亀謀や前々回の裴頲と同様、「文籍院少監」の肩書きであったことはHよりわかる。また、裴璆が前回来日した裴頲の子であることは、M2

の宇多法皇の手紙に、「古今名父之子」とあることからもわかるであろう。

G～Iは入京までの様子を詳細に表している。それらをみていくと、G2では、存問使と領客使に異なる人物が任命されているが、Hでは四月八日に「存問渤海領客使大内記藤原博文等」とみえ、G2で存問使であった藤原博文が領客使を兼任していることがわかる。Hの四月二十一日に「領客使ら」が「今来河辺」で曲宴を行っているため[19]、この領客使も博文たちであろう。このことは、『延喜太政官式』蕃客条の割書に、「入京之時令三存問使兼二領客使一」とあることと一致している。G2で四月二日に領客使に定められている小野葛根と藤原守真は、おそらく帰国時の領客使である領帰郷客使であったのではないだろうか。

Iでは、入京時の渤海使の騎馬に公卿の私馬が集められているが、これは「寛平例」すなわち、前回寛平七年（八九五）の入京時に行われたことが慣例となったようである。

M2は、宇多法皇が渤海使に賜わった手紙である。同じ手紙が『本朝文粋』巻七「法皇賜二渤海裴頲一書」にも載せられており、作者が「紀納言」すなわち、紀長谷雄となっているため、この法皇の書の案文を作成したのが長谷雄であることが明らかになる。『本朝文粋』では、「裴公足下、昔再入覲。光儀可レ愛、遺在二人心一。余是野人……」から始まり、以下はM2と同様である。この宇多法皇の書はほぼ次のような内容である。

（この度の大使裴璆の父である）裴頲は以前二度日本に入朝した。その来訪は愛すべきものであり、人々の喜ぶ気持ちは現在も残っている[20]。私（宇多）は世間と無縁な人間で、いまだかつて渤海使と言葉を交わしたことがない。だからむなしくその姿を思い、渤海国のある北方を望んで想いを増している。今、優れた父（裴頲）の子（裴璆）が入朝の礼が終わり帰郷しようとしている。自分の気持ちを押さえきれず、私信を付すことにした。隠者の気持ちを書いた手紙であるが、軽く捨てないでほしい。ああ、私は南山の南に棲んでいて浮雲のように定まらない生活をしている。あなたの家は北海のさらに北、（そこに行くには）波が幾重にも険しいところである。一天の下においては、お互いの思いが通じていることをわかってほしい。四海の内においては、名乗らないことも不審に思わないでほしい。

署名である「日本国栖鶴洞居士無名」の「栖鶴」とは、木に棲んでいる鶴のことで、中国の故事に由来して居住することを意味するという[21]。宇多法皇は自分の世を捨てた身分を「野人」や「浮雲」と称し、日本に住む無名な一個人として、天皇や国家という立場とは正反対の立場を強調し、前回の渤海使裴頲宛の書を送ったのである。したがって、法皇の書はM1では裴璆に下賜されたとされるが、実際は前回の渤海使であり裴璆の父である裴頲に宛てて書かれたものである。宇多法皇と裴頲との接点は、前回の寛平七年に裴頲が入京した際、天皇であった宇多が豊楽院で裴頲を饗している記事Eにみることができる。法皇の書に「未二曾交レ語」とあることから、豊楽院での饗で、宇多は渤海使と直接言葉を交わすことはなく、漢詩文の才能の高い裴頲と人的関係を結べなかったことを残念に思っていたようである。宇多法皇が、天皇時代に対面した裴頲に手紙を書いているのは、裴頲を優れた外交官として認識していたからであろう。また、この個人宛の書が『扶桑略記』に記されていることも注目されよう。両国の国書や役所間の牒が記されていないこととは対照的である。

M2の五月十五日条には、渤海使帰国に際して、鴻臚館で国書と太政官牒を賜った記事がみえる。渤海王からの国書はLにある「啓」であり、中台省牒は史料にはみえないが、日本の太政官牒が発給されていることから、中台省牒は存在した可能性が高い。また、国書の交換が行われており、さらに、賜勅書使、賜太政官牒使など『延喜太政官式』蕃客条にみえる迎接使が機能していることから、十世紀においても第二章第一節でみた「承和の新体制」にもとづく従来どおりの外交儀礼が行われていたと考えられる。Jには天皇が渤海王に書を賜わったことがみえる。この書はおそらく国書であろう。そうであれば、JとM2は国書授与という内容が重複してしまう。Jの記事の日付が「某日」であることを考慮すれば、M2の日付の方を正しいと考えるべきであろう。

Nは、二つの「某日」記事から成るが、前者の内容である裴璆の来朝はG1やG2にあるように正月八日に中央に報告されていることから、六月よりも遡った内容とみるべきであろう。後者には、渤海使帰国に際して掌客使や文士らが鴻臚館で餞の宴会を行ったことがみえるが、『本朝文粋』巻九に、「延喜八年、天下太平、海外慕化」で始まる大江朝綱の「夏夜於二鴻臚館一餞二北客一」という漢詩が残っているため、こちらの記事は六月のこととみてよいであろう。また、『扶桑集』第七の「初逢二渤海裴大使一有二感吟一」は、道真の子でこのときの掌客使菅原淳茂が詠んだ詩であるが、この詩について『江談抄』第四には、

裴公吟二此句一泣血云々、裴璆者裴逖子也、逖、以二文籍少監一入朝、菅相公、以二礼部侍郎一贈答、有二此句一。

と記されており、前回の大使裴頲（『江談抄』では「裴逖」に綴る）の子である裴璆と、道真の孤児である淳茂の二組、親子二代にわたる親睦を詠んだ淳茂の詩を吟じて裴璆が涙したことが伝えられている。

このように、過去二度来日し、漢詩文にも優れていた裴頲の子である裴璆が大使として入京したことで、日渤関係は一層の友好状態を保つことができたようにみえる[22]。しかし、冒頭でもみたように、東アジア世界では大きな動乱期を迎えており、この前年の九〇七年に唐が滅亡し、後梁が建国された。渤海では、九〇七年に即位した大諲譔が頻繁に後梁に使者を送っている[23]。この度の遣使も大諲譔の即位を知らせるためとみられるが、大諲譔は渤海国の最後の王となり、九二六年に契丹の耶律阿保機に滅ぼされてしまうのである。

四　延喜十九年の渤海使

前回から十一年後の延喜十九年（九一九）十一月、若狭国に渤海使が来着した。この時の記事は複数の史料に詳細に記されているため、まず入京以前の部分についてみていきたい。

O『扶桑略記』延喜十九年十一月[24]

十八日、大納言藤原（道明）朝臣令下尹文奏中自二若狭守尹衡許一告来渤海客徒来着之由上。廿一日、客徒牒状云、当二丹生浦海中一浮居云々。而無二着岸一之由。又牒中雖レ載下人数及有二来着一由上。未レ有二子細状一。令下蔵人仲連以二若狭国解文一、奉中覧於六條院（宇多）上廿五日、右大臣（忠平）奏乙渤海客事所レ定行事、可下遷二若狭一安中置越前上、及可レ令レ入レ京事甲。以二左中弁邦基朝臣一為二行事弁一。

P『貞信公記』延喜十九年十一月二十五日

定二蕃客行事一。

Q『日本紀略』延喜十九年十二月一日

任二渤海客存問使等一。

R『扶桑略記』延喜十九年十二月[25]

五日、以二式部少丞橘惟親、直講依知秦広助一、為二存問渤海客使一。阿波権掾大和有卿為二通事一。定二渤海客宴饗日権酒部数四十人一。前例差二仰八十人一。去八年彼数已多無レ用。仍令二定減一。十六日、仰遣二内教坊別当右近少将伊衡於内教坊一、選二定渤海客宴日舞人等一。仰二定坊家可レ調舞人廿人、舞童十人、音聲廿人一。去八年音声人卅六人、此度定減。此外威儀廿人、依レ例内侍所可レ差二女孺等一。廿四日、右大臣令下邦基朝臣奏中若狭国申遷二送越前国松原駅館一客徒一百五人并随身雑物等解文上、「客状中云、『遷二送松原駅館一、而閉二封門戸一、行事官人等無レ人。況敷設薪炭更無二儲備一』者。仰宜下令三切責二越前国一、急令中安置供給上」者。仍即令レ仰二大臣一、以二越前掾維明一、便可レ為二蕃客行事国司一由、以二大臣書状一可レ仰二彼国守延年一也。勘二前例一、無下以二官符宣旨一、仰二此事一例上。仍今令下二大臣一告上レ仰之。

S1『扶桑略記』延喜二十年三月二十二日

遣二官使於越前国一、賜二渤海客時服一。

S2『朝野群載』巻十一廷尉　遣二検非違使於遠国一

右弁官下　近江国

右衛門府生正六位上国造恒世　従弌人　看督長壱人　火長参人

右為レ賜二渤海客舎時服一、差二使者右史生依知秦興相一、今日発二遣於越前国一。中納言従三位兼行左衛門督藤原朝臣清貫宣旨、「差二件等人一、至二于穴太駅家一、令二勤護送一」者。国宜二承知一、依レ宣行レ之。

延喜廿年三月廿二日　大史紀宿禰高行

T『貞信公記』延喜二十年四月

二日、定二掌客使等一、並賜二領客使召名一。

五日、賜二掌客使召名一。

U『日本紀略』延喜二十年四月二十日

存二問渤海客使裴璆等一。

V『扶桑略記』延喜二十年五月五日

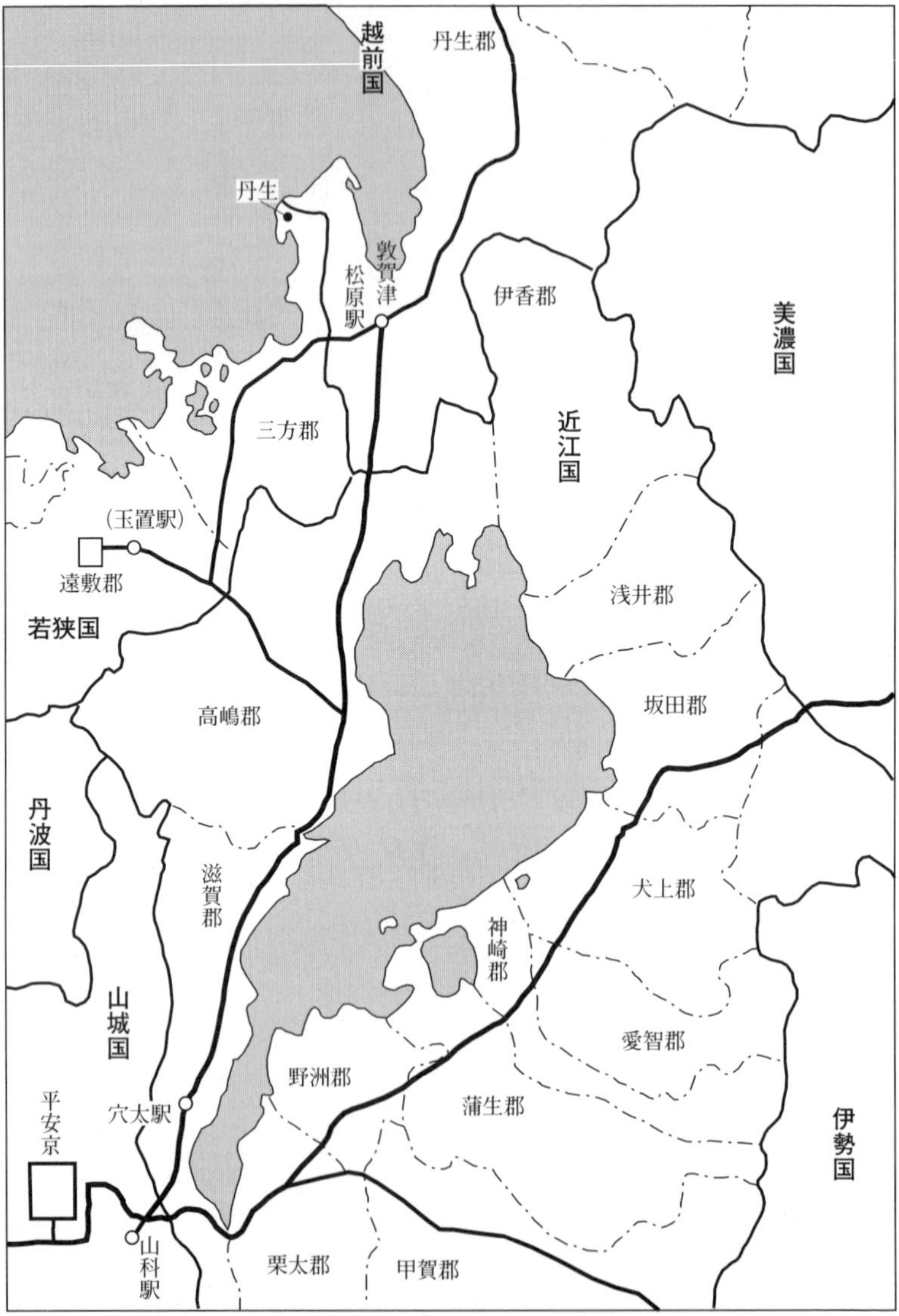

図６　延喜19年の渤海使の関連地図

定下客徒可レ入レ京日、并蕃客入レ京之間可レ聴レ着二禁物一。召二仰滝口右馬允藤原邦良等一、見客在京之間、毎日可レ進二鮮鹿二頭一事上。

W1『貞信公記』延喜二十年五月七日

御二覧陽成院及緒家馬一、賜二通事召□（名カ）一。

W2『扶桑略記』延喜二十年五月七日

明経学生刑部高名参内。令問二漢語者事一。高名奏云々。行事所召二得漢語者大蔵三常一。即召二之於蔵人所一。令下二高名一申中云其語能否上。奏云、「三常唐語尤可二広博一云々。」勅従二公卿定申一、以二三常一令レ為二通事一。

Oにみえるように、延喜十九年十一月十八日に若狭守藤原尹衡が渤海使の来着を奏上するが、渤海使の牒状によれば、「丹生浦」(26)沖の船上から着岸する場所がないことや、使節の人数、来日理由が書かれていたものの、日本側は、「子細の状あらず」と判断したようである。これらのことを知らせる若狭国の解文は、蔵人を通じて宇多法皇に進上されており、ここでも、渤海使来日に興味を示している宇多法皇の姿がみてとれる。二十五日には、行事所が定められ、行事弁には藤原邦基が当たることになった。詳しくは後述するが、渤海使来朝について行事所が設置されたことがみえるのは、これが初めてである。渤海使は若狭から越前の「松原駅館」に安置された(27)。この間に京では、QやRにみえるように、存問使や通事の任命、饗宴での酒部や舞人などの選定が行事弁の指揮により行われた(28)。Rの十二月二十四日条からは、松原駅館に安置された渤海使百五人より、駅館は門戸が閉じられており、行事に当る官人がおらず、十二月であるのに、薪や炭なども用意されていないという状況についての訴えがあり、それを受けた若狭国が解文を奏上していること、この結果、越前掾である維明(29)を「蕃客行事国司」とすることを、越前国守紀延年(30)に申し渡す措置がとられているが、この申し渡しの方法については、これまで官符や宣旨で行われたことがないため、大臣が知らせることになったことがみえる。

S1、S2にあるように、延喜二十年（九二〇）三月には、太政官の使者が越前国に派遣され、渤海使に時服を賜っているが、この使者を右衛門府の役人が近江国穴太駅まで護送している。Tには、四月に掌客使や領客使の任命が行われたことが、W1やW2には、五月に通事の任命が行われたことがみえる。これらの記事には、それぞれの迎接使に「召名」を賜わることがみられる。この「召名」とは、除目の結果を清書し天皇に奏聞した文書であるが、「この召名を読みあげ、任ぜられた官人に任官の旨を伝える儀のことも召名とよぶことがある」[31]ことから、召名を賜わる日に、迎接使の任官を伝える一連の儀式が行われたと考えてよいだろう。五月になると、渤海使が入京するが、Vにみえるように、入京中の官人の禁物着用許可と、[32]滝口が毎日新鮮な鹿二頭を献上することが定められている。また、W2では、通事として「漢語者」大蔵三常が明経学生刑部高名により推薦されている。漢語は中国語とみられ、『延喜大学寮式』に「漢語師」や「漢語生」がみえる。高名によれば、三常は「唐語」を広く操ることができるというが、「唐語」も漢語と同義と思われる。[33]

次に、渤海使入京中の記事についてみてみたい。

X1『日本紀略』延喜二十年五月八日

渤海入観大使裴璆等廿人著二於鴻臚館一。

X2『扶桑略記』延喜二十年五月八日[34]

唐客可レ入レ京。辰三剋[35]中四剋、掌客使季方・朝綱等参入。御衣各一襲給二両使一。

Y1『貞信公記』延喜二十年五月十日

中台牒奏、又御二覧宇多院御馬一。

Y2『日本紀略』延喜二十年五月十日

右大臣覧二渤海国牒状一。大使従三位裴璆授二正三位一。

Y3『朝野群載』巻二十異国　本朝賜二異国人一位記

渤海国大使信部少卿従三位裴璆

右可二正三位一

勅、渤海国大使信部少卿従三位裴璆、忠節伝レ家、英華累世。預銜[36]二君命一、再赴二闕庭一。渉二大瀛一而如レ過二坳堂一、誓二寸心一而長捧二尺牘一。美二其貞信一、可二以褒酬一。仍紬二縻爵之班一、用強二勤王之効[37]一、可レ依二前件一、主者施行。

延喜廿年三月十日[38]

Z『貞信公記』延喜二十年五月十一日[39]

進二啓・信物一、外記取レ函進。大臣（忠平）即令レ開レ函。乍加□□奏聞。御覧了返給、令レ収二外記信物一、従二敷政門前一、令□（執カ）請運二於内蔵寮一。

a『扶桑略記』延喜二十年五月十二日

十二日、於二豊楽院一可レ賜二客徒宴一。自二夜中一陰雨、辰四刻雨止。巳一刻、出二御南殿一。乗輿出レ宮、入二御豊楽院[40]一。

十五日、掌客使民部大丞季方領二大使裴璆別貢物一、進二蔵人所一。

b1『貞信公記』延喜二十年五月十六日

男子坐二朝集堂饗一、依レ有二産事一不レ参。

b2『扶桑略記』延喜二十年五月十六日[41]

於二朝集堂一饗二渤海客徒一。并賜二国王答信物等一。

d『日本紀略』延喜二十年五月十七日

十七日戊寅、発二遣領帰使等一。又法皇(宇多)賜二書於大使一。十八日己卯、大使裴璆帰郷。太政官賜二返牒一。

e『扶桑略記』延喜二十年六月十四日

文章得業生朝綱就二蔵人所一、令レ奏二渤海大使裴璆書状并送物一。仰下遣レ書可レ返二送物一事上。廿二日、朝綱令レ奏下遣二渤海大使裴璆一書状上。客已叛レ郷。即進二所レ贈帯裘一。廿六日、右大臣(忠平)令下元方奏中領帰郷渤海客使大学少允坂上恒蔭等申、遁留不レ帰客徒四人事上。廿八日、仰、遁留渤海人等、准二大同五年例一、仰二越前国一安置云々。以上出二御記一

X1、X2にみえるように、五月八日、大使裴璆以下二十人が鴻臚館に到着した。前掲Tでは名前がわからなかった掌客使が、藤原季方[42]と大江朝綱であることがX2から判明する。Y1からY3より、五月十日には中台省牒が奏上され、前回従三位を授けられた裴璆は、今回さらに正三位に授されている。そのときの位記がY3である。Zなどの記事より、十一日には八省院において渤海王の啓と信物の受納儀が行われており、aにより、十二日には天皇が出御して豊楽院で饗宴が行われていることが、また、十五日に、掌客使季方が裴璆のもたらした別貢物を蔵人所に進上していることがわかる。eにも渤海使から大江朝綱への「送物」が蔵人所に奏上されていることがみえるが、これらの別貢物は貴族個人に贈与されたものとみられ、それを蔵人所に届け出るしくみになっていたことがわかる[43]。十六日には朝集堂での饗宴において渤海国王に回賜品が渡される(忠平は「産事」のため参加できなかったことがb1にみえる)。

dによると、十七日には、宇多法皇が裴璆へ書を送り、十八日に渤海使は帰国する。これら一連の入京記事には、渤海王啓、中台省牒、日本からの太政官牒の存在は明らかであるが、日本の国書については記されていない。

eにあるように、渤海使帰国後の六月十四日に、文章得業生大江朝綱は裴璆から贈られた書状と「送物」について蔵人所に奏上したところ、裴璆に返書して、「送物」も返すようにとの仰せが下された。そこで、二十二日に裴璆への

返書を奏上したところ、裴璆はすでに帰郷してしまったので、返すはずであった裴璆の「送物」である帯裘（帯と皮衣）を進上することとなった(44)。二十六日には、帰国せずに日本に逗留した渤海人四人の存在が奏上されたので、大同五年（八〇九）の例(45)に准えて、越前国に安置された。

この延喜十九年来朝の渤海使から大きく変わった点は、Oにみえるように、渤海使入京に際して行事所が設置され、行事弁のもと入京準備が行われ、迎接使の人選などに関しても公卿定が実施されていることである。このような行事所の設置や定の実施は、宇多朝において政治的な意味をもつようになったことが古瀬奈津子氏により指摘されており(46)、十世紀における国家の意思決定の方法である。しかし、行事所のもとで、存問使や領客使、掌客使などの任命が行われており、従来からの迎接体制が維持されていたことがわかる。また、宇多法皇の裴璆への賜書や、掌客使が受け取った裴璆からの別貢物などの贈与品は、渤海使と法皇、貴族層の人的交流を示しているといえよう。

唐の滅亡後、渤海の国力も動揺している時期であるものの(47)、日本側の記録からはその様子はうかがえない。

五　延長七年の渤海使（東丹国使）

渤海国は延長四年（九二六）に契丹に滅ぼされ、渤海の故地は契丹に属する東丹国に支配された。延長七年（九二九）に来日した使者は渤海大使として延喜八年、延喜十九年の二度来日した裴璆であるが、今回は渤海国ではなく東丹国の使者であった。このときの記事は次のとおりである。

f　『日本紀略』延長七年十二月二十四日

渤海国入朝使文籍(48)大夫裴璆、著二丹後国竹野郡大津浜一。

g　『扶桑略記裡書』延長八年正月

三日戊辰、丹後国言二上渤海客到来由一。左大臣（忠平）参、被レ定二召否之由一。件客九十三人、去年十二月廿三日着二丹後国竹野郡一。（中略）廿日乙酉、渤海客船修造料、并若狭但馬結番、以二正税一可レ饗二同客一也。

h　『日本紀略』延長八年三月二日

渤海存問使裴璆進二怠状一。

i　『扶桑略記』延長八年四月朔日

唐客称二東丹国使一、著二丹後国一。令レ問二子細一、件使、答状前後相違、重令レ復二問東丹使人等一。本雖為二渤海人一、今降為二東丹之臣一。而対答中、多称二契丹王之罪悪一云々。一日為二人臣一者、豈其如レ此乎。須挙二此旨一。先令中責問上。今須レ令レ進二過状一。仰二下丹後国一已了。東丹国失二礼義一。

存問使が派遣されるまでのf、gでは、日本は渤海の滅亡を知らずに対応していた。hで存問使が裴璆に「怠状」を提出させており、その理由がiにみえる。すなわち、hで存問使が使者に来朝の子細を重ねて尋ねたところ、使者は渤海人であるが東丹国の臣下となったことが判明したのであろう。しかし、東丹国の臣下という立場でありながら渤海を滅ぼした契丹王を非難したため、日本はこれを責め、裴璆に怠状を書かせているのである。この怠状は、『本朝文粋』巻一二に載せられている。

東丹国入朝使裴璆等解申、進二過状一事

謬奉二臣下使一入二朝上国一怠状

右、裴璆等、背レ真向レ偽、争レ善従レ悪、不レ救二先主於塗炭之間一、猥諂二新王於兵戈之際一。況乎奉二陪臣之小使一、紊二上国之恒規一。望二振鷺一而面慙、詠二相鼠一而股戦。不忠不義、向招二罪過一。勘責之旨、曾無二避陣一。仍進二過状一、裴璆等誠惶誠恐謹言。

怠状は、「東丹国の臣下として日本に入朝したのに（誤って東丹国の使者としての職務を）怠った状」と解釈でき、その内容の主旨は、

裴璆は先主（渤海王）が困難に直面している間それを助けず、新王（契丹王）の軍隊にこびへつらったのだから、どうして、「（契丹の）陪臣である小使」という役を受けながら（契丹王の罪悪を述べるという態度を取り）日本への朝貢形式をみだすことがあろうか。「振鷺」に譬えられる徳を備えた賢者（としてふるまえない自分）の行為を羞じ、『詩経』にある「相鼠在牙、人而無礼」の言葉のように（自らの無礼さに）足が震える。忠義を示さず、罪過を招いたことは責められても仕方ない。そこで過状を進上する。

というものである。「陪臣」とは、「またげらい」のことで、裴璆が「陪臣の小使」と自称しているのは、契丹の属国である東丹国の使者であるためである。また、日本に対して「上国の恒規を紊《みだ》さん」と記していることから、この怠状が日本の意図を含んで作成されたとみられる。このことから、日本が渤海と同様、東丹国も日本の朝貢国とみなしていると考えられる。しかし、その後東丹国が日本に朝貢することはなく、渤海の滅亡により、古代国家の外交は終焉を迎えたのである[49]。

以上、六国史以降の九世紀末から十世紀までの渤海使来朝記事を検討したが、これらから次の点を指摘できる。

まず、迎接体制や外交儀礼については、「承和の新体制」を反映した『延喜太政官式』蕃客条にみえる迎接体制が、渤海滅亡時まで続いていたことが挙げられる。また、十二年一貢という天長元年（八二四）に定められた朝貢年期が渤海使の入京を決定する要因となっていることも、従来どおりの外交姿勢と同じであった。このように、渤海に対しては、一貫して国家的外交儀礼が行われているのである。

一方で、変化した点として、延喜十九年来朝の渤海使に対し、行事所がおかれ、公卿の陣定において対応が決めら

れていることである。さらに、貞観十五年（八七三）までの史料には日渤間で交わされた外交文書の内容が記録されていたが、元慶六年（八八二）以降、それらの内容は記録されていないことである。国史が編纂されなくなったことが大きいものの、『日本紀略』や『扶桑略記』には外記日記などが材料とされており[50]、外交文書の内容が記載されていてもおかしくない。国書の本文が記載されなくなった理由としては、史料の編者の国書に対する関心が薄くなったことや、国書自体が外交儀礼のなかで重要度を失っていったことが想定できる。次に挙げる貴族や宇多上皇などの個人的な交流に外交の重点が推移していくこととも関係していると思われる。

人的交流については、平安貴族と渤海使との人的交流が活発化していることが注目される。とくに、文才に優れた裴頲が二度、その子裴璆が三度大使として来日したことで、東丹国使としての三度目の来日では入京ができなかったものの、日本の貴族は再会を喜び、このとき詠んだ漢詩文が多く残されている。さらに、裴頲の才能を評価した宇多天皇は、退位して法皇となってからも裴頲宛てに書状を送るなど、渤海使に強い関心を示している。先に国書の内容が採録されていないことを指摘したが、それにもかかわらず、宇多法皇の個人宛の書が載せられていることなど、渤海使との人的交流に対する記述の比重が増えたことは注目すべき点であろう。

宇多法皇が醍醐天皇に与えた訓戒書である『寛平御遺誡』には、

外蕃之人必可二召見一者、在二簾中一見レ之。不レ可二直対一耳、李環朕已失レ之、慎レ之。

とあり、宇多法皇は、寛平八年（八九六）に入京した唐人李環と対面している。しかし、その際に御簾越しに対面しなかったため、蕃客と会うときは必ず御簾越しに面会するように醍醐天皇に指示している。「李環」は、『日本紀略』に「梨懐」とみえる人物とされる[51]。彼との対面に際しては御簾越しでなかったという失敗を犯したものの、一貫して宇多法皇は「外蕃之人」に興味をもっていたようである。

最後に、延長七年の東丹国使裴璆の来日で、初めて渤海滅亡を知ることや、唐末の混乱が一連の入京記事にまったく記されていないことなど、平安貴族の国際情勢への関心が希薄であることも重要である。これについては、次節でくわしくみていきたい。

なお、本節では六国史以降の渤海使来日記事を紹介し、概略を述べ、問題点を指摘するにとどまった。それぞれの記事で挙げた問題点については、今後の課題としたい。

第二節　渤海滅亡後の外交認識

ここでは、渤海滅亡後の日本における渤海認識をみておきたい。

以下に引用する三つの史料は、渤海滅亡後の渤海認識を考えるうえで、よく取り上げられる史料である。

まず、『本朝文粋』巻二所載天暦十一年（九五七）の菅原文時の「封事三箇条」では、三条目にかつての「文場」であった鴻臚館の廃失に反対する意見が記されている。

一、請㆘不㆑廃㆓失鴻臚館㆒、懐㆓遠人㆒励㆗文士㆖事。

右鴻臚館者、為㆓外賓㆒所㆑置也。星律多積、雲構頻頽。頃年以来、堂宇欲㆑尽、所司不㆑能㆓修造㆒。公家空以廃忘。（中略）①加之国家故事、蕃客朝時、択㆓通賢之倫㆒、任㆓行人之職㆒、礼遇之中、賓主闘㆑筆。又抜㆓諸生能㆑文者㆒、令㆑預㆓餞別之席㆒。因㆑茲翰苑鋭㆑思之士、無㆘不㆑以㆑対㆓蕃客㆒為㆗其心期㆖。方今詞人才子、顧相誡曰、「人命有㆑限、世途難㆑抛。」何徒勤㆓苦於風月之間㆒乎。請見鴻臚館之不㆑可㆔復為㆓文場㆒矣。（中略）魏文帝所謂、「文章経国之大業、不朽之盛事」者也。②伏望、深図遠慮、勿㆑廃㆓失此賓館㆒。然則遐方不㆑離㆑心、文士無㆑倦㆑業。是則示㆓海外㆒

以㆓仁沢之広㆒、耀㆓天下㆒以㆓威風之高㆒也。

菅原文時は、道真の孫にあたり、自身も文章博士として活躍した文人貴族である。①より「鴻臚館」は、「蕃客朝時」における「賓主筆を闘はしむ」る場、すなわち蕃客との漢詩文交流の場として捉えられている。このような漢詩文の交流に表される文学の隆盛が、②にいう海外に日本の仁沢の広さや威風の高さを示す手段だというのである。このような認識の背景には、文章経国思想とともに、かつて渤海から文才のある裴頲や裴璆が派遣されることで実践された漢詩文交流の影響があるとみられる。石井正敏氏は、この史料から、「鴻臚館での渤海使との詩文の唱酬が日本の文人にとっての檜舞台であったことを物語っている」としているが[52]、小原仁氏は、このときすでに文章経国思想は衰退しており、文時のこの封事は、大学寮や文章道の衰退のなかで自らの地位の安定を図るための文人貴族による保身の訴えと読み取ることができるとする[53]。また、谷口孝介氏は、「彼ら文人の精神的支柱として象徴的にも鴻臚館の存在は必要であった」とする[54]。

当時すでに実態のなかった「鴻臚館における渤海使」というモチーフは、さらにその後も『源氏物語』「桐壺」のなかに、鴻臚館で「高麗人」が七歳になった光源氏の人相をみる場面にも表れており、文時の渤海認識は『源氏物語』にも受け継がれていくことになるのである。

次の『古今著聞集』巻三天慶五年（九四二）の説話では、蕃客の来朝が漢詩文交流という性格で理解されている[55]。

天慶五年蕃客の戯れの例に依りて順徳院御位の時賭弓を御真似の事

天慶五年五月十七日、内裏にて蕃客のたはぶれありけり。大使には、前中書王の中将にておはしましけるをぞ、なしたてまつられける。其外諸職、みな其人をさだめられけり。主上、村上聖主の親王にておはしましけるを、其主領にてわたらせ給けり。

天慶五年の例（「蕃客の戯れ」）とは、渤海大使の役を「前中書王」すなわち、もと中務卿である兼明親王が演じ、大使以外の使節や日本側の迎接使にもそれぞれ配役を決めて行われたまねごとである。その内容については明らかではないが、『日本紀略』天慶五年五月十七日条に、

於㆓殿上㆒有㆓遠客来朝之礼㆒。是為㆑催㆓詩興㆒也。

とあり、「蕃客の戯れ」が、詩興を喚起するためのものとして行われたことが読み取れる。同月十九日条には、「擬㆓遠客餞㆒。」とみえ、餞別の宴も行われたとみえる。

谷口孝介氏は、この天慶五年が前節でみた東丹国の延長八年（九三〇）の使者裴璆らの来日からちょうど一紀（十二年）が経っていることから、「十二年に一度の律令国家を精神的に支える盛儀として挙行されたもの」としている[56]。この谷口氏の指摘を踏まえると、渤海使来日はまぎれもなく国家的外交であり、律令制が崩壊していく十世紀においては、唯一、当時の国家が八世紀からの律令国家をそのまま受け継ぐものであるという証しとして認識されていたといえよう。菅原文時の訴えや天慶五年の「蕃客の戯れ」は、当時の貴族が依然として律令国家に生きていると信じていたことの表れではないだろうか[57]。

なお、平安中期の物語にも渤海使は登場する。『宇津保物語』「俊蔭」には、俊蔭が七歳の年に「高麗人」と詩文を交わしたことが、「蔵開上」には帝が「高麗人も来年は来べきほどなるを」と語る場面がみえる。また、前述のように、『源氏物語』「桐壺」では、鴻臚館で「高麗人」が七歳になった光源氏の人相をみる場面がある。これら平安文学にみえる「高麗人」は、来日した渤海使といわれ、田中隆昭氏は、「渤海使の来日は平安貴族にとって得難い経験であった。特に唐の詩人と直接出会える機会の無かった文人たちにとっては、唐土の文化にふれることのできる重要な窓口であった」としている[58]。

さらに、鎌倉中期成立の『除目抄』には、大学寮の文章生が諸国の掾に任命されるその任地について、

多被レ任二宰府・北陸・山陰等道国掾一、是渤海之客入朝之時、問答可レ有二文章之心一也。

と記されており、日本海沿岸の国司の任命に文章生を当てるのは、頻繁に来着する渤海使と問答するため漢文の素養が必要であるからとしているのである。

このように、渤海滅亡後、鎌倉時代に至っても、貴族の記憶のなかに日渤外交が漢詩文交流の場であったこととして確実に残っていくのである。

しかし、貴族にとっては、漢詩文交流の使節を派遣してくることでもてはやされた渤海も、『将門記』には次のように記されている。

今世之人、必以二撃勝一為レ君。縦非二我朝一、僉在二人国一。如二去延長年中大赦契王[59]一、以二正月一日一討二取渤海国一、改二東丹国一領掌也。蓋以レ力虜領哉。

西嶋定生氏は、将門が新皇と称することの正当性が実力によるべきであることの実例として、この契丹王による渤海滅亡のことを記した『将門記』の一節を挙げ[60]、石井正敏氏もこの史料から渤海の滅亡が当時の日本人に強く意識されているとする[61]。たしかに、前節でみた延長七年（九二九）の東丹国使裴璆の来日から、日本は渤海の滅亡を知るのであり、渤海滅亡への意識や関心はうかがえる。一方で、この『将門記』からは、将門（あるいは『将門記』の作者）にとって、渤海が滅亡したことによって日本の朝貢国が消失してしまったという意識は読み取れないのである。

十世紀以降の日本における渤海認識は、平安貴族にとっては、渤海が朝貢国として日本の帝国秩序を維持するために不可欠な国であるという認識であり、また、漢詩文交流の相手国というイメージが色濃く残されていた。八世紀からおよそ二〇〇年続いた日渤外交は、それが途絶えると、貴族のあいだで人的交流や外交儀礼のみが語り継がれるこ

ととなるのである。

一方で、将門のような武士にとっては、律令国家の生み出した日本の朝貢国としての渤海という認識が希薄であったことがわかる。この後、古代国家は宋王朝や契丹、高麗と正式な国交をもたず、外交儀礼や迎接制度の整備は行われることはなかった。そして、武士の台頭により、中世へと変わりゆく時代の中で渤海認識がどのように変質していくかは今後の課題である。

註

（1）十世紀の日渤外交についての専論はなく、沼田頼輔『日満の古代国交』（明治書院、一九三三年）や新妻利久『渤海国史及び日本との国交史の研究』（学術書出版会、一九六九年）、濱田耕策『渤海国興亡史』（吉川弘文館、二〇〇〇年）、上田雄『渤海使の研究』（明石書店、二〇〇二年）などで通史的に述べられている程度である。

（2）藤原敏行が能筆であったことは、『江談抄』第二に小野道風が敏行を空海と並べ称した逸話がみえることや、貞観十七年（八七五）に神護寺の鐘銘を書いたこと、仁和元年（八八五）に藤原基経の五十賀屛風を、寛平七年（八九五）に源能有の五十賀屛風を書いたことなどからも知られる（『大日本史料』一―二、東京大学出版会、一九六八年）。

（3）『公卿補任』延喜二年。

（4）文籍院は『新唐書』渤海伝に「文籍院有㆓監、令㆒、監皆有㆑少。」とある。石井正敏「初期日本・渤海交渉における一問題」（『日本渤海関係史の研究』吉川弘文館、二〇〇一年、初出は一九七四年）では、唐の秘書省に相当するとしている。

（5）沼田頼輔『日満の古代国交』（前掲註（1）著書）。

（6）新妻利久『渤海国史及び日本との国交史の研究』（前掲註（1）著書）。

（7）鈴木靖民『古代対外関係史の研究』（吉川弘文館、一九八五年）巻末付表6「渤海使一覧」、石井正敏『日本渤海関係史の研究』（前掲註（4）著書）巻末「渤海遣日本使一覧表」、酒寄雅志『渤海と古代の日本』（校倉書房、二〇〇一年）巻末付表3「渤

海と日本の外交使節一覧・渤海使と日本の迎接使一覧」、上田雄『渤海使の研究』（前掲註（1）著書）などほぼすべてで寛平四年の渤海使を王亀謀としている。

（8）たとえば、第一回渤海使の来日記事についても、『扶桑略記』神亀四年十二月条には、「大唐使領首斉徳入京。」とみえる。同様に、天平十一年十月丙戌（二十七日）条の渤海使入朝記事にも「唐客入朝」とある。

（9）『日本紀略』『扶桑略記』寛平六年八月二十一日条、『日本紀略』寛平六年九月三十日条、『菅家文草』巻第九「請レ令三諸公卿議二定遣唐使進止一状」、巻第十「奉レ勅為二太政官一報二在唐僧中瓘一牒」

（10）森克己『遣唐使』（至文堂、一九五五年）、鈴木靖民「遣唐使の停止に関する基礎的考察」（前掲註（7）著書、初出は一九七五年）、増村宏『遣唐使の研究』（同朋舎出版、一九八八年）、石井正敏「いわゆる遣唐使の停止について―『日本紀略』停止記事の検討―」（『中央大学文学部紀要』一三六、一九九〇年）、保立道久『黄金国家』（青木書店、二〇〇四年）、森公章「菅原道真と寛平度の遣唐使計画」（『遣唐使と古代日本の対外政策』吉川弘文館、二〇〇八年、初出は二〇〇六年）など。

（11）『日本三代実録』元慶七年五月十日条に、

大使裴頲、欲レ題二送詩章一、忽索二筆硯一。（中略）勅遣下二中使従五位下右馬助藤原朝臣恒興一、賜中御衣一襲大使裴頲上。賞三裴頲高才有二風儀一也。

とみえる。

（12）『菅家文草』巻第五　四一九—四二五。また、『菅家文草』巻第二—一二三、『江談抄』第四—八〇（新日本古典文学大系『江談抄・中外抄・富家語』後藤昭雄・池上洵一・山根對助校注、岩波書店、一九九七年）には、裴頲の肖像画が帰国に際して道真に贈られ、その残された肖像画をみて詠んだ道真の詩が残されている。なお、裴頲は元慶六年と寛平六年の二度来日しており、この肖像画が描かれ、道真がこの詩を詠んだのがどちらの時であるかは明らかではない。

（13）沼田頼輔『日満の古代国交』（前掲註（1）著書）、上田雄『渤海使の研究』（前掲註（1）著書）。

（14）『菅家文草』巻五に「客館書レ懐、同賦二交字一、寄二渤海副使大夫一」詩や「和二副使見レ酬之作一」詩がある。

（15）『大日本古記録』には、十一日の豊楽院での宴について、「渤海使ヲ豊楽院ニ宴ス」と標出しているが、他の史料からは十一日に豊楽院で宴があったことはみえず、その宴に渤海使が参加したかは不明である。

(16) 新訂増補国史大系本では、「裴璆頲」とあり、このうちの「頲」字を衍字とする。ここでもそれに従う。

(17) 新訂増補国史大系本では、「十二日」を『日本紀略』と『本朝文粋』から補っている。

(18) 中略部分は次のとおりである。

雨脚如レ射。以先召二参議長谷雄朝臣一問レ事。因二雷雨一不レ遂二事意一下レ殿。道明朝臣申、「朝集院内、雨水甚深。」左大臣（時平）令レ奏曰、「如聞、行二礼儀一甚无レ便。況装束食物難急調。若待二整備一、恐及二晩日一。請今日事、明日将レ行レ儀」者。依レ請矣。

(19) 「今来河辺」の地名比定について、濱田耕策『渤海国興亡史』（前掲註（1）著書）では兵庫県西宮付近とし、上田雄『渤海使の研究』（前掲註（1）著書）では伯耆国府付近とするが、いずれも根拠は明らかではない。『古代地名大辞典』（角川書店、一九九九年）には、「今来」を大和国の郡名とするが、ここでは渤海使が伯耆国から平安京に入京する途中であり、大和とするのも当てはまらないであろう。

(20) 柿村重松『本朝文粋註釈』（冨山房、一九二二年）では、「光儀」を「（裴璆の）容儀」と解釈し、「其の容儀愛すべく今に忘るること能はず」と訳しており、このように解釈することもできる。

(21) 諸橋轍次『大漢和辞典』巻六、四〇七頁「棲鶴」。故事の出典は『誠齋雑記』。

(22) なお、『江談抄』巻五には、次の説話が載せられている。

⿴井木⿴井石字和名事

被レ命云、「延喜御時、渤海国使二人来朝。其牒状尓⿴井木⿴井石此両字各為レ使二人姓名。紀家見レ之、雖レ未レ知二文字一、呼云、『井木（セイホク）ノツフリ丸、井石（セイセキ）ノサフリ丸参レ』ト喚、各応令レ参云々。異国作レ字也。以二当時一会釈読レ之。可レ謂二神妙一者也。異国者聞而感レ之云々。」

延喜年間の渤海使来朝時に、中台省牒にある使者の姓名に「⿴井木」字と「⿴井石」字を用いる者がおり、紀長谷雄がその漢字を分解して「井木のズブリ丸」と「井石のザブリ丸」というように、井戸に木を落とした音と石を落とした音で臨機応変に読み下したところ、二人の渤海使が返答したというエピソードである。長谷雄の没年が延喜十二年（九一二）であることから、この逸話は延喜八年の渤海使入京時のものとみられる。

(23) 濱田耕策『渤海国興亡史』（前掲註（1）著書）。

(24) 同日の記事として、『貞信公記』延喜十九年十一月十八日条に「海客来」とあり、渤海使来着を表すものとみられる。

(25) 同日の記事として、『貞信公記』延喜十九年十二月五日条に「任二存問使・通事等一」とみえる。

(26) 「丹生浦」は『古代地名大辞典』（前掲註（19）書）や上田雄『渤海使の研究』（前掲註（1）著書）では福井県三方郡美浜町丹生であるとする。

(27) 松原駅館は『延喜雑式』に、「凡越前国松原客館、令下二気比神宮司一検校上。」とある「松原客館」と同一のものとみられる。

(28) 森克己「寛平・延喜に於ける貿易統制の改革」（『新編森克己著作集一　新訂日宋貿易の研究』勉誠出版、二〇〇八年、初出は一九四八年）では、史料Rにみえる「音声人」の定滅を、この時代の「消極的緊縮方針」であるとしている。

(29) 姓未詳。

(30) 『国司補任』第三巻（続群書類従完成会、一九九〇年）「越前国」には、延喜十九年前後の越前守が記されていないが、延喜八年に能登守（『外記補任』）、承平三年に阿波前司（『政事要略』巻五十三）の肩書きがみえる紀延年である可能性が高い。

(31) 『国史大辞典』「召名」（古瀬奈津子）。

(32) 『日本三代実録』元慶七年四月二十一日条にも、「縁レ饗二渤海客一、諸司官人雑色人等、客徒在京之間、聴レ帯二禁物一。」とみえる。

(33) 酒寄雅志「渤海通事の研究」（前掲註（7）著書、初出は一九八八年）では、渤海使が漢語で日本と交流したことが指摘されている。なお、Rで大和有卿が通事としてすでにみえるが、外国における通事であり、在京中の通事として大蔵三常が公卿定めで決定されたと考えられる。上田雄『渤海使の研究』（前掲註（1）著書）でもこのように理解している。

(34) 同日の記事として、『貞信公記』延喜二十年五月八日条に「客徒入京」とみえる。

(35) 「辰三剋中四剋」の「中」の字は、新訂増補国史大系で底本の「申」字を校訂したものである。上田雄『渤海使の研究』（前掲註（1）著書）では、「申」字を採用し、辰三剋（午前八時）から申四剋（午後四時半）までを渤海使が入京して鴻臚館に落ち着くまでの時間と解釈しているが、そのような長時間のことを示す記事ではないと思われ、上田氏の解釈は疑問である。

(36) 三条西本に従い、新訂増補国史大系本の「頃」を「預」に改めた。
(37) 三条西本に従い、新訂増補国史大系本の「功」を「効」に改めた。
(38) 新訂増補国史大系では三月十日とするが、ここではＹ２の記事との関係から、『大日本史料』の解釈に従い五月十日の記事とする。
(39) 同日の記事として、『日本紀略』には、「渤海大使裴璆於二八省院一、進二啓并信物等一」、『扶桑略記』には、「此日、渤海使人裴璆等於二八省院一進二王啓并信物一。巳四刻、親王以下、参議以上、向二八省院一」とみえる。
(40) 同日の記事として、『貞信公記』には、「幸二豊楽院一、賜二宴渤海客一」、『日本紀略』には、「天皇御二豊楽院一。賜二饗宴於渤海客一」とみえる。
(41) 同日の記事として、『日本紀略』に、「於二朝集堂一、労二饗渤海客徒一」とみえる。
(42) 季方が藤原姓であることについては、酒寄雅志『渤海と古代の日本』（前掲註（7）著書）付表３「渤海と日本の外交使節一覧・渤海使と日本の迎接使一覧」を参考にした。
(43) 『類聚国史』巻一九四、天長元年四月丙申（十七日）条や庚子（二十一日）条では、渤海大使の進上した別貢物は受理されているが、副使の別貢物は返却されている。このような別貢物の性格については明らかではない。
(44) 史料ｅにある「即進所贈帯裘」の「進」字は、国史大系本では文意により「仰」字に校訂されている。しかし、本書では「進」字で解釈した。
(45) 『日本紀略』弘仁元年五月二十七日条。
(46) 古瀬奈津子「昇殿制の成立」（『日本古代王権と儀式』吉川弘文館、一九九八年、初出は一九八七年）。
(47) 濱田耕策『渤海国興亡史』（前掲註（1）著書）。
(48) 田島公「冷泉家旧蔵本『長秋記』紙背文書にみえる「高麗」・「渤海」・「東丹国」」（上横手雅敬編『中世公武権力の構造と展開』吉川弘文館、二〇〇一年）では、この「文籍大夫」について、新訂増補国史大系底本どおり「英諸大夫」とすべきであることを指摘している。

(49) 『扶桑集』巻七に載せられている藤雅量（藤原雅量）の「重賦二東丹裴大使公々館言志之詩一」には、「見説妻児皆散去（見えて説く妻児皆散去するを）」という一節がみえ、裴璆が雅量に自分の妻児が渤海滅亡の動乱で離散したことを語ったことがわかる。

(50) 石井正敏「日本紀略」、堀越光信「扶桑略記」（ともに、皆川完一・山本信吉編『国史大系書目解題』下巻、吉川弘文館、二〇〇一年）。

(51) 『日本紀略』寛平八年三月四日条。

(52) 石井正敏「日本・渤海関係の概要と本書の構成」（前掲註（4）著書）。

(53) 小原仁『文人貴族の系譜』（吉川弘文館、一九八七年）。

(54) 谷口孝介「文学史のなかの渤海客使」（『菅原道真の詩と学問』塙書房、二〇〇六年、初出は一九九六年）。

(55) 日本古典文学大系『古今著聞集』（永積安明・島田勇雄校注、岩波書店、一九六六年）。

(56) 谷口孝介「文学史のなかの渤海客使」前掲註（54）論文。

(57) なお本書では、十分に検討ができなかったが、石母田正「日本古代における国際意識について」（『石母田正著作集四』岩波書店、一九八九年、初出は一九六二年）では、『朝野群載』巻二十にみえる高麗からの医師派遣の要請への返答として、大江匡房起草の高麗国礼賓省にあてた承暦四年（一〇八〇）の大宰府牒について指摘している。石母田氏は、匡房らが高麗の牒文にあった「聖旨」という用語が礼を失するため、医師派遣を拒否する判断をとったことについて、この当時にも高麗国を「蕃国」とみる意識があったことを指摘する。十世紀の対外認識を考えるうえで重要な史料であり、今後検討していきたい。

(58) 田中隆昭「渤海使と日本古代文学—『宇津保物語』と『源氏物語』を中心に—」（アジア遊学別冊二『渤海使と日本古代文学』勉誠出版、二〇〇三年）。

(59) 「大赦契王」は「大契赧王」の誤書であるとされ、「大契赧王」の「契赧」は契丹と同義であると解されている（『古代政治社会思想』所収「将門記」岩波書店、一九七九年）。

(60) 西嶋定生「東アジア世界と日本史」（『中国古代国家と東アジア世界』東京大学出版会、一九八三年、初出は一九七五年～七六年)。

(61)　石井正敏a「一〇世紀の国際変動と日宋貿易」(田村晃一・鈴木靖民編『新版古代の日本2アジアからみた古代日本』角川書店、一九九二年)、b「日本・渤海関係の概要と本書の構成」(前掲註(4)著書)。

終章　古代国家の外交儀礼

これまでの考察から、古代日本における外交儀礼の展開過程には、いくつかの画期となる時期があったことがわかった。最後に、これらの画期が、古代国家全体のなかでどのように位置づけられるかを考え、古代日本における外交儀礼の意義を考えたい。また、論じ残した課題についても整理したい。

一　藤原仲麻呂による唐礼継受

律令国家の形成期に、遣唐使による積極的な文物導入のなかで、日本にも『顕慶礼』や『大唐開元礼』（以下『開元礼』）といった唐礼がもたらされた。『顕慶礼』は天平七年（七三五）に、遣唐使吉備真備の帰国によりもたらされた「唐礼百卌巻」(1)のこととされ(2)、『開元礼』は、天平勝宝年とする説(3)や宝亀年間とする説(4)、天平七年に『顕慶礼』とともに将来されたとする説などがある(5)。

『開元礼』賓礼に規定された六儀礼のうち、「蕃主奉見」儀と「皇帝受㆓蕃使表及幣㆒」儀から蕃国の王が来朝したときは国書が必要とされないが、蕃使の際は国書を上表することがわかる。本書第一章では、従来、国書を持参しない新羅使に対して、天平勝宝四年（七五二）に来日した新羅王子金泰廉の帰国時に、今後国王が来朝した場合は辞（言葉）を奏上し、王の使者が来朝した場合には表文（国書）をもたらすようにという詔(6)が出されたことに注目し、ここで日本が唐の賓礼に則った外交儀礼を実践しようとしたと考察した。そして、この時期、政権の中枢にいた藤原仲麻呂が賓礼の導入に積極的であったと考えた。

大隅清陽氏は、律令国家の唐礼継受には、日本律令に規定されなかった王権関連の諸制度（天子や貴族の行列である鹵簿の制度や釈奠など）を補完し、皇位継承を正当化し、王権をイデオロギー的に補強する意図があったことを指摘し、そのうえで、八世紀の藤原氏、とくに仲麻呂が、「有力臣下による補佐・後見」という権力形態の正当化を、儒教により試みたことを挙げ、仲麻呂により礼制受容の段階が一歩進んだとする。[7] 具体的には、天平宝字元年（七五七）に仲麻呂を令外の官として紫微内相に任じた孝謙天皇の詔[8]が、その根拠として『周礼』を挙げていることについて、「律令には礼制との二元構造があり、さらに礼制は律令に優先するという中国的な理念が継受されている」とする。また、天平宝字二年（七五八）正月初子日の行事[9]や、天平宝字四年にみえる任大臣儀において宣命を用いるようになったことなどを紹介する。特に任大臣儀は、『開元礼』嘉礼「臨軒冊命諸王大臣」儀の影響があるとされる。[10]

大隅氏が、仲麻呂政権を唐礼継受が進んだ画期とみることは、本書と共通の理解であり、外交儀礼だけでなく儀礼全般が仲麻呂政権下で唐礼の影響を大きく受けて整備されたといえよう。大隅氏は、仲麻呂による王権補佐の論理を持つ儒教思想が、称徳天皇と道鏡による仏教政治を経て、桓武朝の段階で王権を主体とするイデオロギーに変化すると指摘するが、[11] 仲麻呂以後、桓武朝以前の道鏡政権や光仁朝の礼制についてはこれまで十分に検討されていないように思われる。

本書第一章では、天平宝字二年に帰国した遣渤海使小野田守らにより、唐で起きている安史の乱の情報がもたらされ、仲麻呂が唐の混乱にそなえ大宰府を警固させていること、[12] 天平宝字四年（七六〇）に来日した新羅使金貞巻に、「使人軽微にして賓待するに足らず」として、「専対の人、忠信の礼、仍旧の調、明験の言」の四者がそろった使者の来朝を要求したことなど、[13]仲麻呂が新羅に対して強硬な態度をとり、ついに新羅征討の計画を準備するようになることをみた。仲麻呂をそのように追い詰めたのは、安史の乱にみられる不安定な国際情勢とともに、新羅が日本の朝貢国でなく、自らを「大国」とする態度であった。このような新羅に対して、仲麻呂没後も賓礼で待遇しようとする史料がみられる。

宝亀元年（七七〇）、新羅使金初正らは、持参した調を「土毛」と称していることなどから、「この度賓礼に預からず」と宣告され、賓礼で待遇されていない。[14]この記事が、「賓礼」の語の初見となる。また、宝亀三年（七七二）には渤海の国書が「頓かに父道を改め、日下に官品姓名を注さず、書尾に虚しく天孫の僭号を陳ぶ」ため無礼として、渤海使に対して「賓礼を停む」[15]ことがみえる。これらの事例からは、賓礼を導入しようとする動きが仲麻呂失脚後も行われており、賓礼の整備が光仁朝にも引き継がれた、いわば律令国家全体の意思であったと考えることができるのである。

石井正敏氏は、宝亀三年の事例から、光仁朝の渤海外交の基本姿勢が「これまで以上に強硬な華夷秩序遵守の要求」とし、桓武朝も当初はこの方針を受け継ぐが、次第に渤海に対して従順さを示すように変化することを指摘する。[16]このような光仁朝における「強硬な華夷秩序遵守の要求」姿勢は、裏を返せば、律令国家が「蕃国」新羅を失うという対外的契機に拠るものと思われる。石母田正氏が「律令が法文化した大国はまもなく新羅の離脱によって解体する」[17]としたように、宝亀年間の新羅との国交断絶は律令国家の外交政策に大きな影響を与えた国際的契機であった。この宝亀年間の国際関係が外交儀礼、または儀礼全般に与えた影響を考えることが今後の課題となろう。

二　桓武朝における儀礼の再編

桓武朝には渤海の国力を拡大させた渤海王大欽茂の崩御を知らせる使者が来日し、その後、日本が天長元年（八二四）に十二年一貢の年期を定めるまでは、渤海から頻繁に使者が派遣され、日本からも弘仁元年（八一〇）までは渤海への遣使が任命されている。

桓武朝には、特に天皇関係の儀礼が再編された時期とされ、唐礼にもとづく儀礼が実践されていく。たとえば、中国の郊祭である昊天祭祀は、桓武朝では延暦四年（七八五）と六年（七八七）に行われ[18]、桓武の皇位継承の正当性を訴える性格があることが指摘されている[19]。このほか即位儀礼や[20]、天皇の喪服[21]が唐風になるのも桓武朝からといわれている。この背景として、大隅清陽氏は、桓武朝以前の氏族制的秩序や神話イデオロギーから脱却した、新たな礼の理念にもとづく政治秩序の構築が必要とされたこと、それらを用いて桓武が自らの権力を正当化する目的があったものとする[22]。

本書では、第一章で、これまで「表」だった渤海国書の書式が「啓」に戻ったことを、桓武朝では渤海の無礼な態度とせず、むしろ渤海が朝貢してきたことで、天皇の正当性を国内向けにアピールする役割があったと考えた。これは、新羅や渤海を蕃国にもつことを唐に示す八世紀の外交儀礼とは異なり、日本国内に自らが渤海を蕃国としていることを示す儀礼へと変質したことを表している。同じ時期に、桓武の権力の正当化という目的において、大隅氏がいう他の儀礼とともに外交儀礼も再編されたことになる。

また、桓武朝の外交は「帝国の再編」という語で語られることが多い。「再編」の内容は、日本が自らを、唐帝国を盟主とする秩序の「埒外」に位置づけることで、渤海、新羅（新羅とは宝亀年間に国交を断絶しているため、実質は渤海のみ）を朝貢国とする「小帝国」とする考え方が顕著になってきたとするものや[23]、すでに渤海は交易を目途とした使節に変化しており、さらに蝦夷征討、隼人の朝貢停止などにより、日本内外に「化外」「夷狄」が存在しなくなったことで、「東夷の小帝国」構造の破綻が露呈したというものなどである[24]。このような「帝国の再編」もまた、外交儀礼の国内向け整備という本書の考察の重要な背景となるものと思われる。

続く嵯峨朝では、儀礼が法典や儀式書の整備のなかで制度化され、『内裏式』や嵯峨朝以後の『儀式』『延喜式』などへの大系化につながっていくこととなる。『内裏式』には「元正受二群臣朝賀一式」「同会式」「七日会式」「十六日踏歌式」「十七日観射式」に蕃客参加時の儀式次第が記されており、蕃客が元日朝賀、七日の白馬節会・十六日の踏歌・十七日の観射に参加することが想定されていたことがわかる。実際に、平安京に遷都してからは、延暦十八年（七九九）、弘仁二年（八一一）、弘仁六年、弘仁十一年、弘仁十三年に渤海使がこれらの正月行事に参加している[25]。これらは、宮中の年中行事という国内向けの行事のなかに渤海使の存在が位置づけられて整備されたことになる。

一方、外交儀礼は、『弘仁式部式』に「受二諸蕃使表及信物一」儀と「賜二蕃国使宴一」儀が規定されている。これらの儀礼は、『開元礼』賓礼の「皇帝受二蕃使表及幣一」儀と「皇帝宴二蕃国使一」にもとづき成立したと考えられるが、蕃使ではなく蕃主の謁見儀や宴会儀が『開元礼』にはあるのに、『弘仁式』や『延喜式』にみえないところに、蕃主の来朝が現実的でないという当該期の実態が反映されているものとみられる。そして、儀礼の実際は、前述のとおり渤海国書が「啓」であっても「受二諸蕃使表及信物一」儀のなかでは「表」として儀礼を行っていることになる。桓武朝で儀礼をみせる対象が国内に変わっても、嵯峨朝において、唐の賓礼にもとづく儀礼が整備されていくことがわかるのである。

本書第二章では、領客使・随使・掌客・共食を規定した『延喜治部式』蕃客条が、『弘仁式』段階で規定されていたと考えた。『弘仁治部式』は現存しないため、仮説の域を出ないが、嵯峨朝において、『弘仁式部式』にみえる賓礼にもとづく外交儀礼と、治部式にみえる在路（領客使・随使）、在京（掌客）、饗宴（共食）という迎接体制がすでに法的にも整備されていたことがわかるのである。

また、嵯峨朝は文章経国思想の隆盛期であり、勅撰漢詩文集が相次いで編纂された。すでに、来日した外国使節を宴会の場に招いて漢詩を詠むことは、奈良時代から史料にみえ、『懐風藻』には「秋日於二長王宅一宴二新羅客一」と題する漢詩が十首載せられており、これは養老七年（七二三）か神亀三年（七二六）に帰国する新羅使を長屋王が邸宅に招いた饗宴で詠まれたものである(26)。また、天平宝字三年（七五九）に藤原仲麻呂邸に渤海使が招かれ饗宴が行われた際に、渤海副使楊泰師が「詩を作ってこれに和」したことがみえる(27)。そのときの作とみられる楊泰師の「夜聴レ擣レ衣」詩は『経国集』巻一三に収録されている。

平安時代の日渤外交において漢詩文交流の果たした役割は大きい。嵯峨朝には、頻繁に渤海使が来日した。本書第三章でみたように、弘仁五年（八一四）に来朝した渤海使王孝廉一行が接待の官人と読み交した漢詩は『文華秀麗集』や『経国集』に残されている。しかしながら、これら外国使節との漢詩文交流を外交儀礼の整備と関連づけた研究はほとんどないように思う。先の奈良時代の例は、長屋王や藤原仲麻呂といった執政者が私邸で主催した宴会の場で詠まれたものであり、国家的外交儀礼の場で詠まれたものではない。宮中の宴会で渤海使が詠んだ詩の最初は、弘仁六年の王孝廉が内宴の席で、釈仁貞が正月七日の宴で詠んだ漢詩である。内宴は嵯峨朝に成立したとされ、七日の白馬節会は『内裏式』で儀式として整備された(28)。すなわち、嵯峨朝において、渤海使への儀礼の場と漢詩文交流の場が一体化されたのである。この儀礼の整備と漢詩文の関係は、外国使節来日時に限定された問題ではない。重陽や釈奠などの年中行事でも漢詩文が詠まれており、これら漢詩文と儀礼整備の関係を深めていくことも必要となる。

桓武朝から嵯峨朝の平安初期における課題として本書で扱えなかったテーマに新羅との外交政策がある。

九世紀における新羅との外交については、弘仁五年（八一四）に出された制に、

　制、新羅王子来朝之日、若有二朝献之志一者、准二渤海之例一、但願レ修二隣好一者、不レ用二答礼一、直令二還却一、且給二還粮一。

とあり、(29)新羅王子が来朝した際に、「朝献の志」があれば、「渤海の例」に准じて礼遇することが記されている。この史料は、弘仁年間においても、日本が新羅からの外国使節に対して賓礼で待遇する用意があったことを示している。(30)

しかし、実際の新羅との外交については、宝亀十年（七七九）に国交が断絶したといわれるように、桓武朝以降、新羅使来朝の記録がない。

桓武朝には、延暦二十三年（八〇四）に大伴峰麻呂が遣新羅使として、同年七月に肥前国から出航した遣唐使船が行方不明になったため、新羅に漂着していないかを確かめるために派遣された。(31)峰麻呂が持参した太政官牒には、もし新羅に漂着していれば、必要な物資を資給し帰国させることを、漂着していなければ、峰麻呂らを新羅経由で入唐させて、遣唐使船の行方を調査させ報告することが記されている。(32)遣新羅使派遣の目的が、遣唐使船が漂着した場合の保護を依頼するためであったと考えられる。(33)

弘仁初年には、新羅からの流来人の記事が頻出するようになるが、彼らは放還されている。(34)また、帰化新羅人についての記述も多くみられるようになる。(35)

このように公的使節としての新羅使の来航がなくなり三十年が経つ頃、弘仁五年の制が出されているのである。石上英一氏は、上述の弘仁五年の制の対象を、頻繁に来着する新羅商人の取扱いをあらためて定めたものとみるが、(36)この制は、新羅を蕃国と位置づける八世紀以来の律令国家の立場と見てとれないだろうか。この後、承和年間以降、新羅への排外意識や敵視観が強まり、承和九年（八四二）には、大宰大弐藤原衛が新羅国人の入境を一切禁止することが上奏されているように、(37)対新羅政策は大きく変質していくのである。新羅使の入京が弘仁五年までは想定されていたのであれば、それが排外意識の強まる承和年間までに変化した背景を考えることが必要であろう。

三　承和の新体制の確立

本書第二章では、『貞観式』段階で太政官式蕃客条が成立し、類似の迎接使を規定する治部式蕃客条が太政官式蕃客条に読みかえられて機能していくことを考察した。そして、この太政官式蕃客条にみえる迎接使は、迎接を担当するグループと、宮中での儀礼を担当するグループから構成されていることをみた。すでに、九世紀には律令官司の八省の機能が低下し、「より具体的な朝廷の運営や年中行事にかかわる職・寮クラスの現業官司は、省の管轄を離れ、主たる活動の場である内裏で直接編纂されるようになってくる」ことが指摘されている[38]。蕃客入朝時の迎接体制においても、外交を担当する治部省の所司から、内裏で直接編纂される迎接使に体制が変質した結果、治部式蕃客条の迎接使から、宮中での儀礼も含む太政官式蕃客条の迎接使（この迎接使による迎接体制を本書では「承和の新体制」と称す）に変化したと考えられないだろうか。このような律令官司制の再編から外交儀礼を検討することも今後の課題となろう。

この「承和の新体制」の特徴として、第二章では『開元礼』賓礼にはみられない、遣唐使が唐で経験した郊労儀礼や、正月七日の白馬節会にみえる儀礼があることを指摘した。そして、このような儀礼が成立した背景に、（一）儀礼全体の再編の流れ、（二）国交を断絶した新羅に対する排外意識など、当時の矮小化された外交認識、（三）天長元年の年期制定に伴い、渤海使の来朝が十二年に一回に制限されることで、交易での実利も薄れ、唐や新羅商人による大宰府交易が中心となったことなどを挙げた。ただし、（一）については、僅かに釈奠や元日朝賀など、他の儀礼の再編についての先行研究を挙げた程度であった。

そこで、（一）について補足をすると、儀礼の変化のほかにも、さまざまな文化的側面から承和期を転換期とする研究は少なくない。たとえば、承和期が『白氏文集』の将来された時期であり、漢詩文に大きな影響を及ぼしたこと、和歌復活への動きが顕著となった時期であることなど、文学史上大きな転換期であったことは、すでに後藤昭雄氏が指摘するとおりである[39]。吉川真司氏は、このような漢詩に代わる「和歌の復興」のほか、楽制改革など承和期の文化における転換について、「仁明朝とその前後には、中国文化のうち最新のもの、貴族社会に適したものが選択、改編され、王朝文化への道が開かれた」という[40]。本書では、違期入朝の嘉祥元年（八四八）の渤海使王文矩らが入京できた理由として、承和の変後、藤原良房による新体制のもと、仁明天皇の権力強化を図ったためと考えたが、藤原北家の勢力拡大と仁明の天皇権力拡大のなかで、この時代の儀礼整備の役割を整理することは重要となろう。

（二）については、前項「桓武朝における儀礼の再編」でも触れたことであり、弘仁期から承和年間への新羅政策の転換の背景を考えることが課題のひとつとされる。（三）についての課題として渤海交易がある。日本と渤海との交易については、日唐間の中継貿易としての性格が指摘されているが[41]、その方法については、渤海使による京内での「平安京交易[42]」と、来着地・出航地での交易、途中の路次における交易が考えられる。「平安京交易」については、李成市氏が、渤海使入京が交易目的であるという先行研究に反論して、「賓客として平安京に招き入れ、朝貢させた」渤海使による京師での交易を、王権が直接管理する、賓礼の過程に位置づけられるものであると指摘している[43]。この指摘は、交易もまた儀礼に含まれるのかという新たな課題を示すものとなる。

さらに、日本との交易は渤海の交易にとって一部にすぎないであろう。王勇氏は、明代に編纂された『正統道蔵』収録の『金液還丹百問訣』にみえる「李光玄」が渤海商人であると指摘する[44]。李光玄は、二十歳になると、故郷を出て貿易船に乗り、遠距離交易に携わるようになるという。このような渤海交易の実態が解明されれば、九世紀に盛んな唐・新羅商人による大宰府交易との差異を明らかにすることもできるだろう。年期制定以後、十二年に一度しか来日しない渤海使に、交易的性格がどれほどあったのか、王権にどれほどの影響力があったのかを考えることが課題のひとつである。

四　文化交流としての儀礼へ――宇多朝を中心に

最後に、宇多朝の画期をみていきたい。

宇多朝の特質としては、これまで次のようなことが指摘されてきた。

まず、踏歌《とうか》、相撲《すまい》節会などの伝統的な年中行事を復活するとともに、陰陽道にもとづいた元日の四方拝《しほうはい》を開始するなど、儀式・行事の拡充や整備に積極的であった点である。これは、藤原基経を中心とする北家が主導する和風の年中行事が意識されており、それに対抗して、踏歌や相撲など唐風の行事の復活、新設、設備が図られたとされる。(45) 次に、寛平二年（八九〇）閏九月の詩宴において、賦・詩を求める「いまだ旦けざるに衣を求むとは…」で始まる宇多天皇の勅(46)には、賦と詩、すなわち文章によって「人主の政を思う道を陳べ」、「人臣貞を履む情を叙べ」るという文章経国思想がみられる。このような政治姿勢は、側近と文人貴族を直接的な政治基盤として、本来の律令制的精神にもとづいた政治をめざそうとするものであった。(47) さらに、宇多が醍醐に託した「寛平御遺戒」に、「外蕃の人、必ずしも召し見るべき者は、簾中にありて見よ」とあり、これには「王は対外関係の責任から超然として、帰趨の不明な状況の中でも無傷を維持するという論理」が示されている。(48) 加えて、宇多朝に遣唐使派遣計画があり、それが諦められていなかったことは(49)、外交をなし得るのは天皇のみであることを強調することで、自らの主導性を確立したいとする意図があったとみられている。(50)

これら先行研究の指摘をまとめると、宇多朝の特質は①唐風行事の復活、②文章経国思想による政治、③外交主導権の確立である。本書第四章でも、延喜八年（九〇八）の渤海使裴璆らが来日した際に、裴璆の父裴頲に、宇多法皇が手紙をあてた記事などから、宇多の渤海使への関心を指摘した[51]。これも、本来の唐風好みに加え、藤原北家主導の政治に対抗して、外交で主導権を確立しようとしたという、先行研究の指摘する宇多朝の特質として捉えることができるだろう。残念ながら宇多の目指した外交での主導権の内容が、対渤海外交においては、本書では十分に明らかにできなかった。宇多の渤海への関心の背後にどのような政策があったのかを考えることが今後の課題となる。

この宇多が裴頲に送った書のなかで、宇多は「日本国栖鶴洞居士無名」と署名している。本書第四章では、この宇多の書を、敢えて法皇という国家的な立場ではなく、個人の立場で書いたものとして、九世紀から十世紀にかけての日渤交流が、菅原道真と裴頲、道真の子淳茂と裴頲の子裴璆などにみえる貴族と渤海使の個人的な交流だけでなく、法皇までもが個人レベルでの交流を行うことになったことを指摘した。このように、貴族の個人レベルでの交流が活発になると、前述の嵯峨朝で一体化したとみた儀礼整備と文化交流（漢詩文交流）とは、再び別々の方向に進み始めるのではないだろうか。なぜなら貞観十四年に撰定されたとみられる『儀式』の巻七「正月七日儀」「十六日踏歌儀」「十七日観射儀」に蕃客が参加した場合の次第が規定されているが、すでに弘仁十三年を最後に渤海使が正月の行事に参加することはなく[52]、実態から離れた儀礼が規定されているためである。この点についても、今後検討していきたい。

さらに、第四章では、渤海が滅亡したのちの渤海認識についても検討した。菅原道真、淳茂と渤海使の漢詩文交流は、道真の孫の文時にも意識されていたようである。文時は、渤海使と貴族たちの漢詩文交流の場となった鴻臚館の廃失を嘆き、

国家の故事では、蕃客が朝する時、通賢の倫を選び、行人（接待）の職を任せ、礼遇のなかで、賓客と主人が筆を闘わせる。……文場となった鴻臚館の廃失を嘆くことは、文章道のためである。

と、訴える[53]。文時が菅原氏という文人貴族であり、大学寮や文章道が衰退していく時代にあって自らの保身の訴えで

あるとも解釈されるが、一方で、王臣家にあっても日渤外交が漢詩文交流の場と認識されていたことは、最後の渤海使（実際は東丹国の使者）裴璆来日から十二年経った天慶五年（九四二）の「蕃客の戯れ」にみることができる。実際の外国使節が来日していないにもかかわらず、「詩興を催さんがため」兼明親王を渤海大使役に、また迎接使役も定めて「蕃客の戯れ」と称する「遠客来朝の礼」が行われたのである。[54]このように、国家間外交の実態がない時代に、日渤外交が想起され、漢詩文により顕在化されたことは、古代国家にとっての日渤外交が儀礼的な漢詩文交流に帰結していくことを表しているといえよう。

このほかにも、本書で中心的に論じた時代の前後に視野を広げて検討すべき課題は多い。たとえば、神亀五年（七二八）に行われた第一回渤海使への謁見儀は、天平七年（七三五）に唐から帰国した吉備真備が『顕慶礼』を将来する以前のことであり、この儀礼に唐の賓礼がどの程度反映されていたのか、さらにいえば、『顕慶礼』以前の『貞観礼』やそれ以前の隋礼が、いつ、どのように日本に伝わり、整備されたのかを考えることも今後の課題となる。また、宇多朝の外交政策を考えるうえでは、遣唐使廃止と渤海使の入京をあわせて考えていくべきであろうし、十世紀以後の宋や高麗との交流に、古代国家の外交がどのように影響しているのかを考えることも必要である。

本書でみた外交儀礼の形成、変質の過程は、唐を模範として形成され、独自の文化を生み出し、崩壊していく古代国家の変遷に重なる。いわば、外交儀礼は古代国家を形成する大きな骨格であったのだ。しかし、古代国家が崩壊していく十世紀に、外交儀礼が形骸的であれ平安貴族に伝えられていた点で、両者は衰退まで一体とはいえないのである。古代国家は崩壊しても、蕃客が朝貢する国という国家像は消滅せず、渤海国滅亡後も貴族層により伝えられていくことは、儀礼を考えるうえで大きな特徴となろう。この背景には、おそらくは、貴族による儀礼の重視が中世以降も存続したことに支えられたものとみられるが、詳細な考察は今後の課題としたい。

註

（1）『続日本紀』天平七年四月辛亥（二十六日）条。
（2）坂本太郎「儀式と唐礼」（『日本古代史の基礎的研究下』東京大学出版会、一九六四年、初出は一九四一年）。
（3）彌永貞三「古代の釈奠について」（『古代の政治と史料』高科書店、一九八八年、初出は一九七二年）、古瀬奈津子「儀式における唐礼の継受―奈良末～平安初期の変化を中心に―」（『日本古代王権と儀式』吉川弘文館、一九九八年、初出は一九九二年）。
（4）河内春人「日本古代における昊天祭祀の再検討」（『古代文化』五二―一、二〇〇〇年）。
（5）坂上康俊「書禁・禁書と法典の将来」（『九州史学』一二九、二〇〇一年）。
（6）『続日本紀』天平勝宝四年六月壬辰（十七日）条。
（7）大隅清陽「礼と儒教思想」（『列島の古代史七　信仰と世界観』岩波書店、二〇〇六年）。
（8）『続日本紀』天平宝字元年五月丁卯（二十日）条。
（9）丸山裕美子「唐と日本の年中行事」（池田温編『古代を考える　唐と日本』吉川弘文館、一九九二年）。
（10）古瀬奈津子「儀式における唐礼の継受―奈良末～平安初期の変化を中心に―」（前掲註（3）著書）。なお、佐々木恵介「任大臣儀について―古代日本における任官儀礼の一考察―」（『聖心女子大学論叢』一〇〇、二〇〇三年）では、この任大臣儀における宣命の使用を、唐礼継受以前の令制当初から行われていた可能性を指摘しているが、儀礼整備の過程で唐礼の影響があったことは否定していない。
（11）大隅清陽「礼と儒教思想」（前掲註（7）論文）。
（12）『続日本紀』天平宝字二年十二月戊申（十日）条。
（13）『続日本紀』天平宝字四年九月癸卯（十六日）条。
（14）『続日本紀』宝亀元年三月丁卯（四日）条。
（15）『続日本紀』宝亀三年二月己卯（二十八日）条。

(16) 石井正敏「光仁・桓武朝の日本と渤海」(『日本渤海関係史の研究』吉川弘文館、二〇〇一年、初出は一九九五年)。
(17) 石母田正「国家成立史における国際的契機」(『石母田正著作集三』岩波書店、一九八九年、初出は一九七一年)。
(18) 『続日本紀』延暦四年十一月壬寅(十日)条、延暦六年十一月甲寅(五日)条。
(19) 保立道久『平安王朝』(岩波書店、一九九六年)、河内春人「日本古代における昊天祭祀の再検討」(『古代文化』五二—一、二〇〇〇年)。
(20) 藤森健太郎「平安期即位儀礼の論理と特質」(『古代天皇の即位儀礼』吉川弘文館、二〇〇〇年、初出は一九九四年)。
(21) 稲田奈津子「喪葬令と礼の受容」(池田温編『日中律令制の諸相』東方書店、二〇〇二年)。
(22) 大隅清陽「君臣秩序と儀礼」(『古代天皇制を考える』講談社、二〇〇一年)。
(23) 森公章「平安貴族の国際意識についての一考察」(『古代日本の対外認識と通交』吉川弘文館、一九九八年)、坂上康俊『律令国家の転換と「日本」』(講談社、二〇〇一年)。
(24) 酒寄雅志「古代日本と蝦夷・隼人、東アジア諸国」(佐藤信編『律令国家と天平文化』吉川弘文館、二〇〇二年)。
(25) 『日本後紀』延暦十八年正月朔条、壬子(七日)条、辛酉(十六日)条、癸亥(十八日)条、弘仁二年正月朔条、壬寅(七日)条、壬子(十七日)条。弘仁六年正月朔条、己卯(七日)条、戊子(十六日)条、己丑(十七日)条、『類聚国史』巻七一、弘仁十一年正月朔条。同庚辰(七日)条、巻七二、正月己丑(十六日)条、巻七一、弘仁十三年正月朔条、同己亥(七日)条、巻七二、正月戊申(十六日)条。なお、弘仁元年は廃朝により正月行事が史料にみえず、弘仁二年は踏歌記事がみえない。弘仁十一年、十三年には射礼は行われているが(『類聚国史』巻七二、弘仁十一年正月辛卯(十七日)条、弘仁十三年正月己酉(十七日)条)、渤海使の参加はみえない。
(26) 佐藤信「古代の『大臣外交』についての一考察」(村井章介・佐藤信・吉田伸之編『境界の日本史』(山川出版社、一九九七年)。
(27) 『続日本紀』天平宝字三年正月甲午(二十七日)条。
(28) 山中裕『平安朝の年中行事』(塙書房、一九七二年)。

(29) 『日本紀略』弘仁五年五月乙卯(九日)条。
(30) 重松敏彦「平安初期における日本の国際秩序構想の変遷―新羅と渤海の位置づけの相違から―」(『九州史学』一一八・一一九、一九九七年)では、日本は国家使節としての新羅使来航の可能性を完全には捨てていなかったとしている。
(31) 『日本後紀』延暦二十三年九月己丑(十八日)条。なお、当該条では峰麻呂は「岑万里」と記されている。
(32) なお、石井正敏「『古語拾遺』の識語について」(『日本歴史』四六二、一九八六年)によれば、峰麻呂派遣以前に、延暦二十二年の遣唐使派遣に際して、事前に斎部浜成が新羅に派遣されていることが『古語拾遺』の識語にみえることが指摘されている。
(33) 石上英一「古代国家と対外関係」(歴史学研究会・日本史研究会編『講座日本歴史二』東京大学出版会、一九八四年)。
(34) 『日本後紀』弘仁二年八月甲戌(十二日)条、弘仁三年三月朔条、九月甲子(九日)条など。
(35) 『日本後紀』弘仁五年八月丙寅(二十三日)条、十月庚午(二十七日)条、『日本紀略』弘仁七年十月甲辰(十三日)条、弘仁八年二月乙巳(十五日)条、四月辛亥(二十二日)条など。
(36) 石上英一「古代国家と対外関係」(前掲註(33)論文)。
(37) 『類聚三代格』巻一八、承和九年八月十五日官符。
(38) 吉田孝・大隅清陽・佐々木恵介「九―一〇世紀の日本―平安京」(『岩波講座日本通史第五巻古代四』岩波書店、一九九五年)。
(39) 後藤昭雄「承和への憧憬―文学史上の仁明朝の位置―」(『今井源衛教授退官記念文学論叢』九州大学文学部国語学国文研究室、一九八二年)。
(40) 吉川真司「平安京」(吉川真司編『平安京』吉川弘文館、二〇〇二年)。
(41) 森克己『遣唐使』(至文堂、一九五五年)、石井正敏「日唐交通と渤海」(前掲註(16)著書、初出は一九七六年)、東野治之「日唐間における渤海の中継貿易」(『遣唐使と正倉院』岩波書店、一九九二年、初出は一九八四年)。
(42) 森克己「平安京貿易の展開」(『新編森克己著作集一 新訂日宋貿易の研究』勉誠出版、二〇〇八年、初出は一九四八年)。
(43) 李成市『東アジアの王権と交易』(青木書店、一九九七年)。

(44) 王勇「渤海商人李光玄について——『金液還丹百問訣』の史料紹介を兼ねて——」(『アジア遊学』六、一九九九年)。
(45) 木村茂光『「国風文化」の時代』(青木書店、一九九七年)。
(46) 『菅家文草』巻七「未レ旦求レ衣賦并序」。『本朝文粋』巻一にも収録。
(47) 木村茂光「一〇世紀の転換と王朝国家」(歴史学研究会・日本史研究会編『日本史講座三　中世の形成』東京大学出版会、二〇〇四年)。
(48) 保立道久「平安時代の国際意識」(村井章介・佐藤信・吉田伸之編『境界の日本史』山川出版社、一九九七年)。
(49) 石井正敏「いわゆる遣唐使の停止について」(『中央大学文学部紀要』史学科三五、一九九〇年)。
(50) 坂上康俊『律令国家の転換と「日本」』(前掲註(23)著書)。
(51) 『扶桑略記』延喜八年五月十二日条、『本朝文粋』巻七「法皇賜二渤海裴頲一書」。
(52) 田島公「日本の律令国家の『賓礼』—外交儀礼よりみた天皇と太政官—」(『史林』六八—三、一九八五年)。
(53) 『本朝文粋』巻二「封事三箇条」。本書第四章第二節参照。
(54) 『古今著聞集』巻三「天慶五年蕃客の戯れの例に依りて順徳院御位の時賭弓を御真似の事」。『日本紀略』天慶五年五月十七日条。本章第四章第二節参照。

引用史料

本書で引用したおもな史料のテキストは次のとおりである。これらについては本文中に史料名のみ記した。それ以外の史料については、本文中にテキストの出典とともに記してある。

延喜式　虎尾俊哉編『延喜式』上・中（訳注日本史料、集英社、二〇〇〇年、二〇〇七年）
懐風藻　小島憲之校注『懐風藻・文華秀麗集・本朝文粋』（日本古典文学大系、岩波書店、一九六四年）
菅家文草　川口久雄校注『菅家文草・菅家後集』（日本古典文学大系、岩波書店、一九六六年）
寛平御遺誡　山岸徳平、竹内理三、家永三郎、大曾根章介校注『古代政治社会思想』（日本思想大系新装版、岩波書店、一九九四年）
儀式　渡辺直彦校注『儀式・内裏式』（神道大系　朝儀祭祀編一、神道大系編纂会、一九八〇年）
公卿補任　『公卿補任』第一編〜五編（新訂増補国史大系新装版、吉川弘文館、二〇〇〇〜〇一年）
旧唐書　『旧唐書』一〜一六（中華書局、一九七五年）
経国集　小島憲之「経国集詩注」（『国風暗黒時代の文学』中（下）Ⅰ、Ⅱ、下（Ⅰ）〜（Ⅲ）、補編、塙書房、一九八五〜二〇〇二年）、補編は遺稿。
弘仁式部式　『交替式・弘仁式・延喜式』（新訂増補国史大系新装版、吉川弘文館、二〇〇〇年）
西宮記　土田直鎮、所功校注『西宮記』（神道大系　朝儀祭祀編二、神道大系編纂会、一九九三年）
冊府元亀　『冊府元亀』一〜一二（影印本、中華書局、一九六〇年）
三国史記　朝鮮史学会編、末松保和校訂『三国史記』（国書刊行会、一九七一年）
続日本紀　青木和夫、稲岡耕二、笹山晴生、白藤禮幸校注『続日本紀』一〜五（新日本古典文学大系一二〜一六、岩波書店、一九八九年〜九八年）
続日本後紀　『日本後紀・続日本後紀・日本文徳天皇実録』（新訂増補国史大系新装版、吉川弘文館、二〇〇〇年）

新唐書　『新唐書』一～二〇（中華書局、一九七五年）
隋書　『隋書』一～六（中華書局、一九七三年）
政和五礼新儀　『四庫全書珍本初集』史部第七三一～七七一（文淵閣本影印、台湾商務印書館、一九三四～五年）
善隣国宝記　田中健夫編『善隣国宝記・新訂続善隣国宝記』（訳注日本史料、集英社、一九九五年）
大唐開元礼　『大唐開元礼　附大唐郊祀録』（汲古書院、一九七二年）
大唐六典　廣池千九郎訓点、内田智雄補訂『大唐六典』（廣池学園出版部、一九七三年）
内裏式　渡辺直彦校注『儀式・内裏式』（神道大系　朝儀祭祀編一、神道大系編纂会、一九八〇年）
朝野群載　『朝野群載』（新訂増補国史大系新装版、吉川弘文館、一九九九年）
貞信公記　『貞信公記』（大日本古記録、岩波書店、一九五六年）
唐会要　『唐会要』上中下（中華書局、一九五五年）
藤氏家伝　沖森卓也、佐藤信、矢嶋泉『藤氏家伝　鎌足・貞慧・武智麻呂伝　注釈と研究』（吉川弘文館、一九九九年）
入唐求法巡礼行記　小野勝年『入唐求法巡礼行記の研究』第一巻～四巻（法蔵館、一九八九年）
日本後紀　黒板伸夫、森田悌編『日本後紀』（訳注日本史料、集英社、二〇〇三年）
日本国見在書目録　矢島玄亮『日本国見在書目録　集証と研究』（汲古書院、一九八四年）
日本三代実録　『日本三代実録』（新訂増補国史大系新装版、吉川弘文館、二〇〇〇年）
日本書紀　坂本太郎、家永三郎、井上光貞、大野晋校注『日本書紀』上・下（日本古典文学大系新装版、岩波書店、一九九三年）
日本文徳天皇実録　『日本後紀・続日本後紀・日本文徳天皇実録』（新訂増補国史大系新装版、吉川弘文館、二〇〇〇年）
日本紀略　『日本紀略前編』『日本紀略後編・百錬抄』（新訂増補国史大系新装版、吉川弘文館、二〇〇〇年）
扶桑集　田坂順子編『扶桑集　校本と索引』（櫂歌書房、一九八五年）
扶桑略記　『扶桑略記・帝王編年記』（新訂増補国史大系新装版、吉川弘文館、一九九九年）
文華秀麗集　小島憲之校注『懐風藻・文華秀麗集・本朝文粋』（日本古典文学大系、岩波書店、一九六四年）

本朝法家文書目録　『続々群書類従一六　雑部（一）』（続群書類従完成会、一九七〇年）
本朝文粋　大曽根章介、金原理、後藤昭雄校注『本朝文粋』（新日本古典文学大系、岩波書店、一九九二年）
令（養老令）　井上光貞、関晃、土田直鎮、青木和夫校注『律令』（日本思想大系新装版、岩波書店、一九九四年）
凌雲集　小島憲之「凌雲集詩注」（『国風暗黒時代の文学』中（中）塙書房、一九七九年）
令義解　『律・令義解』（新訂増補国史大系新装版、吉川弘文館、二〇〇〇年）
令集解　『令集解』前編・後編（新訂増補国史大系新装版、吉川弘文館、二〇〇〇年）
類聚国史　『類聚国史』前編・後編（新訂増補国史大系新装版、吉川弘文館、一九九九年、二〇〇〇年）
類聚三代格　『類聚三代格・弘仁格抄』（新訂増補国史大系新装版、吉川弘文館、二〇〇〇年）
類聚符宣抄　『新抄格勅符抄・法曹類林・類聚符宣抄・続左丞抄・別聚符宣抄』（新訂増補国史大系新装版、吉川弘文館、一九九九年）

付表1　渤海使一覧

来着年月	来着地	渤海王	使者	入京／放還	天皇	出典
神亀四（七二七）・九	出羽	大武芸	高斉徳ら八人（＊1）	入京	聖武	続日本紀
天平十一（七三九）・七	出羽	大欽茂	己珎蒙ら（＊2）	入京	聖武	続日本紀
天平勝宝四（七五二）・九	越後国佐渡嶋	大欽茂	慕施蒙ら七五人	入京	孝謙	続日本紀
天平宝字二（七五八）・九	越前	大欽茂	楊承慶ら二三人	入京	淳仁	続日本紀
天平宝字三（七五九）・十	対馬	大欽茂	高南申ら	入京	淳仁	続日本紀
天平宝字六（七六二）・十	越前国加賀郡	大欽茂	王新福ら二三人	入京	淳仁	続日本紀
宝亀二（七七一）・六	出羽国野代湊	大欽茂	壱万福ら三二五人	入京	光仁	続日本紀
宝亀四（七七三）・六	能登	大欽茂	烏須弗ら四〇人	放還（＊3）	光仁	続日本紀
宝亀七（七七六）・十二	越前国加賀郡（＊4）	大欽茂	史都蒙ら一八七人（＊5）	入京	光仁	続日本紀
宝亀九（七七八）・九	越前国三国湊	大欽茂	張仙寿ら	入京	光仁	続日本紀
宝亀十（七七九）・九	出羽	大欽茂	高洋粥ら三五九人（＊6）	放還	光仁	続日本紀
延暦五（七八六）・九	出羽	大欽茂	李元泰ら六五人（＊7）	放還？（＊8）	桓武	続日本紀
延暦十四（七九五）・十一	出羽	大嵩璘	呂定琳ら六八人	入京	桓武	類聚国史（＊9）
延暦十七（七九八）・十二	隠岐	大嵩璘	大昌泰ら	入京	桓武	類聚国史・日本後紀
大同四（八〇九）・十		大元瑜	高南容ら	入京	嵯峨	日本紀略
弘仁元（八一〇）・九		大元瑜	高南容ら	入京	嵯峨	日本後紀

弘仁五（八一四）・九	出雲	大言義	王孝廉ら	入京	嵯峨	日本後紀・文華秀麗集（＊10）
弘仁十（八一九）・十一（＊11）		大仁秀	李承英ら	入京	嵯峨	類聚国史
弘仁十二（八二一）・十一		大仁秀	王文矩ら	入京	嵯峨	類聚国史
弘仁十四（八二三）・十一	加賀	大仁秀	高貞泰ら一〇一人	放還（＊12）	嵯峨	類聚国史
天長二（八二五）・十二	隠岐	大仁秀	高承祖ら一〇三人	入京	淳和	類聚国史
天長四（八二七）・十二	但馬	大仁秀	王文矩ら一〇〇人	放還	淳和	類聚国史・類聚三代格（＊13）
承和八（八四一）・十二	長門	大彝震	賀福延ら一〇五人	入京	仁明	続日本後紀
嘉祥元（八四八）・十二	能登	大彝震	王文矩ら一〇〇人	入京	仁明	続日本後紀
天安三（八五九）・正	能登	大虔晃	烏孝慎ら一〇四人	放還（＊14）	清和	三代実録
貞観三（八六一）・正	隠岐	大虔晃	李居正ら一〇五人	放還（＊15）	清和	三代実録
貞観十三（八七一）・十二	加賀	大玄錫	楊成規ら一〇五人	入京	清和	三代実録
貞観十八（八七六）・十二	出雲	大玄錫	楊中遠ら一〇五人	放還（＊16）	陽成	三代実録
元慶六（八八二）・十一	加賀	大玄錫	裴頲ら一〇五人	入京	陽成	三代実録
寛平四（八九二）・正	出雲	大玄錫	王亀謀ら一〇五人	放還（＊17）	宇多	日本紀略・本朝文粋（＊18）
寛平六（八九四）・十二	伯耆	大玄錫	裴頲ら一〇五人	入京	宇多	日本紀略
延喜八（九〇八）・正	伯耆	大諲譔	裴璆ら	入京	醍醐	日本紀略・扶桑略記
延喜十九（九一九）・十一	若狭	大諲譔	裴璆ら一〇五人	入京	醍醐	扶桑略記・貞信公記抄
延長七（九二九）・十二	丹後	東丹国王	裴璆ら九三人	放還（＊19）	醍醐	日本紀略・扶桑略記

(＊1) 大使高仁義ら十六人は到着した「蝦夷境」で殺害され、入京したのは首領高斉徳ら八人。

(＊2) 遣唐判官平群広成を伴う使節。渤海大使胥要徳ら四十人は船が転覆して死没。己珎蒙は副使。

(＊3) 表函が無礼なため。

(＊4) 安置（来着地は不明）。

(＊5) 宝亀八年二月壬寅条には、使節は一六〇余人で、うち一二〇人は漂流して死亡、生存者は四六人、とある。表に示した宝亀七年十二月乙巳条の使節の人数（一八七人）とは異なる。

(＊6) 渤海と鉄利人三五九人。使者が軽微なため「賓」とはみなされず放還。高洋粥の肩書きは「押領」。

(＊7) 蝦夷に略されるひと一二人、生存四一人。合計は六五人にはならない。

(＊8) 入京・放還についての記述はなし。入京した記事がみえないことから、石井正敏氏や上田雄氏は放還されたと考えられている。

(＊9) 付表1・3で出典とする『類聚国史』は巻一九三〜一九四殊族部渤海。

(＊10)『文華秀麗集』収録の渤海関連詩については、本書第三章参照。

(＊11)『類聚国史』巻一九四弘仁十年十一月甲午条に「慕感徳ら廻到し、伏して書問を奉る」とあるものの、それ以前に「慕感徳」という名の渤海使が来日した記述がみえない。石井正敏氏は『類聚符宣抄』巻六弘仁九年四月五日宣旨に、渤海使が来着したことが国司から伝えられたら、参議以上が会して接待の方法について先例を参考にあらかじめ定めておくとする内容を、慕感徳来日に際しての措置とみて、慕感徳の来日を弘仁九年としている。

(＊12) 不作や疫病発生のため、また、農繁期で渤海使入京の送迎が百姓の負担となるため。

(＊13)『類聚三代格』巻一八　天長五年正月二日官符。

(＊14) 文徳の喪中で、また、災害が多く、客の送迎が人々の負担となるため。

(＊15) 違期入朝で王啓が「違例多端」であるため。

(＊16・17) 違期入朝。

(＊18)『本朝文粋』巻一二に紀長谷雄の「渤海国中台省に贈る牒　入覲使文籍院少監王亀謀等一百五人」がみえる。ただし、この牒には、年月日が書かれていないため、王亀謀らが寛平四年の渤海使であることは断定できない。本書第四章参照。

(＊19) 東丹国使。「契丹王の罪悪」を述べた表璆に怠状を提出させる。

参考文献

石井正敏『日本渤海関係史の研究』（吉川弘文館、二〇〇一年）
上田雄『渤海使の研究』（明石書店、二〇〇二年）

付表2 新羅使一覧（文武朝以後）

来着年月（＊1）	新羅王	使者	入京／放還	天皇	出典
文武元（六九七）・十	孝昭王	金弼徳ら	入京	文武	続日本紀
文武四（七〇〇）・十一	孝昭王	金所毛ら	入京	文武	続日本紀
大宝三（七〇三）・正	聖徳王	金福護ら	入京	文武	続日本紀
慶雲二（七〇五）・十	聖徳王	金儒吉ら	入京	文武	続日本紀
和銅二（七〇九）・三	聖徳王	金信福ら	入京	元明	続日本紀
和銅七（七一四）・十一	聖徳王	金元静ら二十余人	入京	元明	続日本紀
養老三（七一九）・五	聖徳王	金長言ら四十人	入京	元正	続日本紀
養老五（七二一）・十二	聖徳王	金乾安ら	放還（＊2）	元正	続日本紀
養老七（七二三）・八	聖徳王	金貞宿ら一五人（＊3）	入京	元正	続日本紀
神亀三（七二六）・五	聖徳王	金造近ら	入京	聖武	続日本紀
天平四（七三二）・正	聖徳王	金長孫ら（入京は四十人）	入京	聖武	続日本紀
天平六（七三四）・十二	聖徳王	金相貞ら	入京（＊4）	聖武	続日本紀
天平十（七三八）・正	孝成王	金想純ら一四七人	放還（＊5）	聖武	続日本紀
天平十四（七四二）・二	景徳王	金欽英ら一八七人	放還（＊6）	聖武	続日本紀
天平十五（七四三）・三	景徳王	金序貞ら	放還（＊7）	聖武	続日本紀
天平勝宝四（七五二）・閏三	景徳王	金泰廉（王子）ら七百余人	入京	孝謙	続日本紀

天平宝字四(七六〇)・九	景徳王	金貞巻ら	放還(＊8)	淳仁	続日本紀
天平宝字七(七六三)・二	景徳王	金体信ら二一一人	放還(＊9)	淳仁	続日本紀
天平宝字八(七六四)・七	景徳王	金才伯ら九一人	放還(＊10)	淳仁	続日本紀
神護景雲三(七六九)・十一	恵恭王	金初正ら一八七人	放還(＊11)	称徳	続日本紀
宝亀五(七七四)・三	恵恭王	金三玄ら二三五人	放還(＊12)	光仁	続日本紀
宝亀十(七七九)・十	恵恭王	金蘭蓀ら	入京	光仁	続日本紀
延暦二十二(八〇三)・七	哀荘王	与㆓日本国㆒交㆑聘結㆑好		桓武	三国史記

(＊1) 来着地または来着の報告主体はすべて大宰府（または筑紫）のため省略した。

(＊2) 来着と同月に元明太上天皇が死去したため。

(＊3) 新日本古典文学大系『続日本紀二』（岩波書店、一九九〇年）では、上京した人数とする。

(＊4) 入朝後、中納言多治比県守を兵部曹司に遣わして新羅使の来朝の旨を問わせたところ、国名を王城国に改めたことがわかり、使者を廻却する。

(＊5) 大宰府で饗を賜う。

(＊6) 新京（恭仁京）の宮室が未完成のため、大宰府で饗を賜い放還。

(＊7) 新羅使が「調」を改めて「土毛」と称し、書に直に物の数を注すなど常礼を失したため。

(＊8) 使者が「軽微」なので「賓待するに足らず」として放還。

(＊9) (＊11) 天平宝字四年の新羅使金貞巻に伝えた使者の条件「専対の人、忠信の礼、仍旧の調、明験の言」が守られていないため。神護景雲三年の金初正らは唐の消息と在唐大使藤原河清の書を伝えたため、大宰府で饗を賜う。

(＊10) 入唐僧戒融が日本に帰国したかを問う使。

(＊12) 「調」を「信物」、「朝」を「修好」と称するなど無礼が多いため。

付表３　遣渤海使・送渤海使一覧

任命年月	名称	使者	備考	出典
神亀五（七二八）・二	送渤海客使（＊1）	引田虫麻呂ら	高斉徳らを渤海に送る	続日本紀
天平十二（七四〇）・正	遣渤海使	大伴犬養ら	己珎蒙らを渤海に送る	続日本紀
天平宝字二（七五八）・二（＊2）	遣渤海使	小野田守ら	楊承慶らを渤海より伴う（＊3）	続日本紀・万葉集
天平宝字四（七六〇）・二（＊4）	送高南申使	陽侯玲璆ら	高南申らを送る	続日本紀
天平宝字五（七六一）・十	遣高麗使	高麗大山ら	王新福らを渤海より伴う（＊5）	続日本紀
天平宝字六（七六二）・十一	送高麗人使	多治比小耳ら（＊6）	王新福らを送る	続日本紀
宝亀三（七七二）・？（＊7）	送渤海客使	武生鳥守ら	壱万福らを送る	続日本紀
宝亀八（七七七）・五	送高麗使	高麗殿継ら	史都蒙らを送る、張仙寿らの船で帰国	続日本紀
宝亀九（七七八）・十二	送高麗客使	大網広道ら	張仙寿らを送る	続日本紀
延暦十五（七九六）・五	送渤海客使	御長広岳ら	呂定琳らを送る	類聚国史
延暦十七（七九八）・四	遣渤海使	内蔵賀茂麻呂ら	大昌泰らを渤海より伴う	類聚国史
延暦十八（七九九）・四		滋野船白ら	大昌泰らを送る	日本後紀
弘仁元（八一〇）・十二	送渤海国使（＊8）	林東人ら	高南容らを送る	日本後紀

（＊1）渤海より帰国の天平二年八月時は「遣渤海使」と記述。

（＊2）万葉集巻二〇、四五一四の題詞に「二月十日、於二内相宅一餞二渤海大使小野田守朝臣等一宴歌一首」とあることより、任命は二月以前と推測される。

（＊3）なお、楊承慶を渤海に送ったのは、唐にいる藤原清河を迎える「迎入唐大使使」高元度で、天平宝字三年正月に任命。

（＊4）二月は渤海使高南申らが帰国する記事。陽侯玲璆の名がみえるのは、渤海より帰国の十一月丁酉条。

（＊5）大使高麗大山は帰国時に死す。副使伊吉益麻呂が王新福らを伴い帰国。

（＊6）天平宝字七年十月乙亥条より、実際に王新福を送って渤海に行ったのは船師板振鎌束らであったことがわかる。

（＊7）任命記事なし。渤海に向け出発したが、能登国に漂着。福良津に安置された。宝亀四年十月乙卯条に渤海より帰国した記事がみえることから、再度出発したものとみられる。

（＊8）出発に際しての辞見記事（弘仁二年四月）では「遣渤海国使」。

付表4　遣新羅使一覧（文武以降）

任命年月	使者	備考	出典
文武四（七〇〇）・五	佐伯麻呂ら	帰国して「孔雀及び珍物」を献じる。	続日本紀
大宝三（七〇三）・九	波多広足ら		続日本紀
慶雲元（七〇四）・十	幡文通ら		続日本紀
慶雲三（七〇六）・八	美努浄麻呂ら	新羅王（聖徳王）への国書を持参。	続日本紀
和銅五（七一二）・九	道首名ら		続日本紀
養老二（七一八）・三	小野馬養ら		続日本紀
養老三（七一九）・閏七	白猪広成ら		続日本紀
養老六（七二二）・五	津主治麻呂ら		続日本紀
神亀元（七二四）・八	土師豊麻呂ら		続日本紀
天平四（七三二）・正	角家主ら		続日本紀

天平八（七三六）・二	阿部継麻呂ら	帰途、大使阿部継麻呂は津嶋にて死す。副使大伴三中は病で入京できず新羅が常礼を失し、使の旨を受けなかったことが報告される。	続日本紀・万葉集（＊1）
天平十二（七四〇）・三	紀必登ら		続日本紀
天平十四（七四二）・十		日本国使至、不レ納	三国史記
天平勝宝四（七五二）・正	山口人麿ら		続日本紀
天平勝宝五（七五三）・二	小野田守ら		続日本紀
宝亀十（七七九）・二	下道長人ら	耽羅に漂着した遣唐判官海上三狩を迎えるため。	続日本紀
延暦十八（七九九）・四	大伴峰麻呂ら	五月壬申条で派遣を停止。	日本後紀
延暦二十三（八〇四）・五		日本国遣使、進二黄金三百両一	三国史記
延暦二十三（八〇四）・九	大伴岑万里ら	遣唐使船を探索。	日本後紀
大同元（八〇六）・三		日本国使至、引二見朝元殿一	三国史記
大同三（八〇八）・二		日本国使至、王厚礼待レ之	三国史記
承和三（八三六）・閏五	紀三津ら	遣唐使船保護の派遣のはずが、新羅で通好の使と称す。	続日本後紀
元慶二（八七八）・八		日本国使至、王引二見於朝元殿一	三国史記
元慶六（八八二）・四		日本国王遣レ使、進二黄金三百両、明珠一十箇一	三国史記

（＊1）万葉集巻一五にこのときの遣新羅使一行が詠んだ歌一四五首が収録されている。

あとがき

本書は二〇〇八年に法政大学大学院人文科学研究科に提出した学位論文『古代日本の外交儀礼―賓礼の受容とその展開―』を再編集したものである。本書では、学位論文には収録しなかった論文二本を加えた計七本の発表済みの論文をそれぞれ改訂して収録し、序章と終章を新たに書き下ろした。

日本と渤海との交流史に興味を持ったのは、一九九五年に早稲田大学第一文学部日本史学専修を卒業するにあたり、新川登亀男先生に提出した卒業論文「大学寮と文章博士」を作成するなかで、文章生出身者が九世紀に来日した渤海使の接待役に多く登用されていたことをまとめたのがきっかけであった。

この年、国立国会図書館に就職したこともあり、以後の研究は一九九七年に入学した法政大学大学院で続けることとなった。夜間の大学院で歴史を学べるのは、都心では法政大学が唯一であり、職場からも近いこの大学で研究できたことは大変幸運であった。当時は古代史の専任教授がいなかったため、指導教授は中世史の中野榮夫先生で、ゼミ生には古代史と中世史の学生がいた。古代史は、阿部猛先生、佐藤信先生に学び、また堀敏一先生、金子修一先生に東洋史を学んだ。そして、博士後期課程に進学後は、古代史の小口雅史先生が指導教授となった。堀敏一先生は二〇〇七年に他界された。まだまだ多くの教えを請いたかったので大変残念である。

一九九八年の法政大学史学会で領客使について発表をする機会を得た後、『延喜式』にみえる外国使節の迎接使について詳細に検討して、二〇〇〇年に延喜式研究会で報告した。研究の仕方がまったくわからなかった私を鍛えてくれたのは佐藤信先生のゼミであり、この延喜式研究会の報告が、同じ年に大学院に提出した修士論文「蕃客迎接制度の研究―古代外交儀礼の成立と変遷―」に、さらには、最初の渤海関係の論文「延喜式に見える外国使節迎接使」(『延喜式研究』一八、二〇〇二年、本書第二章第一節)につながった。そして、この論文により新たな課題となった唐礼の受容について、二〇〇一年に歴史学研究会の古代史部会例会で報告したものを、佐藤先生が渤海をテーマとした史学会の論集に掲載してくださったのが「古代日本における賓礼の受容」(佐藤信編『日本と渤海の古代史』山川出版社、二〇〇三年、本書第一章第一節)である。佐藤ゼミには十年在籍したが、毎週の飲み会や夏の旅行で北陸や九州、秋田など対外関係の要衝をめぐったことも含めて、もっとも充実して研究に打ち込めた時期であったと思う。

博士後期課程に入学した二〇〇一年には、戦後の渤海研究の先駆者である石井正敏氏と酒寄雅志氏がそろって著書を刊行した。両者の研究の軌跡を紹介した「渤海使研究の歩み―石井正敏氏、酒寄雅志氏の業績を中心に―」(『歴史評論』六三四、二〇〇三年)でも書いたが、このときすでに対外関係史は「ボーダレス」な広がりを見せ、古代史のなかで最も活気づいていた分野だったと思う。金子修一先生と日本と渤海の国書を読む「国書の会」を立ち上げたのもこの年である。「国書の会」は現在も続いており、鈴木靖民先生、石見清裕先生のほか、日本古代史、中国史、朝鮮史の研究者が参加している。この国書の会で日本と渤海との国書を読んだ成果が、「啓と表―渤海国書にみる八世紀日本の外交認識―」(『国史学』一八五、二〇〇五年、本書第一章第二節)である。また、すでに発表済みの「寛平・延喜年間の日渤外交」(中野榮夫編『日本中世の政治と社会』吉川弘文館、二〇〇三年)を本書用に改訂する際にも、国書の会で読み進めてきたレジュメが大変参考となった。

このように、『延喜式』の条文研究からスタートした私に、視野を広げるきっかけを与えてくれたのは、佐藤ゼミで日渤関係について国家論からきちんと向き合うことを教わったこと、堀先生、金子先生に東アジアからみた日本や渤海について学ぶことができたことであろう。それはすなわち、石母田正や西嶋定生両氏の先行研究を学ぶことでもあった。

近年は、以前から関心があった嵯峨朝についての史料を集めるにあたり、『日本後紀』は散逸が多いため、儀式書や漢詩文を検討素材とした。特に漢詩文は、嵯峨朝と淳和朝に勅撰漢詩集である『凌雲集』『文華秀麗集』『経国集』が作られ、渤海に関連する詩も少なくなかった。すでに国文学の分野でこの渤海関連詩についての研究があったものの、歴史的な考察は十分はなかったので、これらの漢詩を歴史的に考察することに挑戦した。その成果が「漢詩文にみる弘仁六年の渤海使」（『法政史学』六六、二〇〇六年）、「弘仁十二年の渤海使―『経国集』の漢詩を手がかりに―」（『法政大学大学院紀要』五七、二〇〇六年、ともに本書第三章第一節・第二節）に挙げた二つの論文である。ただし、歴史的な考察で示せたことは少なく、また、国文学が必ず行う平仄や出典研究についてはほとんど検討できなかった。漢詩文を歴史学の素材として扱う難しさを痛感した。結局、淳和朝まで広げて、日渤関係を歴史的に考察したのが「九世紀の日本と渤海―年期制の成立とその影響―」（『ヒストリア』二一〇、二〇〇八年、第二章第二節）の年期制についての論文である。

さて、一国史の打破を課題にあげる対外関係史は活発な動きをみせるが、一方で、外交制度については、日本古代史に包摂される他の分野とのつながりが見過ごされているように思われる。今後は、中国や朝鮮諸国の影響を受けながら日本の外交制度がどう変遷しているのかを、外交儀礼だけではない他の儀礼整備の変遷や、外交使節の迎接だけでない国内の逓送体制なども視野を広げて考えていきたいと思う。

最後に、研究活動以上に、視野を広げさせてくれたのが、国立国会図書館という職場環境であろう。国会図書館の豊富な蔵書やさまざまな専門分野をもつ職員との交流を通じて、自身の古代史研究を歴史学研究に、さらに学術研究全体に広げて見直してみる、という視点を持つことができた。これからも、広い世界のなかでの古代史研究を考えるとともに、研究者として、また図書館員としてそれぞれの立場を補完しながら務めていくことが、自分の立ち位置であると思う。

本書の作成にあたっては、指導教授である小口雅史先生に大変感謝している。同成社の古代史選書に入れるようにと、薦めてくださった。また、出版にあたっては、同成社の方々に大変お世話になった。そして、仕事と研究の両立を常に応援してくれた諸先生、諸先輩、ゼミや研究会の仲間たち、さらには、研究に理解を示してくれた職場の上司や同僚、学生時代から応援してくれる友人と両親に大いなる感謝を述べて、本書のあとがきとしたい。

二〇一〇年十一月

浜田久美子

索　引

<人　名>

あ行

安倍吉人　185～187
粟田真人　38,96,103,112
壱万福　8,54,70～72
烏孝慎　146
烏須弗　72,73
王亀謀　148,197～199,204
王孝廉　24,165～168,170～174,176,177,179,236
王新福　69
王文矩　18,114,140,141,143～145,165,182,183,187,239
大江朝綱　207,212,214
小野田守　52,69,232

か行

春日宅成　106,107
賀福延　107,110,114,143,144
己珎蒙　64,65,67
紀長谷雄　104,195～197,205
吉備真備　9,50,65,231,242
金初正　53,233
金泰廉　50,67,96,231
金貞巻　52,232
金福護　46
金蘭孫　54,55
高承祖　123,135,137,187
高貞泰　133～135
高南申　69
巨勢識人　168～170,179～181

さ行

坂上今継　168,174～176,179,182,187
滋野貞主　168～173,175,180,181,184
史都蒙　73
嶋田清田　185～188
嶋田忠臣　146
釈仁貞　166～168,170,179
周元伯　146
菅原道真　5,10,20,21,201～203,207,220,241

た行

大昌泰　133
張仙寿　73,75
貞素　138,144

な行

長屋王　20,236

は行

裴璆　148,188,202～207,209,212～222,240～242
裴世清　10,22,41～43,62
裴頲　10,148,198～202,204～207,218,220,240,241
藤原緒嗣　4,5,24,134,135～140,142,145,147,149
藤原清河　69
藤原仲麻呂　5,51～53,67～70,232,233,236
藤原冬嗣　137～139,142,143
藤原良房　145,147,148,239
平群広成　64
慕施蒙　64,65,68

ま行

都良香　104

や行

楊承慶　4,68,69

楊成規 104,111,117,147
楊泰師 68,236
楊中遠 148

ら行

李居正 146,147,149,150
李元泰 74
李承英 187
霊仙 124,134,137,138,143,144
呂定琳 75,76

<事 項 名>

あ行

白馬節会《あおうま》 49,104,106,116,130,139,166,167,184,235,236,238
安史の乱 4,69,70,74,77,232,233
宇津保物語 20,221
永徽礼 →顕慶礼

か行

元日朝賀（朝賀） 47,116,130,131,139,165～167,170,235,238
行事所 211,215,218
ケガレ 115,131,148,149
顕慶礼（永徽礼） 9,34,50,51,65,67,231,242
検校使（検校渤海人使） 74,102,103
源氏物語 20,21,220
貢調 46,47,52
江都集礼 9,10,34
国書開封権 8,122,140,144

さ行

貞観礼 9,34,51,242
書儀 59,60
隋朝儀礼 9,34
宣明暦（長慶宣明暦） 147,149

た行

大宰府 15,49,50,73,74,131,171, 232,238,239
朝賀 →元日朝賀
長慶宣明暦 →宣明暦
踏歌 39,141,166,167,183,185,235,240,241

ま行

松原客館（松原駅館） 167,188,208,207,211
問入朝由使（問新羅入朝由使） 102,103

<研究者名>

あ行

阿部猛 136
石井正敏 5,7,8,56,62,65,70,72,73,78,79,122,123,135,136,138,141,142,144,220,222,233
石上英一 46,237
井実充史 169,181
石母田正 6～8,11,16,19,51,233
稲垣直 176
彌永貞三 50,130
岩橋小彌太 9
石見清裕 13,22,36,37,39,43,66,103
上田雄 137,147,166,170,172,173
榎村寛之 99
遠藤光正 19,166,167,171,172,176,184,185
王勇 239
大隅清陽 23,232,234
小原仁 220
大日方克己 21,166,167,172,176

か行

加藤順一 20,166,167,171,172,175,176
金子修一 13,56
金子由紀 13,41

川口久雄　19,20,173
喜田新六　9
金毓黻　144
黒田裕一　22
桑原朝子　21
河内春人　15,16,50,103
小島憲之　19,20,166,167,170,172,173,184～187
小嶋芳孝　18
後藤昭雄　171,239

さ行

坂上康俊　51
坂本太郎　9
酒寄雅志　5,7,8,18,69,106,139
佐藤信　20
重松敏彦　47
鈴木靖民　7,8,18,52

た行

瀧川政次郎　9,10
武田佐知子　11
田島公　12,35,111,115,176
田中隆昭　20,221
田中史生　16
谷口孝介　21,220,221
鳥山喜一　138

な行

中西正和　8
中野高行　17,51,56,114
中村裕一　13
鍋田一　10,34
新妻利久　137,199
西嶋定生　12,222
西別府元日　131
西本昌弘　11,14,
沼田頼輔　199

は行

濱田耕策　13,137,139,147,149
林陸朗　135,136,138,142,143
平野卓治　11,12,113
廣瀬憲雄　35
服藤早苗　130
藤森健太郎　130,131
古瀬奈津子　103,110,213
保科富士夫　47
保立道久　138,147
堀敏一　13,44,56,59,69

ま行

松浦友久　175
村井章介　20,131
森克己　4,7,136
森公章　12,17,35,93,103,105,110,132,138,145

や行

山田英雄　56
山谷紀子　172
吉川真司　239

ら行

李成市　13,239

日本《に ほん》古代《こ だい》の外交《がい こう》儀礼《ぎ れい》と渤海《ぼっ かい》

■著者略歴■
浜田　久美子（はまだ　くみこ）
1972年　奈良県に生まれる
1995年　早稲田大学第一文学部日本史学専修卒業、国立国会図書館入館
2009年　法政大学大学院人文科学研究科博士後期課程修了、博士（文学）
現　在　国立国会図書館司書

主な著作論文
「渤海史研究の歩み」『歴史評論』634、2003年、「『本朝書籍目録』について―奥書の検討と系統整理―」『中世の支配と民衆』同成社、2007年、「渤海との文化交流」『東アジアの古代文化』136、2008年、「2010年度歴史学研究会大会報告批判―古代史部会」『歴史学研究』874、2010年

2011年3月10日発行

著　者　浜田　久美子
発行者　山脇洋亮
組　版　㈱富士デザイン
印　刷　モリモト印刷㈱
製　本　協栄製本㈱

発行所　東京都千代田区飯田橋4-4-8（〒102-0072）東京中央ビル　㈱同成社
TEL　03-3239-1467　振替　00140-0-20618

ISBN978-4-88621-551-2　C3321

同成社古代史選書